어떻게 따르게 만들 것인가

어떻게 따르게 만들 것인가

| 리더들의 탁월한 언어 습관 |

케빈 머리 지음 · 장세현 옮김

어크로스

목차

PART 1
리더는 커뮤니케이션하는 사람이다

PART 2
리더는 진정성을 기반으로 미래를 보여주는 사람이다

PART 3
사람이 따르는 리더의 언어 습관

부록

리더의 언어,
CEO 61인에게
직접 물었다

3위를 차지한 의견은 리더는 모습을 드러내고 지속적인 대화를 통해 사람들과 좋은 관계를 형성해야 하며 청중에게 초점을 맞추어야 한다는 것이다. 2위를 차지한 의견은 리더의 비전과 가치관, 사명을 효과적으로 알려야 한다는 것이며 1위로 거론된 의견은 우선 자기 자신부터 돌아봐야 진정으로 훌륭한 커뮤니케이션을 할 수 있다는 것이다.

영감을 주는 리더와 함께할 때면 우리는 더 많은 것을 성취하고 싶어진다. 그들은 우리에게 자신의 이상을 납득시키고, 적극적 지지를 이끌어내고, 협력을 강화하고, 공동체의 일원이 된 것에 자부심을 느끼게 한다. 그들은 끊임없이 소통한다. 그들의 듣고 말하는 능력은 우리가 열정적으로 그들의 비전을 이해하고 마음속에 받아들이게 한다.

뛰어난 리더는 남루한 현실을 직시하도록 한 다음, 새로운 방향감각과 긍정을 심어준다. 이 과정에서 그들은 우리가 일에서 차이를 만들어내는 법을 깨닫도록 돕는다. 그들은 우리의 말에 귀 기울이고 우리를 존중한다. 우리는 몰입하고 전념하는 기분을 느낀다. 리더를 주시하며 신호를 기다리고, 그들이 우리의 노력을 인정해줄 때 기쁨을 맞본다. 또한 그런 경험을 한 뒤에는 전보다 한층 더 열심히 노력한다.

우리가 리더를 따르는 이유는 그들이 우리에게 이와 같은 기분을 느끼게 하기 때문이다.

그렇다면 우리 스스로 더욱 훌륭한 리더가 되고자 할 경우, 사람들에게 영감을 불어넣는 커뮤니케이션을 하려면 어떻게 해야 할까? 우리 자신의 리더십 커뮤니케이션을 계획할 때 생각해야 할 점은 무엇일까? 노련한 리더들이 이용하는 시스템, 즉 사고의 틀이 따로 있을까? 이것이 바로 유명한 조직을 이끌어가는 리더들, 다시 말해 커다란 도전에 맞서 극적인 변화의 시기를 헤쳐온 리더들을 직접 만나 묻고 싶었던 질문들이다.

이 책을 처음 구상한 것은 리더들을 대상으로 커뮤니케이션을 코칭하면서부터였다. 그것은 오랫동안 내 마음 한구석을 차지하고 있었다. 어느 날 나는 친구와 동료들에게 내 구상을 밝히기 시작했다. 책을 쓴다면 정치인이나 공공 부문의 리더보다는 비즈니스 리더에 집중하고 싶었다. 비즈니스 커뮤니케이션이 내 주요 경력이니 초점을 그쪽에 맞추고 싶었다. 동료들은 내 구상을 멋진 아이디어라고 격려하며 자신들이 갖고 있는 주소록까지 보여주었다. 곧 10여 차례의 인터뷰 일정이 잡혔고, 인터뷰는 이어서 20회, 30회로 늘어났다.

나는 기업, 자선단체, NGO의 회장 및 CEO 55명, 군 장성 3명, 전직 경찰국장 1명, 대학 부총장 1명, 럭비 월드컵 우승 감독 1명과 인터뷰를 나누는 행운을 누렸다. 이 리더들의 명단은 부록에 첨부했다.

이 리더들은 200만 명을 훨씬 웃도는 직원들을 이끌고 있다. 그들이 이끄는 조직은 수자원 관련 공공기업을 비롯하여 항공사, 제조업 회사, 서비스 회사, 글로벌 광업회사 및 제약회사, 그리고 은행에서 자선단체에 이르기까지 매우 다양하다. 덕분에 이 책에 거대한 글로벌 사업체의 책임자와 지역의 작은 기업의 책임자, 양자의 관점을 모두 담을 수 있었다.

인터뷰를 거절한 리더는 거의 없었다. 우리의 인터뷰 요청은 95퍼센트의 성공률을 기록했다. 이유가 무엇일까? 인터뷰에 응한 이들 모두가 커뮤니케이션에 관한 자신의 생각을 다른 사람들과 나누는 데 큰 흥미를 느꼈기 때문이다.

버진 그룹의 리처드 브랜슨은 인터뷰를 회피한 인물 중 하나였다. 인터뷰를 청하자 그는 미심쩍어하는 기색으로 이렇게 말했다. "리더십에 관한 책은 이미 많습니다. 이 책이 여느 책들과 다른 점은 뭐죠?" 분명 당시 내 대답은 그의 마음을 끌기에 부족했다. 그때는 아직 인터뷰를 한 번도 하지 않은 상태였기 때문이다. 하지만 그것은 훌륭한 질문이었다. 그 일을 계기로 나는 이 책에서 내가 완수해야 할 사명을 명백히 규정하게 되었다.

혹여 너무 큰 기대를 하는 독자가 있을까 해서 분명히 밝혀두고픈 것이 있다. 《어떻게 따르게 만들 것인가》는 리더십 전반에 관한 책이 아니며, 리더십에는 이 책에서 다루지 않은 측면도 많이 있다는 것이다. 이 책이 중점을 둔 부분은 리더십 커뮤니케이션이고, 내 임무는 독자들이 더욱 뛰어난 커뮤니케이션 능력을 갖춤으로써 사람들에게 영감을 주는 유능한 리더가 되도록 돕는 것이다.

커뮤니케이션 능력이 중요한 이유는 무엇일까? 탁월한 성과를 거두느냐 형편없는 성과를 거두느냐는 커뮤니케이션이 얼마나 뛰어난가에 달려 있기 때문이다. 사람들이 일을 훌륭히 해내도록 영감을 주는 리더는 큰 성공을 거둘 수 있다. 그들은 함께 일하는 사람들로 하여금 스스로 생각했던 것보다 더 출중한 능력을 발휘하여 기대 이상의 성과를 이룰 수 있게 해준다. 그들은 혁신을 가능케 한다. 기업이 성장하고 번영하는 데 기여한다.

반면 인간미가 부족하고 커뮤니케이션을 잘하지 못하는 리더는 조직을 일하기에 해로운 곳으로 만든다. 그 어떤 발전이나 성과도 이루지 못한 채 혼란과 갈등만 가득한 조직 말이다.

나는 남다른 사고를 가졌지만 다른 사람들에게 자기 계획의 탁월한 점을 제대로 납득시키지 못하는 리더들과 같이 일한 경험이 있다. 상황을 분석하여 핵심 문제를 재빨리 포착하고 필요한 조치를 취하는 능력은 감탄스러울 정도였다. 하지만 안타깝게도 사람들을 설득하여 동의를 이끌어내는 능력이 부족했고, 결국 모두가 엄청난 고통을 겪은 끝에 실패하곤 했다. 이와는 달리 다른 사람들과 공감하며 커뮤니케이션하는 데 뛰어난 리더도 있었다. 그들은 극심하게 분열된 조직 내에 금세 긍정적 영향을 미쳤다.

이 책에서 인터뷰한 리더 중 한 명은 이런 말을 했다. "비전이나 전략이 아무리 뛰어나다고 해도 실행되지 않으면 아무 소용이 없습니다. 리더를 선택할 때는 그가 판단력이 뛰어난지, 명확한 사고를 하는지, 휘하의 사람들에게 신망을 얻을 수 있는 인물인지 따져봐야 합니다. 이 모든 것의 핵심은 첫째도 커뮤니케이션, 둘째도 커뮤니케이션, 셋째도 커뮤니케이션입니다."

이 책에 소개한 리더들 거의 모두가 커뮤니케이션을 리더십의 가장 중요한 요건 중 하나로(첫 번째 요건은 아니라 하더라도) 꼽았다. 가장 중요한 요건으로 간주된 것은 전략적으로 명확하게 사고하는 능력이었다(사고의 명확성은 효과적인 커뮤니케이션과도 밀접한 관련이 있다). 그들은 전략이 아무리 훌륭해도 그것을 실행할 사람들의 마음을 움직이지 못한다면 전혀 쓸모가 없다고 지적했다.

트렌드 및 미래에 관한 리서치를 전문으로 하는 퓨처스 컴퍼니는 좋은 리더가 반드시 갖추어야 할 특성이 무엇인지 묻는 여론조사를 실시했다. 그 결과 '커뮤니케이션 능력'과 '좋은 결정이든 나쁜 결정이든 기꺼이 책임지는 자세'가 공동 1위를 차지했다. 3위는 '회사에 가장 필요한 조치가 무엇인지 결정하는 능력'이었다.

직원들은 리더가 커뮤니케이션에 능하길 기대하며, 그것을 리더십의 가장 중요한 요소로 간주한다.

이 책에 등장하는 리더들에 따르면, 좋은 커뮤니케이션의 요소는 공감, 간결, 이야기, 대화, 귀 기울여 듣기, 매력적인 비전이다. 진정성, 확고한 가치관, 강력한 사명감이다. 정직함이다. 관계를 형성하고, 신뢰를 구축하고, 노력을 이끌어내는 것이다. 커뮤니케이션은 의사 결정 전 과정에 걸쳐 이루어지는 것으로, 성과를 거두기 위해 리더가 반드시 해야 할 일이다.

세상은 빠르게 변화하고 있고, 과거 어느 때보다 효과적인 커뮤니케이션의 필요성이 높아졌다. 우리는 급격히 높아진 투명성과 엄청난 불확실성의 시대를 살고 있다. 바람직한 기업 행위를 요구하는 목소리는 한층 높아졌고, 이제 권력을 거머쥔 소비자 및 공동체들은 리더십의 본질마저 변화시켰다.

이들은 리더십 커뮤니케이션의 핵심과 관련해 다음 사항들을 주의 깊게 생각해보아야 한다고 이야기한다.

▶ 신뢰가 리더십에 필수적인 이유, 신뢰 구축을 위해 진정성이 필요한 이유, 커뮤니케이션에 더욱 열정적으로 임하는 법을 배워야 할 이유
▶ 수익을 넘어 동기 부여라는 측면에서 사명을 분명히 표현할 필요성
▶ 올바른 행동과 의사 결정의 잣대가 될 가치관의 기본 틀을 끊임없이 알림으로써 조직 곳곳에서 리더를 양성하는 방법
▶ 미래 비전(커뮤니케이션 전반을 강화하는)을 말로 표현해야 하는 이유
▶ 조직을 바라보는 외부의 시각을 조직 내부로 끌어들여 변화를 이끌어내는 방법
▶ 대화를 이용하여 사람들을 몰입시키고 동기를 부여하는 방법

또한 더욱 뛰어난 커뮤니케이션 능력을 갖추고 싶다면 다음과 같이 해야 한다고 말한다.

▶ 자신의 메시지를 전하기 전에 먼저 그 메시지를 들을 사람들의 고민부터 해결하라.
▶ 사람들의 말을 더 잘 듣는 법을 배우고 가장 어려운 커뮤니케이션 기술에 통달하라.
▶ 핵심 문제에 대해 확고한 견해를 확립하라.
▶ 이야기를 활용하여 사람들의 마음을 사로잡고 메시지를 머릿속에 각

인시켜라.

▶ 의도하지 않았으나 무심코 드러나는 신호의 힘을 인식하라.

▶ 공개적인 자리에 모습을 드러낼 때는 적절한 준비를 하라.

▶ 커뮤니케이션 기술을 꾸준히 검토하고 연마하라.

　나는 이들 주제를 하나하나 탐구하고 리더들이 내게 들려준 수십 가지의 이야기를 독자들과 공유할 것이다. 그들의 이야기에는 하나의 틀이 존재한다. 독자들은 이를 자신만의 리더십 커뮤니케이션을 향상시키는 길잡이로 삼을 수 있을 것이다.

　이 책은 모든 종류의 리더를 위한 것이다. 대기업, 기업 내의 사업부, 혹은 기업 내의 작은 팀을 이끄는 리더를 위한 책이다. 또한 크고 작은 조직 내에서 리더가 되고자 열망하는 사람들을 위한 책이기도 하다.

　사전에서는 '언어'를 '특정 국가나 공동체에서 사용되는 의사소통(커뮤니케이션) 체계'라 설명한다. 따라서 이 책은 리더들이 사용하는 커뮤니케이션 체계, 즉 리더의 언어를 설명하는 책이라 할 수 있다.

PART 1
리더는
커뮤니케이션하는
사람이다

chapter 1

나폴레옹이 남긴 리더십 유산

프로이센의 지휘관은 결정적인 기회들을 놓쳤다. 반면 나폴레옹의 부하들은 작은 기회도 놓치지 않고 활용했다. 그들은 프로이센군보다 더 빠르고 독창적이었다. 결국 프로이센을 참담하게 패퇴시킨 것은 프랑스군 하급 장교들이었다. 어떻게 그럴 수 있었을까?

▶ 예나 시는 독일 중부 잘레 강가에 위치한 대학 도시다. 인구 10만 3000명의 이 도시에는 광학 장치 제조업체 칼자이스의 본사가 자리 잡고 있다. 칼자이스는 1923년 세계 최초로 현대적 플라네타리움(planetarium: 별자리투영기, 밤하늘의 별자리를 언제라도 볼 수 있도록 하는 기계 장치)을 개발했다. 칼자이스의 슬로건은 '보이지 않던 것을 볼 수 있게 한다'이다. 먼 곳까지 선명히 볼 수 있다는 것, 칼자이

스 플라네타리움은 예나 시의 명물이다.

예나 시는 1806년 10월 14일, 예나-아우어슈테트 전투로도 유명하다. 먼 곳까지 선명히 볼 수 있다는 예나 시의 자랑과는 다르게 이날, 전쟁에 참가한 사람들은 아무것도 제대로 볼 수 없었다.

1806년 10월 운명의 그날 아침, 잘레 강 서편 고원에는 나폴레옹이 이끄는 프랑스군이 집결해 있었다. 반대편에는 그보다 한층 강력한 프리드리히 빌헬름 3세의 프로이센군이 있었다. 북쪽 아우어슈테트 근처에는 두 리더 수하의 병사 수천 명이 공격 준비를 하고 있었다.

태양이 떠오를 무렵 예나 시 부근의 벌판에 안개가 자욱하게 끼어 긴장감 속에 정렬해 있던 20만 군인의 시야를 가렸다. 하지만 자연이 만들어낸 짙은 안개도 잠시 후 총과 대포에서 피어올라 모두의 눈앞을 덮은 연기에 비하면 아무것도 아니었다.

예나-아우어슈테트 전투는 프랑스군 대포의 굉음과 머스킷총의 날카로운 발포음을 신호로 조심스럽게 시작되어 나폴레옹 군이 두 차례의 극적인 승리를 거두며 막을 내렸다. 나폴레옹의 군대는 두 번의 격돌에서 프로이센군을 크게 압도했다. 프로이센은 참패했다. 이 결정적 패배로 프리드리히 빌헬름 3세는 완전히 무너졌다. 그의 왕국은 절반 크기로 줄어들었고 그는 프랑스 제국에 예속되었다.

프로이센군이
패배에서 배운 것

왜 이런 이야기를 들려주는지 의아해할지도 모르겠다. 내가 이 전투를 언급한 것은 당시 예나에서 울려퍼진 포성이 오랜 세월이 지난 지금까지도 여전히 '군사 리더십의 철학'이라는 형태로 메아리치고 있기 때문이다. 이는 나폴레옹이 세상의 모든 리더들에게 남겨준 유산이다. 오늘날에도 전 세계 군 리더들이 이 전투의 교훈을 활용하고 있고, 비즈니스 리더들 또한 이 교훈을 받아들이고 있다.

1810년, 이 전투에 참전했던 프로이센의 샤른호르스트 장군과 그나이제나우 장군은 군사 철학자 카를 폰 클라우제비츠와 모여 앉아 프로이센군의 패전 요인을 분석했다. 그들이 내린 결론은 총과 대포 연기가 가득한 전투 현장에 효과적으로 대처하려면 군대를 새로운 방식으로 조직하고 지휘해야 한다는 것이었다. 당시 병사들은 엄격한 지휘와 통제에 따랐다. 최고 지휘관의 명령 없이는 아무것도 할 수 없었다.

후방의 지휘관은 전방에서 일어나는 일들을 제대로 파악하지 못했다. 포연 한복판에서 적과 싸우는 하급 장교들만이 무슨 일이 일어나고 있는지 정확히 알 수 있었다. 프로이센의 지휘관은 결정적인 기회들을 놓쳤다. 반면 나폴레옹의 부하들은 작은 기회도 놓치지 않고 활용했다. 그들은 프로이센군보다 더 빠르고 독창적이었다. 결국 프로이센을 참담하게 패퇴시킨 것은 프랑스군 하급 장교들이었다. 어떻게 그럴 수 있었을까?

프로이센의 분석에 따르면 프랑스군의 리더들은 그때그때의 상황에 신속히 대응했으며 상급 지휘관의 명령 없이도 독자적으로 발 빠른 조치를 취했다. 덕분에 프랑스군은 유리한 상황이 전개되었을 때 그것을 신속히 이용했고 불리한 국면에서는 지체 없이 대응할 수 있었다.

프로이센은 새로운 지휘 체계, 즉 프랑스와 같은 수준의 유연한 지휘 체계를 개발해야 할 필요성을 깨달았다. 그것은 기존의 융통성 없고 계급에 얽매이는 지휘 체계와는 전혀 다른 방식이 되어야 했다. 그 결과 탄생한 것이 임무 달성에 초점을 맞춘 전술 체계인 임무형 전술 (Auftragstaktik)이다.

이 새로운 사고는 엄격한 규칙과 완고한 계획이 전장에서는 아무 소용 없다는 것을 전제로 한다. 명령을 전달할 수 없는 상황에서 명령만 기다리는 것은 대단히 어리석은 짓이다. 그보다는 상급 지휘관이 의도한 큰 틀 안에서 하급 지휘관들이 각자 독자적으로 움직일 수 있게 하는 편이 훨씬 효과적이다. 임무형 전술에서는 하급 지휘관들의 자율성, 유연성, 즉흥성이 장려되었으며 총지휘관의 전체 계획에서 벗어나지 않는 한 명령에 불복종하는 것도 허용했다. 경쟁 우위를 지키려면 긴급한 상황에서는 지휘 계통을 따라 명령을 받지 않고도 결정을 내릴 수 있어야 한다. 일단 최고 지휘관의 계획을 숙지시켰다면 최대한 낮은 계급까지 결정권을 위임해서 최전선의 병사들이 상황 변화를 적절히 이용하도록 할 필요가 있다.

임무형 전술은 효과적인 권한 위임의 시행뿐만 아니라 프로이센 군대의 포괄적 재편성과 재훈련을 필요로 했다. 이는 곧 군 리더들이 전 계급의 군인들에게 임무를 늘 명확히 숙지시켜야 한다는 의미였다. 최하 계급 군인도 리더가 되는 훈련을 받아야 했고, 상급 지휘관들은 꼭 필요한 명령만 내려야 했다. 또한 명령은 간단명료하게 표현되어야 했다. 목표는 곳곳에 리더를 만드는 것이었다. 그렇게만 할 수 있다면 승리는 자연히 뒤따를 터였다.

프로이센은 성공을 거두었다. 새로운 지휘 철학은 19세기 독일의 육군 원수 헬무트 폰 몰트케(Helmuth von Moltke the Elder)에 의해 완성되었다. 그는 임무형 전술을 독일 육군 조직 내에 깊숙이 새겨넣었다.

제2차 세계대전이 끝난 뒤 미국과 영국의 군사 분석가들은 다음과 같은 질문을 제기했다. "독일군은 전쟁 초기에 어떻게 그토록 빠르고 유연하게 움직일 수 있었는가?" 그들은 '자주성, 유연성, 기동성'이 독일 전술의 핵심임을 발견했다. 독일의 리더십 철학에서 한 수 배운 미국과 영국은 자국의 군대에 '임무 지향적 계획 세우기'라는 개념을 도입하여 오늘날까지도 실행하고 있다.

장교들이 커뮤니케이션 교육을 받는 이유

인터뷰를 진행하는 동안 나는 3명의 전직 육군 장성과 대화를 나누는 행운을 누렸다. 또한 글로벌 항공기 제조업체 에어버스의 CEO이자 독일 예비군 소령이기도 한 톰 엔더스와도 만날 수 있었다.

그들은 모두 '지휘관의 의도'라는 개념과 임무 지향적 리더십을 언급했으며, 그것을 현대의 기업 경영과 결부시켰다. 격동적이고 빠르고 예측 불가능하며 점점 더 전장의 상황과 비슷해져가는 오늘날의 세상에는 장기적·전략적 계획이 부적합하다고 했다. 이제 성공은 조직 곳곳의 리더들이 예상 밖의 위기에 얼마나 신속히 대처하느냐에 달렸다. 리더들은 조직의 전략 목적을 늘 염두에 두면서도 자주적으로 움직일 수 있어야 한다.

이를 실현하는 데는 무엇이 필요할까? 리더들은 지휘관의 의도를 바탕으로, 해결해야 할 문제가 무엇인지 그리고 어떤 방향으로 문제를 해결해야 하는지 규정하는 데 초점을 맞춘다. 그런 다음 구체적 해결 방법을 결정할 권한은 밑으로 위임한다. 조직 구성원들에게 권한을 위임하고 그들이 올바르게 행동할 것이라 신뢰하기 위해서는 커뮤니케이션에 특별히 중점을 두어야 한다.

'임무형 지휘(Mission command)'는 군대가 도입한 리더십 철학의 명칭이다. '지휘관의 의도'는 임무의 핵심 목적을 가리킨다. 조직 내의 모든 이는 지휘관의 의도를 이해하고 그들이 어디로, 왜 가고 있는지 파악해야 한다. '왜'와 '무엇'을 표현하고 알리는 데는 철저히 관심을 기울여야 하는 반면, '어떻게'를 지시하고 싶다는 유혹에는 저항해야 한다. 조직 내의 팀들은 지휘관의 목적을 달성하는 데 자신들이 어떻게 기여할 것인지 스스로 결정해야 한다. 이러한 발상이 결실을 맺는 데 꼭 필요한 것이 신뢰다. 팀 전체가 위, 아래, 옆에 있는 사람들이 어떻게 행동하고 일할 것인지 파악해야 한다. 그리고 무엇보다 자신의 주위에서 일어나는 일들을 잘 볼 수 있어야 한다. 이 모든 것에 반드시 필요한 요소, 그것은 바로 커뮤니케이션, 커뮤니케이션, 커뮤니케이션이다.

리처드 다낫은 육군 참모총장을 역임했다. 현재 그는 런던타워 관리장관직을 맡아 타워에서 거행되는 각종 의식을 담당하고 있다. 그는 이렇게 말한다. "리더는 외부와 단절된 상태에서는 일할 수 없습니다. 리더란 뭔가를 지휘하는 사람이죠. 어떤 프로젝트, 기업, 임무 같은 것들요. 그러니까 리더가 제일 먼저 해야 할 일은 자신이 하려는 일, 달성하고자 하는 일을 충분히 심사숙고하는 것입니다. 그런 다음에는 그것을 실제로 수행할 이들에게 생각한 바를 알려야 합니다. 군대에서는 이를 임무형 지휘라는 용어로 표현하죠.

임무형 지휘에는 세 가지 요소가 있습니다. 첫째는 달성해야 하는 것이 무엇인지 충분히 생각해서 자신의 의도를 확립하는 것입니다. 둘째는 부하들에게 과제를 위임하는 것입니다. 셋째는 적절히 감독하고 지휘하는 것이죠. 그러나 가장 중요한 부분은 커뮤니케이션을 통해 의도를 알리는 일입니다. 리더는 의도를 올바르게 규정하고 이를 최대한 분명하고 확실하게 다듬어야 합니다. 리더 주위의 사람들은 큰 그림 속에서 자신에게 어울리는 자리가 어디인지 파악해야 합니다. 군 장교들이 경력 내내 그토록 많은 커뮤니케이션 교육을 받는 이유는 바로 이것입니다. 커뮤니케이션은 전략과 성취를 결합하는 접착제입니다."

이어서 다낫은 커뮤니케이션이란 결국 리더의 개성에 따라 좌우되며, 개성이란 곧 성품과 진정성을 뜻한다고 말한다. "조직 내의 성공은 부하직원, 근로자, 병사들에 의해 정해질 것입니다. 그들은 리더를 보며 마음이 끌리는 사람인지, 따르고 싶은 사람인지 판단합니다. 리더의 진정성을 얼마나 이해하느냐에 따라 리더를 따르고자 하는 열의의 수준이 결정됩니다. 저 사람은 신뢰할 만한가? 저 사람은 우리에게 최선의 이익을 가져다주고자 하는가, 아니면 단기적 성공을 거두거나 손익계산서에 적당한 숫자를 올리는 데만 관심이 있는가? 따라서 커뮤니케이션과 성품은 둘 다 무척 중요합니다."

다낫은 커뮤니케이션과 성품 외에도 용기 또한 오늘날의 리더에게 꼭 필요한 요소라고 단언한다. "용기는 누구나 아는 말이죠. 육체적 용기는 럭비에서 결승점을 올리려 하는 상대편 선수를 태클하거나 적군의 포화 속으로 뛰어드는 것입니다. 하지만 용기에는 육체적 용기만 있는 것이 아닙니다. 도덕적 용기는 ― 올바른 일이 무엇인지 아는 것, 인기를 잃거나 심한 비판을 받을 수 있는데도 그 일을 하는 것은 ― 육체적 용기보다 더욱 중요합니다.

육체적 용기는 한정된 자산입니다. 반면에 도덕적 용기는 꺼내 쓰면 쓸수록 저장고 속의 용기가 점점 더 커지고 발휘하기도 쉬워집니다. 도덕적 용기는 정직함과 진정성에서 나오며, 자기 확신과 밀접한 관련이 있고, 불리해질 수 있음을 알면서도 자신이 옳다고 생각하는 바를 지켜나가는 것입니다.

만약 당신이 그렇게 한다면 사람들은 당신을 더욱 신뢰하고 그들이 나아가는 방향을 더욱 확신하게 될 것입니다. 따라서 리더는 사람들 앞에서 자신이 중요하다고 생각하는 바와 그 이유를 표명해야 합니다. 이는 당신을 움직이게 하는 것이 무엇인지 설명하는 과정의 일환입니다. 사람들에게 그것을 잘 이해시켜야 합니다. 그것을 깊이 이해할수록 어떤 상황이 닥쳤을 때 리더가 어떻게 대응할 것인지 예측할 수 있을 테니까요."

단순하게 하라

국방참모장과 육군참모총장을 역임한 찰스 거스리는 리더의 의도에는 단 하나의 분명한 계획만 담겨 있어야 한다고 말한다.

"전에 내무장관 마이클 하워드가 교도소 관리국에 대한 조사 및 검토를 해줄 장군을 찾던 일이 기억납니다. 당시 교도소 관리국은 엉망인 상태였고 무려 열아홉 가지 목표를 세워두고 있었습니다! 그걸 어떻게 다 실행하겠습니까? 목표를 열아홉 가지나 세운다는 것은 터무니없는 발상입니다. 목표는 단순해야 합니다. 그리고 임무, 즉 계획한 바에 대한 명확한 진술이 있어야 합니다. 이를테면 세계 최고 수준의 중형 헬리콥터를 생산하라, 이런 게 바로 임무죠.

임무 역시 아주 단순해야 합니다. 어떤 젊은 장교가 공격 명령을 내리는 모습을 지켜본 적이 있습니다. '우리는 이러저러해서 언덕을 점령할 것이다.' 그러더니 쓸데없는 말을 덧붙이더군요. '그런 다음에는 9단계의 작전을 수행할 것이다.' 글쎄요, 제 경험에 비추어보면 언제나 첫 번째 단계를 마친 뒤에 문제가 생깁니다. 그다음 단계의 계획은 아무 소용이 없게 되는 거죠. 쓸데없이 복잡한 계획은 사람들에게 혼란만 줄 뿐입니다.

리더는 임무를 결정해야 합니다. 그런 다음에는 권한을 최대한 위임해야 합니다. 사람들과 함께 논의해서 각자의 과제를 정하고 저마다 맡은 일을 해나가게끔 하는 것이죠. 합의된 틀 안에서 움식이며 약속된 결과를 내놓는 한, 일을 처리하는 방법은 전적으로 그들이 알아서 할 문제입니다. 계속 개입하려 들어서는 안 됩니다. 아랫사람의 일을 끊임없이 지휘하려 드는 리더는 결국 실패할 것입니다."

마이클 잭슨은 2003년 이라크 전쟁 발발 한 달 전에 참모총장으로 임명되어 2006년에 퇴역하기까지 45년에 달하는 군 경력을 자랑한다.

"사람들은 책임을 위임받을 때 긍정적으로 반응합니다. 여기에는 이론의 여지가 없죠. 리더는 책임을 위임하되 자신이 원하는 바를 명확히 알려야 합니다. 그들이 목표를 정확히 이해하도록 돕고, 그들에게 수단을 제공하고, 작전 영역을 제시해야 합니다."

잭슨 장군은 '작전 영역(맡은 일을 수행할 때 따라야 할 큰 방향)'과 '지휘관의 의도'가 부하들에게 일종의 난간 역할을 해서 '원대한 계획이 다소 불안정해질 때' 큰 도움을 준다고 말한다.

톰 엔더스는 세계적인 항공기 제조회사 에어버스의 CEO다. 톰은 이렇게 말한다. "오늘날 비즈니스에서 가치관은 무척 중요합니다. 하지만 사람들을 가치관에 동조시키는 것만으로는 충분치 않습니다. 회사의 사명(mission)에 대한 동조도 필요합니다. 사명은 명확하고 단순해야 하며 모든 사람이 알고 있어야 합니다. 예를 들면 우리 회사의 사명은 '세계에서 가장 훌륭한 항공기를 만드는 것'입니다.

리더는 늘 사명과 가치관을 알려 사람들이 그것에 초점을 맞추도록 해야 합니다. 이 프로젝트가 우리 사명을 완수하는 데 도움이 되는가? 만약 그렇지 않다면 그 프로젝트를 고려할 이유가 없습니다. 여기에는 용기와 끈기, 성품이 필요합니다."

그는 또 이렇게 말한다. "성품, 능력, 용기는 리더십의 본질적 요소입니다." 인터뷰 도중 그는 자리에서 벌떡 일어나더니 사무실 벽장에서 액자를 하나 꺼내왔다. 그 안에는 '성품, 능력, 그리고 용기'라는 말이 적혀 있었다. 제2차 세계대전 당시 101공수사단 소속 506낙하산 보병연대의 지휘관이었고, 텔레비전 시리즈 '밴드 오브 브라더스(Band of Brothers)'를 통해 불후의 명성을 얻은 딕 윈터스(Dick Winters) 소령이 한 말이라고 했다.

곳곳에 리더를 만드는 리더십 철학

리더는 정말로 중요한 것들을 지키고 그것에 대한 믿음을 공개적으로 밝혀야 한다고 톰은 말한다. 이것이 리더에게 신뢰성을 부여한다. 물론 그러려면 용기가 필요하다. "리더는 적극적으로 앞장서야 합니다. 사람들에게 진정으로 동기를 부여하고 싶다면 신뢰한다는 것을 보여줘야 합니다. 조직 내에서 신뢰가 발휘하는 힘을 다룬 책을 읽다가 제가 원하는 경영 방식을 아주 잘 담아낸 인용문을 발견했습니다. '나는 신뢰하지 않고 때때로 좋은 결과를 얻기보다는 신뢰하고 때때로 실망하는 편을 택하겠다.' 이는 회사에 거대한 창의성을 불러일으키려면 사람들을 신뢰해야 한다는 의미입니다.

책임을 위임하고 진심으로 신뢰하면 그들은 놀라울 만큼 의욕에 넘칩니다. 윈터스 소령이 말했듯, 사람들에게 상상력과 창의성을 발휘할 기회를 주지 않으면 맡은 일을 잘해낼 수도 없습니다. 부하들에게 그런 자유를 주는 데는 용기가 필요하죠. 물론 책임을 위임받은 사람들의 능력에 대한 믿음, 그들이 책임감 있게 행동하리라는 믿음도 있어야 합니다. 위임이 성공을 거두려면 그들에게 큰 그림을 보여주이 당신이 이루고자 하는 전략 목표와 회사의 사명을 이해하도록 해야 합니다. 신뢰는 '군살 없는 조직'을 만드는 데도 힘을 발휘합니다. 리더가 세세한 부분까지 일일이 관리하는 마이크로 매니지먼트 풍토에서는 군살 없는 조직이 번영할 수 없습니다."

임무형 전술에 대해 들은 뒤, 나는 이 지휘 철학을 더 깊이 조사하기 시작했다. 그 결과 특히 미국에서 많은 자문회사들이 이 리더십 철학을 기업 내에 도입하는 것을 목표로 삼고 있다는 사실을 발견했다.

이유는 명백하다. 나와 대화를 나눈 리더들은 거의 전부가 이렇게 말했다. "무엇보다 오늘날의 세상은 속도와 민첩함을 요구합니다." 게다가 이제는 단 한 줄의 부주의한 문장이나 한 번의 경솔한 행동으로도 평판이 완전히 망가질 수 있다. 이런 환경에서는 회사를 대표하는 리더들에게 방향감각, 사명, 가치관을 명확히 숙지시키는 것이 중요해진다.

이 군대 리더십 철학에서 비롯된 몇 가지 필수 원칙을 살펴보면 다음과 같다.

첫째, 사명(임무)을 명백히 밝히고 커뮤니케이션을 통해 조직 내의 모든 사람들에게 알려야 한다.

둘째, 조직 곳곳의 사람들이 리더가 될 수 있어야 한다. 리더를 많이 만들어낼수록 성공의 가능성도 커진다.

셋째, 리더들은 조직 전체의 목표뿐만 아니라 그들 각자의 목표가 무엇인지, 그리고 그것의 달성이 조직 전체의 목표에 어떻게 기여하는지도 분명히 알아야 한다. 또한 과제를 완수하는 데 이용 가능한 수단, 의사 결정 시 기준으로 삼아야 할 가치관에 대해서도 확실히 파악해야 한다. 리더들은 중요한 가치관을 명확히 표현하고 매사에 그 가치관과 부합하는 모습을 보임으로써 다른 사람들이 바람직한 일처리 방식을 이해하는 데 도움을 주어야 한다. 조직은 이들 리더가 어디에 속해 있든지 구애받지 않고 자신만의 계획을 수립하도록 장려할 필요가 있다.

넷째, 리더는 그들 위, 아래, 옆에 있는 사람들이 해야 할 일이 무엇인지를 알아야 한다. 계획이 전개됨에 따라 상황이 어떻게 변화하고 있는지, 그리고 성과를 향상시키거나 다른 이들을 돕기 위해 무엇을 해야 하는지 속속들이 파악해야 한다.

다섯째, 리더가 다른 사람들을 이끌 권한을 가지려면 용기와 성품을 보여주어야 한다. 또한 리더는 자신의 원칙을 철저히 지켜야 한다. 같은 맥락에서, 사람들에게 영감을 주어 그들의 마음을 움직이고 싶다면 리더는 자신의 성품과 개인적 가치관을 드러내는 법을 배워야 한다.

앞서 소개한 사람들 외에 다른 리더들도 군대 리더십 철학에 포함된 이런저런 개념들을 언급했다. 하지만 그들은 다른 개념들도 언급했다. 기업 경영은 구성원들이 무조건 명령에 따를 수밖에 없는 군대 조직을 운영하는 것과는 크게 다르다. 오늘날의 기업이나 자선단체 등을 운영하는 데는 보다 많은, 그리고 보다 미묘한 커뮤니케이션이 요구된다.

다음 장에서 그 이야기를 해보도록 하자.

▶ 리더는 자신의 사명을 명확하게 표현해야 한다.

▶ 사명은 이해하고 기억하기 쉬워야 하며, 모호한 부분이 없어야 한다. 또한
사람들에게 동기를 부여할 수 있어야 한다.

▶ 가치관은 당신이 원하는 성취 방식을 나타낸다. 당신은 가치관에 부합하는
행동을 함으로써 이를 분명히 표현하고 공유할 필요가 있다.

▶ 리더의 가치관과 목표를 이해할 때 사람들은 창의적으로 신속히 행동하며
필요한 조치를 취할 것이다. 리더의 가치관과 목표를 이해해야 한다.

▶ 직원들이 자신만의 목표를 세우도록 도와라. 당신이 성취하려는 일, 당신이
원하는 성취 방식을 그들이 파악했다면 그들에게 권한을 위임하라.

▶ 권한을 위임하면 당신은 관리에서 벗어나 지휘에 집중하며, 자신이 목적지
를 향해 올바른 방향으로 나아가고 있는지 지켜볼 여유가 생길 것이다.

▶ 당신이 믿는 바를 밝히고 지켜야 한다. 이는 용기가 필요한 일이지만 그럼
으로써 당신이 도덕적 잣대를 가지고 있음을 직원들에게 알릴 수 있다. 직
원들은 그런 당신을 신뢰하고 따르게 된다.

▶ 당신이 무엇을 중요하게 여기는지, 신념이 무엇인지 사람들에게 알려야 한
다. 이는 당신을 좀 더 예측 가능한 존재로 만들고 사람들의 마음을 움직여
당신의 신념을 따르게 할 것이다.

▶ 팀 간의 커뮤니케이션을 돕는 데 시간을 할애하여 모든 이가 자신의 역할이
무엇인지, 최종 목적지에 이르기 위해 다른 사람들이 앞으로 무엇을 할 것
인지 파악하게 하라.

chapter 2
모두가 당신을
지켜보고 있다

컨트리 가수가 파손된 기타 문제로 항의했을 때 제대로 대응하지 않은 유나이티드 에어라인은 큰 대가를 치렀다. 이 일을 노래로 만든 것이 유튜브에서 히트를 친 것이다. 한편 다른 한 항공사의 경우, 기내식에 불만을 느낀 한 고객이 사진을 찍어 항공사와 신문사로 보냈는데, 회장이 직접 고객에게 전화를 걸어 사과한 후에야 문제를 진정시킬 수 있었다.

▶   현대 비즈니스 세계를 흔히 전장에 비유하는데, 사실 이는 오해의 소지가 있다. 군대와 마찬가지로 조직 구성원들도 빠르게 변하는 험난한 환경에서 지휘관과 단절된 채 작전을 수행해야 할 때가 있다. 또한 그들은 조직의 사명을 확실히 파악하고 리더가 부여한 작전 영역 내에서 서비스와 제품을 적절한 방식으로 전달해야 한다.

하지만 직원들이 특별히 많은 노력을 기울이지 않는다고 해서 목숨을 잃는 것은 아니다. 때문에 그들은 마음이 내키는 경우에만 자기 재량에 따라 일정한 수준의 노력과 헌신을 제공한다. 그런데 이 재량에 따른 노력이 적당한 성과와 커다란 성과를 가르는 차이, 리더의 성공과 실패를 가르는 차이를 만들 수 있다.

리더의 과제는 사람들에게 영감을 불어넣어 마음을 움직임으로써 커다란 성과를 내는 것이다. 간단한 일처럼 보이겠지만 오늘날의 리더들은 엄청나게 많은 것을 요구하는 환경에서 조직을 운영한다. 커뮤니케이션에 에너지를 할애하지 않는다면 나태한 리더다. 우리의 삶이 빛처럼 빠른 속도로 변한다면 어떻게 사람들의 지성과 감성을 사로잡을 것인가? 행동의 지침이 될 대본이나 사람들에게 보낼 메시지를 주의 깊게 작성할 시간이 없다면? 변화의 폭풍 속을 오직 개인의 방향감각에만 의존하여 헤쳐나가야 한다면? 게다가 모든 사람들이 리더의 말과 행동을 주시하는 시대라면?

현대의 리더는 어항 속의 물고기와 다름없다. 그들의 일거수일투족이 숱한 미디어뿐만 아니라 개인들의 휴대전화에 달린 녹음기와 카메라에 노출되어 있다. 현 시대의 급진적 투명성은 리더십을 급격히 변화시켰다. 끊임없는 감시의 시선과 대중의 비판 속에서 조직을 이끌어야 하는 이 시대의 리더를 살펴보기로 하자.

끊임없이 계속되는 커뮤니케이션

필 벤틀리는 2007년부터 브리티시 가스의 상무이사를 맡고 있다. 브리티시 가스는 약 1500만 명의 고객을 보유한 영국 최대의 가정용 에너지 공급회사로, 2만 8000여 명의 직원을 거느리고 있다. 필은 이 회사에 들어와 많은 업적을 이루었다. 물론 그런 성과를 얻기까지 고통도 따르긴 했지만 말이다.

"처음 상무이사로 취임할 당시, 우리는 소비자 조사에서 최악의 서비스를 제공하는 업체로 선정된 상태였습니다. 한 해에 100만 명의 고객이 빠져나가고 있었고, 최고 수익은 3억 파운드에 불과했죠. 그러나 현재 우리는 서비스 면에서 최고의 평가를 받으며 날마다 고객을 늘리고 있고 수익도 4배나 증가했습니다. 최고의 온라인 웹사이트, 유럽 최고의 콜센터, 우수한 근무 환경, 최고의 실적 호전 브랜드 등에 선정되어 상도 여러 차례 받았습니다. 브리티시 가스가 이루어낸 개혁과 혁신을 외부에서도 인정한 것입니다."

하지만 이것은 결코 쉽지 않은 일이었다. 그의 직무를 특징짓는 것은 끊임없는 커뮤니케이션이었다. "브리티시 가스의 직원은 2만 8000명에 달합니다. 그러니 엄청난 양의 커뮤니케이션이 필요하죠. 또한 외부적으로도 방대한 커뮤니케이션을 해야 합니다."

매일 아침 6시에 필은 간밤에 올라온 브리티시 가스 및 에너지 부문 전반에 관한 미디어 보도를 문자메시지로 통보받는다. 이 메시지를 보면 텔레비전과 라디오를 비롯한 각종 미디어 인터뷰로 그날 하루가 얼마나 빡빡하게 돌아갈지 미리 짐작할 수 있다. 하루 일과에는 성난 고객들이 보낸 수십 통의 이메일에 손수 답장을 보내는 일, 직원들과 커뮤니케이션하며 그들이 최근 보도된 기사들을 잘 챙겨보고 있는지 확인하는 일도 포함된다. 또한 그는 회사 곳곳을 돌아다니며 직원들을 만나서 그들의 의견에 귀를 기울인다. 이때는 언제나 필기도구를 꺼내 상대방의 말을 받아 적는다. "제가 그들의 말을 듣고 있으며, 그 말과 관련하여 뭔가 조치를 취할 것임을 알려주기 위해서죠."

그는 이렇게 덧붙인다. "제가 하는 일은 사람들이 제게 나쁜 소식을 가져올 수 있도록 용기를 북돋고, 제가 그들의 의견을 존중하고 있음을 보여주고, 적절한 시점에 조치를 취하는 것입니다. 그렇게 함으로써 신뢰와 헌신이 구축됩니다."

이러한 일과를 듣고 있노라면 커뮤니케이션이 그의 본업인 것 같다는 생각마저 든다. 그는 커뮤니케이션의 핵심은 자신의 메시지를 사람들에게 전달해서 납득시키고 신뢰와 믿음을 불러일으키는 것이라고 말한다. 그렇게 하기 위해서는 진정성이 필요하다.

"우리는 아이에게 뭔가 다른 존재가 되려고 애쓰는 동물 이야기를 읽어주곤 합니다. 그 이야기의 교훈은 자신을 있는 그대로 받아들이고 자기 일에 충실하라는 것이죠. 저는 자기 자신이 아닌 다른 사람이 되려고 애쓰는 건 아무런 의미도 없다고 생각합니다. 지금의 나 자신과 본분에 충실하려 합니다. 힘든 직무를 수행하는 직원들, 제 고객들에게 최선을 다하는 것이죠. 되도록 꾸밈없이 솔직하게 말하고 계산적인 말은 하지 않으려 노력합니다. 너무 격식을 차리거나 무심한 말은 싫어합니다. 그리고 언제나 고객 서비스에 대한 열정을 보여주고자 애씁니다."

필은 자신을 지켜보는 감시의 눈길을 충분히 인식하고 있다. 회사 내부에서든 외부에서든 그의 행동과 발언 하나하나가 주목과 논쟁의 대상이 된다는 점을 안다. "우리는 하루 24시간, 일주일에 7일 내내 작동하는 뉴스, 블로그, 소셜 미디어, 이메일의 시대를 살고 있습니다. 이러한 것들로 말미암아 투명한 환경이 조성되었죠. 저는 아주 바람직한 현상이라 생각합니다. 이러한 환경은 리더십을 억제하기보다는 오히려 도움이 됩니다."

리더십에 도움이 된다고? 어떻게 그럴까? "예를 들어보죠. 지난주에 저는 전국 라디오 방송에서 제 이메일 주소를 공개하며 누구든 요금 납부와 관련해서 문제가 생기면 이메일을 보내달라고 했습니다. 많은 사람들이 이메일을 보냈는데 답장 같은 건 기대하지 않는다고 썼더군요. 하지만 저는 문제를 해결하겠다는 약속이 담긴 답장을 즉각 보냈습니다. 저는 사람들이 아침에 잠에서 깨는 순간 괜히 심술이 나서 우리 회사에 불만을 제기한다고는 생각지 않습니다. 분명히 잘못이 있으니까 항의를 하겠죠. 저는 그런 이메일을 환영합니다. 그것을 통해 회사가 개선해야 하는 문제를 발견할 수 있으니까요.

우리 회사는 벽돌을 쌓듯 하나하나 대화를 해나가며 성장하고 그것을 토대로 고객을 한 명 한 명 확보하고 있습니다. 우리는 앞으로도 고객의 말에 귀를 기울이며 필요한 조치를 취할 것입니다. 고객 모두가 그것을 실감했으면 하는 것이 제 바람입니다."

조직을 변화시키는 중요한 질문들

필은 회사에 절박감을 불어넣었다. 그는 개별 고객의 불만 해결책을 직접 감독하곤 한다. "먼저 솔선수범하며 회사 내에 강력한 신호를 보내야 합니다."

그런 신호 중 하나가 고객 문제 해결 전담 팀을 만든 것이다. 그가 밤이든 낮이든 어느 때고 호출하면 그들은 문제를 살피고 해결책을 찾는다. 일단 접수된 문제는 결코 지나치는 일 없이 최대한 신속히 해결한다.

"가끔 문제가 18개월째 해결되지 않고 있다고 불평하는 고객들이 있습니다. 어떤 고객들은 토요일 밤에 술 한잔하고 이메일을 보내기도 합니다. 그러다 월요일에 문제가 해결된 것을 보고 깜짝 놀라죠. 그들은 다시 이메일을 보내서 어떻게 그렇게 빨리 해결이 됐냐고 묻습니다. 그건 정말 좋은 질문입니다. 그럼 전 그 질문을 조직 내부에 던집니다. 조직 전체가 움직여도 18개월간 처리하지 못한 문제를 우리는 어떻게 24시간 내에 해결할 수 있었는가?

이런 질문은 정말 유용합니다. 제 사무실의 전담 팀 10명뿐만 아니라 3만 명에 달하는 직원 전원에게서 같은 수준의 민첩한 대응을 이끌어낼 방법을 찾는 데 도움이 되기 때문이죠."

필은 얼마 전 가격 인상 문제로 회사가 비난을 받을 당시 BBC와 했던 인터뷰를 들려주었다. 인터뷰 진행자는 '로우'라는 사람이 이메일로 보낸 사연을 소개했는데, 요금을 감당하지 못해 이불을 뒤집어쓰고 앉아 있다는 것이었다. 그러면서 그는 벤틀리 씨라면 로우 씨에게 어떤 조언을 해주겠느냐고 물었다.

"저는 곧 연락하여 문제를 해결하겠다고 답했습니다. 인터뷰를 마치고 BBC에서 나갈 때쯤 우리는 그 고객이 누구인지 알아내고 전화를 걸어 도움을 주었습니다. 그는 고마워하며 눈물을 흘렸죠. 사람은 누구나 자신의 의사를 밝힐 권리가 있으며, 우리는 그 말에 귀를 기울일 것입니다. 제가 하는 모든 일은 바로 그 점을 입증하기 위한 것입니다.

예컨대 우리는 늘 트위터를 주시합니다. 만약 누군가 '빌어먹을 보일러가 또 고장 나서 브리티시 가스를 기다리고 있어'라는 글을 트위터에 올린다면 우리는 그에게 전화를 걸어 도와드리겠다고 할 것입니다. 마찬가지로 블로그도 지켜보며 응답하고 있습니다."

이처럼 고객 서비스에 집중하고, 지속적인 향상을 꾀하고, 끊임없이 커뮤니케이션을 하고, 비판과 나쁜 소식을 기꺼이 받아들여 대응한 것이 회사에 변화를 일으킨 주요 동인이었다고 필은 말한다.

"제가 하는 모든 말, 모든 행동이 회사 내의 사람들에게 전해집니다. 제 직무는 제가 적절한 메시지를 보내고 있는지, 모든 사람이 빠짐없이 그것을 받는지, 그 메시지가 그들 마음속에 신뢰를 불러일으키는지 확인하는 것입니다."

필은 자신이 훌륭한 리더의 완벽한 전형으로 소개되는 것을 바라지 않을 것이다. 이런 점에서 그는 너무나 겸손하고 예의 바르다. 내가 필 벤틀리를 먼저 소개한 이유는 그의 이야기에 나와 인터뷰한 다른 리더들이 제기한 이슈들 중 다수가 담겨 있기 때문이다. 그러므로 여기서 잠시 멈춰서 그의 이야기가 우리에게 어떤 통찰을 제공하는지 곰곰이 생각해보는 것도 가치 있는 일일 것이다.

필에게서 우리는 무엇을 배울 수 있을까?

오늘날의 리더십은 우리 시대의 산물이다. 필의 사례에서 가장 인상적인 것은 필이 고객과 직접 상호작용하는 수단 및 디지털 커뮤니케이션을 적극적으로 받아들이는 데 큰 열의를 보였다는 점이다. 내가 인터뷰한 다른 많은 리더들은 끊임없는 감시의 눈길에 부담을 느꼈고 오늘날의 투명하고 개방된 세상이 요구하는 많은 양의 상호작용에 진저리를 냈다. 그들은 이러한 환경이 그들의 행동과 말을 제약한다고 여겼다. 필은 다르다. 그는 소비자와 직접 연락하고 대화하는 기회를 재빨리 붙잡았다. 회사는 벽돌을 쌓듯 하나하나의 대화를 쌓아나가며 성장한다고 믿기 때문이다.

필은 자신이 사람들의 눈에 띄어야 하며 브리티시 가스를 지키려면 불가피한 적대감이나 분노 앞에서도 모습을 드러내야 한다는 사실을 안다. 상황이 불리하더라도 직접 나서서 회사의 입장을 전하는 것은 매우 중요한 일이다. 동시에 리더는 회사 내에서도 모습을 드러내고 지속적으로 언어적·비언어적 신호를 보내야 한다.

그는 진정성을 가지고 자신의 본분을 수행해야 한다는 사실을 안다. 듣기의 힘을 이해하고 있으며 부정적·긍정적 피드백을 받는 데 열의를 보인다. 그는 외부의 것(고객 문제)을 이용하여 내부의 변화를 일으키고, 사람들이 나쁜 소식도 그대로 전할 수 있는 환경을 조성하여 그가 듣고 대응해야 할 정보를 확보했다.

그는 오늘날 세상에서는 속도가 필요하다는 사실을 이해한다. 사람들은 더욱 바람직한 기업 행위, 더 나은 서비스와 더 빠르고 민감하게 반응하는 커뮤니케이션을 기대한다. 그는 이 점을 꾸준히 활용하여 브리티시 가스 내부의 직원들을 변화시키는 한편, 그들이 그 자신만큼 고객에게 민감하게 반응하기를 요구한다. 그의 에너지는 절박감이라는 신호를 보내고 있으며, 변화를 향한 그의 노력은 조직 내의 모든 사람들에게 더 높은 민첩함을 요구한다.

그는 언제나 이야기를 이용하여 사람들을 해야 할 일에 집중시킨다. 대화를 할 때면 고객 문제 및 그 해결 과정과 관련된 여러 일화를 곁들인다. 고객 서비스에 대한 그의 열정은 모든 사람들에게 확실히 알려져 있다. 고객 서비스의 중요성을 말로 강조했기 때문이 아니다. 자신이 고객 서비스를 얼마나 중요하게 여기고 있는지를 끊임없이 행동으로 보여준 결과다.

내가 인터뷰한 리더들은 다양한 방식으로 이 문제에 대처했다. 그들은 투명성과 감시의 시선으로 특징지어지는 새로운 세상에 대해 이야기했다. 따라서 끊임없는 커뮤니케이션이 그들의 과제라고 했다. 남들과 다른 독특한 관점을 가질 필요성이 높아지고 있다는 데 초점을 맞추었다. 진정성과 열정의 필요성을 강조했다. 좋은 청취자가 되어야 할 필요성을 역설했다. 부정적 피드백까지 조직의 자산으로 받아들이는 환경을 조성해야 한다고 이야기했다. 속도와 민첩함을 강조하며 조직 전체의 리더만큼 열정적이고 성취해야 할 바를 명확하게 이해하는 리더들을 조직 내 곳곳에서 만들어야 한다고 주장했다. 리더는 아무리 불리한 상황에서도 사람들 앞에 모습을 드러내야 한다고 이야기했다. 진짜 리더는 다가가기 쉬운 편한 존재여야 한다고 힘주어 말했다. 또한 무엇보다도 가장 중요한 것은 바로 세간의 평판이라는 점을 만장일치로 인정하며 동시에 우려도 나타냈다.

이처럼 리더에게 커뮤니케이션 요구가 높아진 데는 미디어와 대중 간의 협력관계가 점점 공고해지고 있다는 점도 원인으로 작용했다. 이 협력관계는 비즈니스계에 새로운 역학관계를 형성했다. 전 세계의 소비자 및 시민이 인터넷과 디지털 커뮤니케이션 덕분에 막강한 힘을 갖게 된 것이다. 하지만 소비자들이 쉽게 다가갈 수 있도록 접근성을 높인 필 벤틀리처럼 기자들도 그러한 접근성을 받아들였는지는 그리 분명치 않은 것 같다.

투명성을 높이는
새로운 협력관계

오늘날 신문사나 방송국의 편집국과 보도국이 어떻게 돌아가는지 자세히 아는 사람은 드물겠지만 언론이 뉴스를 생산하는 방식에는 많은 변화가 일어났다. 그리고 언론의 변화는 리더십에 깊은 영향을 주었다. 소비자, 시민, 기자는 이제 번개 같은 속도로 협력하여 전보다 훨씬 투명해진 이 세상에 뉴스와 논평을 공급한다. 뿐만 아니라 세상은 더 복잡하고, 불확실하고, 변덕스럽고, 애매모호해졌다.

이러한 환경에서 리더의 역할은 부담스럽고, 긴장되고, 위험한 것이 된다. 나와 대화를 나눈 리더들은 자신이 언제나 벼랑 끝을 걷고 있음을, 즉 한 발만 잘못 내딛거나 경솔한 말 한마디만 해도 평판을 망치고 나아가 자신이 이끄는 기업의 미래까지 엉망으로 만들 수 있다는 사실을 인식하고 있었다.

그들 대부분은 조직을 운영하는 데 따르는 리스크가 점점 높아지고 있으며 속도가 필요하다는 점을 인정한다. 전 세계에 수만 명의 직원을 둔 리더는 직원 한 명 한 명의 실수가 조직에 엄청난 재앙을 불러올 수 있음을 안다. 내가 인터뷰한 이들 가운데 과반수는 토니 헤이워드와 BP(브리티시 페트롤륨)의 원유 유출 사건을 언급하며, 아무리 거대한 조직도 한 번의 사고와 그 이후의 잘못된 커뮤니케이션으로 거꾸러질 수 있음을 보여주는 사례라고 말했다(14장 참고).

속도와 투명성, 감시의 시선을 강화시킨 진정한 요인은 대중과 미디어 간의 연합이다. 인터넷에 힘입어 형성된 이 연합은 비즈니스의 새로운 흐름을 재촉했다. 그 결과 리더들은 조직의 민첩성을 더 높은 수준으로 끌어올리기 위해 조직 혁신에 나서지 않을 수 없었다. 또한 이 흐름에 따라 더 풍부하고 효과적인 커뮤니케이션이 필요해졌다.

이제 리더들은 다음 사항들을 숙고해야 한다.

> ▶ 커뮤니케이션의 빠른 속도
> ▶ 커뮤니케이션 채널, 특히 디지털 채널의 압도적 증가
> ▶ 영향을 주고받는 패턴의 변화, 시민 및 소비자의 영향력 증가
> ▶ 모든 이해 당사자의 기대치, 특히 신속한 응답에 대한 기대치의 상승
> ▶ 개인의 힘과 디지털 기술에 의해 가능해진 이익 공동체의 급속한 변화
> ▶ 늘어난 규제와 그 결과 생겨난 커뮤니케이션의 필요성
> ▶ 기자들의 공격적인 정보 추구 및 비즈니스 기사 보도의 '타블로이드화'
> ▶ 금융 위기와 불경기로 인한 기업에 대한 신뢰 감소

이 모든 이슈는 리더들의 마음을 무겁게 짓누르며 커뮤니케이션에 관한 그들의 사고방식에 현저한 영향을 미치고 있다.

우선 오늘날의 뉴스 시청자들이 어떻게 언론사의 보도 및 편집국에 혁명이 일어나게 했는지 살펴보자. 현재 BBC 월드 서비스의 책임자인 피터 호록스는 BBC에 혁명을 이뤄낸 인물이다. 그는 21개의 서로

다른 뉴스 플랫폼을 세계 최대 규모의 단일 멀티미디어 뉴스룸으로 탈바꿈시켰다. 전 세계 시청자의 뉴스 소비 방식이 급격히 변화한 데 기인한 결과였다. 그는 나와 함께 BBC의 뉴스룸을 둘러보며 "오늘날 많은 사람들은 라디오, TV, 온라인 뉴스 사이트, 소셜 미디어 플랫폼을 통해 세상 돌아가는 일을 파악한다"고 말했다. 이에 대응하여 BBC는 뉴스 수집 및 뉴스 전달 방식을 완전히 변화시켰다. 이전의 BBC 뉴스는 TV, 라디오, 뉴스24, 온라인, BBC 월드가 각각 별개의 편집국으로 분리 운영되었다. 단지 편집국만 분리되어 있었던 것이 아니라 협력해서 기사를 작성하는 경우도 매우 드물었다.

미디어 시장의 경쟁자도 달라졌다. 예전에는 ITN(Independent Television News)이 주요 경쟁사였지만, 지금은 새로운 유형의 미디어들이 등장해 거침없이 성장하면서 그들을 위협하고 있다. 방송, 온라인 신문 사이트, 모바일 뉴스, 그리고 페이스북, 트위터, 유튜브 등의 소셜 미디어나 구글 뉴스와 같은 뉴스 수집·공급업체들이 그러한 예에 해당한다. 이러한 미디어들은 앞으로도 계속 늘어날 것이다. 변화를 주도하는 것은 기존과는 다른 방식으로 뉴스를 소비하는 젊은 시청자들이다. 그들은 빠른 뉴스 검색을 선호하며, 뉴스를 선택할 때 소셜 네트워크 및 입소문에 크게 의존한다. 이 같은 동향은 통계자료에도 드러난다. TV는 여전히 뉴스 소비에서 가장 큰 비중을 차지하는 미디어지만, 그 비중은 점점 줄어드는 추세다. BBC 라디오 뉴스는 정체 상태인 반면 온라인과 모바일 영역은 계속 성장 중이다.

그렇다면 BBC 뉴스는 어떻게 21개 뉴스 플랫폼을 세계 최대 규모의 단일 멀티미디어 뉴스룸으로 탈바꿈시켰을까? 현재 그들은 하루

24시간 뉴스 서비스를 제공하고 있으며 날마다 웹페이지 500개, 120시간 분량의 뉴스를 생산한다. 이는 감원과 투자를 비롯한 급진적이며 파괴적인 변화를 요하는 일이었다. 기본적으로 BBC 뉴스는 다음과 같은 일을 감행했다.

▶ 물리적 공간을 변화시켜 모든 채널을 한데 모았다.
▶ 편집 팀과 기사 작성 팀을 재조직하여 긴밀한 통합을 이루었다.
▶ 최신 기술을 활용하여 시청자 행동을 관찰하며 그들과 접촉했다.
▶ 모든 뉴스 서비스에 새로운 브랜드 이미지를 부여했다.

"이 모든 변화가 BBC 뉴스에, 그리고 시청자에 대한 우리의 이해에 미친 영향은 지대합니다." 피터 호록스의 말이다. "멀티미디어 접근법을 취한다는 것은 뉴스를 고도로 네트워크화, 실시간화하여 기사의 작성 및 전달이 놀라운 속도로 이루어진다는 의미입니다. 예전 같으면 뉴스룸에서 일주일간 일어나던 일들이 이제는 단 하루 만에 일어나죠."

BBC 뉴스룸에서는 매 시간마다 주요 기사에 대한 모니터링, 시청자의 논평과 상호작용에 대한 분석이 이루어진다. 또한 같은 기사라도 채널에 맞게 수정된다.

▶ 모바일 기기용 기사는 더 짧고 간단해야 한다.
▶ TV는 시각적 효과를 전달해야 한다.
▶ 라디오는 상대적으로 사색적이고 관념적이다.

▸ 온라인 기사는 문제를 깊이 있게 다룰 수 있지만 대신 2~3초 안에 사
  람들의 관심을 끌어야 한다.

기사는 놀라운
속도로 진화한다

　　　　　　　　기자들은 전과는 다른 방식으로 뉴스를 수집하
고 기사를 작성한다. 온라인 포럼과 블로그를 통해 이루어지는 대중의
참여 및 상호작용이 기사 작성에 미친 영향은 아무리 높이 평가해도
지나치지 않다. 기자들이 방대한 양의 피드백을 얻게 된 결과 이제 기
사는 뉴스 수용자의 요구에 따라 실시간으로 전개되고 변화한다. 수용
자와 이러한 관계가 형성되다 보니 기자는 하루 중에도 믿기 어려울
만큼 빠른 속도로 기사를 발전시키거나 그 방향을 바꾼다. 이 모든 현
상은 현대의 뉴스룸을 게걸스럽고 굶주린 뉴스 기계로 만든다.

　또한 이는 기사들이 저마다 독특한 생명 주기를 누리며, 특정한 리
듬에 따라 다른 종류의 채널에 맞게 수시로 변경될 수 있음을 의미한
다. 가령 라디오는 아침시간과 운전을 할 때 절정기를 맞고, 모바일은
통근 시간에, 온라인은 근무가 시작될 무렵과 점심시간에, TV는 저녁
시간에 절정기를 맞는다.

　뉴스룸을 둘러보는 동안 눈에 띈 인상적인 사실 하나는 새로운 기
삿거리를 찾기 위해 소셜 웹사이트를 샅샅이 뒤지는 팀이 따로 있다
는 점이었다. 그들은 흥미롭고 좋은 기사가 될 가능성이 있는 새로운
소스를 찾고 있었다. 이제는 누군가가 아이디어를 가져다줄 때까지
기다릴 수 없게 된 것이다.

이것이 CEO에게 의미하는 바는 명백하다. 만약 어떤 고객이 불만을 품고서 온라인상에 그것을 공개해야겠다고 마음먹었다면 그는 단 몇 분 만에 수백만 명의 소비자에게 자기 견해를 전할 수 있게 된다. 이것은 즉시 전 세계에서 가동하는 뉴스 수집 기계들의 관심을 끌 수 있다. 순식간에 사소한 사건이나 서비스 실수가 전 세계에 전파되는 중대한 기사로 탈바꿈한다.

공연차 비행기를 탄 한 컨트리앤드웨스턴 가수가 수하물 운송 과정에서 파손된 기타 문제로 항의했을 때 제대로 대응하지 않은 항공사가 얼마나 큰 곤란을 겪었는지 생각해보라. 그 가수는 보상을 받고자 1년간 애썼지만 아무 소용이 없었다. 그는 그동안 겪은 일을 노래로 만들었다. 이 노래가 유튜브에서 화제를 불러일으켰고, 히트를 쳤다. 유머와 신랄한 비판, 귀에 쏙 들어오는 멜로디가 담긴 그의 노래에 대한 기사가 전 세계 미디어를 통해 알려졌다. 문제의 항공사 유나이티드 에어라인은 기타 한 대 가격과는 비교도 안 될 만큼 큰 대가를 치렀다. 회사에 규정된 고객 서비스 정책만 따랐어도 피할 수 있었던 이 문제로 항공사는 주가가 곤두박질치는 것을 지켜봐야 했다. "공중에서든 지상에서든, 온라인상으로든 전화상으로든 우리 고객은 그늘이 선택한 항공사에 존중, 예의, 공평, 정직을 요구할 권리가 있다." 이것이 바로 유나이티드 에어라인의 정책이었다.

버진 애틀랜틱 항공사도 비슷한 사건을 겪었다. 다행히 버진 애틀랜틱의 대응은 빨랐다. 인도에서 영국으로 돌아오는 비행기를 탔던 한 승객이 기내식에 불만을 느끼고 사진을 찍어두었다. 이후 그는 그 사진이 첨부된 편지를 써서 버진 애틀랜틱 항공사는 물론, 여러 신문사와 블로그로 보냈다. 언뜻 보면 익살스러운 내용이었지만 실은 불만이 담긴 엄중한 편지였다. 곧 기사가 뜨기 시작했다. 리처드 브랜슨은 직접 고객에게 전화를 걸어 건설적 이메일(비록 조롱하는 말이 담겨있긴 했지만)을 보내준 것에 감사를 표함으로써 문제를 진정시켰다.

조직 내부에서 오가는 이메일도 뉴스의 소재가 될 수 있다. 특히 불만에 찬 직원이 이메일을 미디어에 유출할 경우에는 더욱 그렇다. 앤드류 칸은 영국 무역투자청의 책임자로 일하던 시절 어느 해 연말에 "외무성에서 배정받은 예산을 다 못 쓸 것 같으니 돈을 더 쓸 방법을 찾아내라"고 재촉하는 이메일을 임원들에게 보냈다.

그 이메일이 미디어에 유출되어 시민들의 엄청난 분노를 불러일으켰다. 온 나라가 대규모 지출 삭감을 위해 애쓰고 있는데 외무성은 돈 쓸 궁리나 하는 것으로 비쳤기 때문이다. 재무성은 외무성의 예산을 2000만 파운드 줄이겠다고 발표하며 대응에 나섰다. 정부의 다른 부처에 본보기를 보이고 장관을 비롯한 공무원들에게 남은 예산은 재무성으로 환수되어야 한다는 경고를 알리기 위해 벌금을 물린 것이었다. 이메일 한 통으로 값비싼 대가를 치른 셈이다.

순식간에 평판을 잃을 수 있는 시대

가디언 미디어 그룹의 회장 데임 아멜리아 포셋은 이 새로운 환경이 기존 방식의 리더십에 큰 걸림돌이 된다고 말한다. "대부분의 커뮤니케이션은 페이스북, 트위터, 블로그, 24/7(하루 24시간/일주일에 7일) 뉴스 세상에서의 목적에 부합하지 않습니다. 이

제 뉴스는 전문가와 비전문가의 협동을 통해 제작됩니다. 우리는 이를 '뉴스의 상호화' 라 부르죠. 〈가디언〉의 한 통신원은 블로그 구독자를 75만 명이나 보유하고 있습니다. 〈가디언〉의 발행 부수는 36만 5000 부예요. 그런 종류의 네트워크와 밀접한 관계를 형성할 방법을 우리가 파악할 수 있다면 엄청난 위력을 발휘할 수 있을 것입니다."

많은 리더들이 낭떠러지 위에 선 것과 같은 상황에서 조직을 운영한다고 느끼는 이유가 바로 여기에 있다. 평판은 언제나 중요하게 여겨졌다. 하지만 오늘날에는 몇 초 만에 평판을 잃을 수도 있다는 것이 문제다. 스탠더드차터드의 전 회장인 머빈 데이비스는 커뮤니케이션의 중요성을 강조한다. "지금은 좋은 뉴스와 나쁜 뉴스 모두가 몇 초 만에 대륙을 넘나들며 전해집니다. 이는 정치와 비즈니스의 본질을 변화시켰습니다.

즉 당신이 무엇을 하든, 어디에 있든 누군가가 당신을 지켜보고 있을 가능성이 언제나 존재한다는 얘깁니다. CCTV와 유튜브, 휴대전화 카메라 때문이죠. 우리는 작은 행동 하나가 큰 결과를 낳을 수 있는 세상에서 살고 있습니다."

글로벌 서비스 그룹 서코의 회장을 지냈으며 현재는 최대 건설회사 중 하나인 테일러 윔피의 회장을 맡고 있는 케빈 비스톤은 이렇게 말한다. "요즘은 다들 카메라를 가지고 다닙니다. 누구나 녹음 기능이나 비디오가 달린 휴대전화를 가지고 있습니다. 그래서 한시도 방심할 수가 없죠. 한 번만 실수해도 빠져나갈 수가 없어요."

그가 덧붙인다. "하지만 그 반대도 가능합니다. 잘만 활용하면 메시지를 알리고 브랜드를 구축할 길을 더 많이 확보할 수 있습니다. 강력한 브랜드는 경쟁에서 기업이 누릴 수 있는 이점 중 하나죠. 그러니 효과적으로 활용만 한다면 지금의 환경은 기업 가치를 크게 끌어올리는 동인이 될 수 있습니다."

기업은 개방된 민주사회와 같다

세계 최대의 맥주회사 중 하나인 사브밀러 사의 CEO 그레이엄 매케이는 오늘날의 세상이 리더에게 전보다 한층 더 많은 것을 요구한다고 말한다. "지금의 기업은 개방된 민주사회와 흡사합니다. 사람들은 리더에게 전보다 훨씬 많은 것을 알려주길 요구하고, 자기 자신을 민주사회의 일원으로 간주합니다. 자신이 동의할 수 있는 리더를 따르는 민주사회죠. 직원들과 더 많은 커뮤니케이션을 해야 할 필요성이 생겼음은 물론, 규제력을 지닌 감시의 시선도 늘어났고, 글로벌 NGO와 24/7 미디어들도 출현했습니다. 이제 리더는 자기 자신을 표현하고 자신의 회사, 자신의 행동을 늘 설명해야 합니다."

이러한 끊임없는 감시와 비판 속에서는 회사가 단지 수익뿐만이 아닌 선(善)을 추구하는 집단으로 보여야 한다는 점을 리더들은 잘 안다. 그들은 단순한 수익 동기가 아닌, 그보다 훨씬 더 고귀한 목적을 가져야 한다.

영국 최대의 건설 서비스 업체인 웨이츠 그룹의 CEO 폴 드렉슬러는 이렇게 말한다. "10년 전만 해도 비즈니스는 매출, 수익, 시장 점유율, 경쟁업체 중심이었습니다. 하지만 지금은 기업이 얼마나 많은 일

자리를 창출했는지, 탄소발자국을 줄이기 위해 어떤 노력을 기울이는지, 사회에 어떤 긍정적인 영향을 미치고 있는지 이야기합니다. 이렇듯 기업의 커뮤니케이션 범위와 주제는 크게 늘어났습니다. 리더는 고객과 직원의 마음을 움직여 투자를 끌어들일 수 있는 방향으로 이야기하는 법을 배워야 합니다.

예전에도 신뢰와 평판은 오늘날 못지않게 중요했습니다. 다만 차이점은 그것이 전보다 더 손상되기가 쉬워졌다는 것입니다. 제가 무엇보다 걱정하는 것은 114년에 걸쳐 쌓아온 우리의 브랜드와 평판이 잘못된 조치나 행동 하나로 한순간에 무너질 수도 있다는 점입니다."

루퍼트 개빈은 극장 체인인 오데온 앤드 UCI 시네마즈의 CEO다. 루퍼트는 자신이 거주하고 일하는 지역사회에서 좋은 리더가 되지 못한다면 비즈니스 리더로도 성공할 수 없다고 믿는다. "파산한 지역사회에서 건강한 기업을 운영할 수는 없습니다. 이런 점에서 볼 때, 현재의 CEO에게는 10년 전보다 훨씬 더 복잡한 것들이 요구됩니다."

급진적 투명성은 급진적 사고를 요한다

1000만 명 이상의 가입자를 보유한 영국의 유료 TV 방송사 B스카이B의 CEO 제레미 대럭은 리더는 '어항 속의 삶'을 받아들이는 것 이상을 해야 한다고 믿는다. 자신뿐만 아니라 다른 사람들도 그 어항 속으로 초대해야 한다는 것이다.

"지금은 모든 것이 투명합니다. 차라리 사람들을 불러들여 자신이 하는 일을 보여주는 편이 낫습니다. '오셔서 한번 살펴보시길 바랍니다'

라고 하는 것이죠. 신뢰는 향후 10년간 비즈니스계의 가장 중요한 주제가 될 것이며, 신뢰 구축 및 유지가 장기적 성공을 열망하는 회사의 계획에서 큰 비중을 차지할 터이기 때문입니다. 사람들이 당신을 믿으려면 우선은 당신을 알아야 합니다. 당신이 어떤 사람인지, 회사 안팎에서 무엇을 추구하고 무엇을 믿는지 감을 잡아야 한다는 이야기죠."

제레미는 투명성이 급격히 높아진 현시대에는 커뮤니케이션에 대한 기업의 부담이 더욱 커진다고 생각한다. 기업이 적극적으로 나서서 어떻게 사회를 이롭게 하는지 설득할 수 있어야 한다. 신뢰 획득은 단지 기업의 문제가 아니라 세상 모든 사업체의 문제다. 또한 모든 리더는 자신이 조직의 집사에 불과하며 어느 시점에 이르면 그 자리에서 떠나게 될 운명임을 받아들여야 한다고 그는 말한다. 이 점을 염두에 둔다면, 리더의 과제는 조직의 장기적 생존 능력을 향상시키는 것, 즉 조직을 처음보다 더 나은 상태로 만드는 것이라 할 수 있다.

리더십은 과거와 달라졌다. 이는 내가 인터뷰한 61명의 리더가 만장일치로 동의한 사실이다.

전통적인 지휘 – 통제 방식 경영은 지금의 세상에 전혀 맞지 않다. 리더는 직원들이 리더와 연락이 닿지 않아서 아무것도 결정 내리지 못하는 상황을 만들어서는 안 된다. 중요한 순간이 닥쳤을 때, 화난 고객을 달래거나 실수를 바로잡기 위해 적절한 선택을 할 수 있도록 그들에게 권한을 부여해야 한다. 리더가 할 일은 최소한의 행동 기준을 제시하는 것이다.

나는 CEO들이 요즘과 같은 세상에서 조직을 운영하려면 조직 내 곳곳에 리더를 만들어야 한다고 강조하는 것을 자주 들었다. 이 발상은 인터뷰 전반을 통틀어 가장 강력한 주제였다.

그들의 말은 어느 정도 군 리더들의 견해와도 일치했다. 군 리더들과 마찬가지로 그들 역시 명확한 사명 및 가치관의 필요성을 인정했으며, 모든 이들이 자신의 역할을 확실히 파악해야 한다는 데 동의했다. 또한 곳곳에 리더를 만들려면 사명과 가치관이 중요하며, 조직 내의 속도와 민첩성을 높여야 한다고 강조한 점도 군 리더들과 비슷했다.

리더 양성의 핵심은 조직 구성원들이 충분히 이해한 가치관의 틀을 만들어 그 안에서 리더들이 일할 수 있게 하는 것이다. 목표는 모든 구성원들이 회사의 기대를 — '해야 할 일이 무엇인가' 라는 측면뿐만 아니라 '그 일을 어떤 식으로 해야 하는가' 라는 측면까지 — 이해하는 것이다. 모든 이들에게 '적절한 일을 하는 것' 의 진정한 의미를 이해시키려면 리더는 많은 시간을 들여 노력해야 한다

더구나 오늘날의 리더는 디지털 시대를 맞이하여 커뮤니케이션과 투명성을 더욱 요구받고 있다. 즉 평판 관리를 최우선 계획으로 삼아야 한다는 의미다. 신뢰 구축 역시 그 못지않게 중요하다. 이를 위해서 리더는 커뮤니케이션의 핵심이 급속히 진화하는 기사와 대화라는 사실을 염두에 둔 채 더욱 명확하게, 더 자주 커뮤니케이션해야 한다.

이 시대의 리더는 전보다 한층 복잡하고, 부담스럽고, 긴장되는 역할을 맡고 있지만 제대로 이해만 한다면 더 큰 보상을 받을 수 있다. 리더들은 점차 그들이 단지 기업의 집사일 뿐이며, 리더 자리에 있는 동안 자신이 이끄는 기업을 더욱 향상시키고, 떠날 때는 그곳에 더 나은 미래를 제시해야 한다는 점을 의식하고 있다. 이는 곧 지역사회의 일부로서 오랫동안 지속 가능한 기업을 구축하기 위해 리더가 장기적

으로 사고해야 한다는 의미다.

한편 그들은 이 시대에는 사람들에게 영감을 주어 마음을 움직이고, 직원들을 고무함으로써 더 큰 성취를 이루게 하는 것이 한층 절실하다는 말도 했다. 이제 사람들은 스스로 원할 때만 노력과 헌신을 기울이는 개방된 민주사회에서 일하고 있다고 믿기 때문이다. 신뢰와 인간관계가 성공의 엔진 역할을 하는 이러한 환경에서는 탁월한 커뮤니케이션에 대한 요구가 점점 더 높아진다.

오늘날 리더에게는 커뮤니케이션과 관련하여 전보다 훨씬 많은 것이 요구된다. 리더는 더욱 폭넓은 청중을 상대로 다양한 채널을 활용해야 한다. 하지만 케빈 비스톤이 말하듯, 이 환경을 적절히 이용한다면 메시지를 전달할 길을 더 많이 확보하고, 모두가 승자가 되는 훌륭한 기업을 구축할 수 있다.

▶ 더욱 투명해진 사회 환경이 리더십에 급격한 변화를 일으켰다.

▶ 소비자, 시민, 기자의 협력관계로 각종 뉴스와 견해가 순식간에 세상 곳곳
으로 전해진다.

▶ 커뮤니케이션의 빠른 속도, 채널의 놀라운 증가, 영향을 주고받는 패턴의
급속한 변화 등에 대처하려면 리더는 훨씬 더 빠르고 민첩한 조직을 구축해
야 한다.

▶ 더욱 민첩한 조직을 만들려면 조직 곳곳에 리더들을 만들어내야 한다.

▶ 오늘날 조직은 개방된 민주사회와 매우 흡사하다.

▶ 사람들은 전보다 훨씬 많은 것을 알려주길 요구하고 자기 자신을 민주사회
(스스로 동의한 리더를 따르는)의 일원으로 간주한다.

▶ 규제력을 지닌 감시의 시선이 늘어나고, 글로벌 NGO와 24/7 미디어들이
출현함에 따라 리더는 자기 자신을 표현하고 자신의 회사, 자신의 행동을
늘 설명해야 한다.

▶ 모든 기업은 수익보다 더 고귀한 목적을 명확히 표현해야 한다.

▶ 지속 가능성은 곧 표어다. 이것은 조직이 속한 사회적·물리적 환경은 물론,
조직의 수명에도 적용된다.

▶ 리더는 신뢰를 전략 목표로 삼아야 한다.

▶ 어항 속의 삶은 리더에게 자신의 신념과 명확한 관점을 표명하도록 요구한다.

▶ 감시의 시선은 앞으로도 사라지지 않을 것이다. 그것을 견뎌내는 법을 배워라.

▶ 리더는 디지털 시대의 투명성을 받아들여야 한다. 전보다 리스크가 높지만
보상 또한 더 크다.

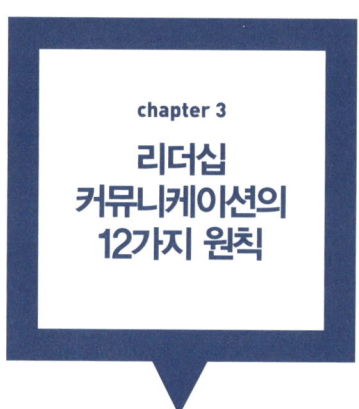

chapter 3

리더십
커뮤니케이션의
12가지 원칙

인터뷰에 응한 리더들이 충실히 고수하는 리더십 커뮤니케이션의 열두 가지 원칙을 발견했다. 마치 오디오 기기의 그래픽 이퀄라이 저를 사용하듯 각 리더는 저마다 다른 방식으로 이들 원칙의 다 이얼을 올리거나 내린다. 하지만 정도의 차이만 있을 뿐 열두 가지 원칙은 늘 공통적으로 나타난다.

▶ 나와 대화를 나눈 리더들의 리더십 경험을 전부 합치면 거의 2000년에 달한다. 글로 옮기면 50만 단어가 넘는 분량이다.

이들 리더는 모두 인간이다. 당신이나 나처럼 리더들도 여러 가지 결점이 있다. 그들 대다수는 기꺼이 자신의 결점에 대해 이야기한다. 그들은 모두 경력을 쌓아가는 과정에서 성공을 거두었고, 많게는 수 십만 명에 달하는 사람들이 일하는 조직의 정점까지 올라갔다. 그들은 위기가 닥쳤을 때 미디어 앞에 모습을 드러내고, 영향력 있는 사람들이 모인 자리에서 연설을 하고, 대중의 날카로운 감시의 시선 속에 자신을 노출시켜야 했다. 더 중요한 사실은 그들이 팀, 사업부, 회사 전체의 변화와 발전을 몇 번이고 이끌었다는 것이다. 따라서 그들의 경험 속에는 풍부한 지혜가 깃들어 있다.

그들이 들려준 이야기를 전부 검토한 뒤 내가 얻은 결론은 무엇이었을까? 이 책을 읽는 리더들의 커뮤니케이션 방식을 더욱 계발하고 강화하려면 그들의 경험을 어떻게 활용해야 할까?

나는 분석을 통해 인터뷰에 응한 리더들이 충실히 고수하는 리더십 커뮤니케이션의 열두 가지 원칙을 발견했다. 마치 오디오 기기의 그래픽 이퀄라이저를 사용하듯 각 리더들은 저마다 다른 방식으로 이들 원칙의 다이얼을 올리거나 내린다. 하지만 정도의 차이만 있을 뿐 열두 가지 원칙은 늘 공통적으로 나타난다. 단지 상황의 변화에 따라 중점을 두는 부분이 달라질 뿐이다.

이 열두 가지 원칙을 하나하나 살펴보기로 하자.

리더가 고용하는 리더의 자질, 진정성

리더의 진정성은 사람들의 마음을 사로잡는 첫 번째 원칙이다. 부하직원들은 당신에게 진정성이 있음을 믿고 당신을 신뢰하지 않는 한 결코 헌신하지 않을 것이다. 따라서 설령 당신이 아주 내성적인 사람이라 하더라도 더욱 열정적으로 이야기하고, 자신의 가치관을 표현하고, 더 자주 청중 앞에 나서서 신념을 밝히는 법을 배워야 한다. 그렇게 하면 직원들은 분명 당신의 열정을 느끼고 당신이 믿는 바를 믿을 것이다. 자신이 진정으로 관심을 기울이는 것에 대해 확신이 있으면 다른 사람에게 그 열정이 전해지게 마련이다.

대다수 리더들은 이제까지 신념을 표현하는 데 충분한 시간을 들이지 않았다. 그러나 열정과 헌신을 불러일으키고 보여주는 능력은 웅변 기술보다 훨씬 중요하며, 완벽한 기교를 갖춘 말솜씨보다 더욱 효과적인 커뮤니케이션을 가능케 한다. 리더는 늘 스스로에게 충실해야 한다. 즉 자신이 믿는 바를 지키고 본연의 모습을 보여야 한다. 하지만 그와 동시에 리더는 자신을 더 나은 모습으로 '연출하는' 법도 배워야 한다.

숫자만으로는 미래를 보여줄 수 없다

리더들은 동기부여에 재정적 혹은 수치적 목표를 이용하려 들 때가 많다. 그들은 합리적이고 객관적인 접근법을 더 편안하게 여긴다. 반면 부하직원들은 재정적·수치적 목표를 이루고 싶어서 아침마다 잠자리에서 일어나는 건 아니라고 말한다. 그들은 회사에서 어떤 중요한 일, 차이를 만들어내는 일을 한다고 느낄 때 만족한다.

강력한 사명감은 조직 곳곳에서 의사 결정을 내리는 데 도움이 되며, 사람들이 옳다고 믿는 일련의 가치관과 결합될 경우 그들에게 더 큰 확신을 심어줄 수 있다. 투명성이 급격히 높아진 오늘날에는 여러 가지 이유에서 가치관이 대단히 중요하다. 가치관은 조직 구성원들이 목표 추구 과정에서 취하는 행동 방식을 규정하고, 그들의 행동은 외부 세계가 바라보는 그 조직의 성격을 규정한다. '대수롭지 않은 막연한 것'으로 여겨져 소홀히 하기 쉬운 이 가치관이 현장에서는 실제 행동으로 나타나며, 그 행동은 회계장부에 구체적 수치로 나타난다.

현재를 변화시키는 미래 사용법

나와 대화를 나눈 리더들은 현재를 변화시키는 데 미래를 이용했다. 그들은 주어진 기간 내에 조직이 어디까지 나아가야 하는지 정확히 알고 있었다. 설령 그곳까지 갈 방법은 모른다고 해도 말이다. 그들은 결코 현재 상황에 만족하지 않았으며 그들의 부단한 노력은 실질적인 성과로 나타났다. 그들이 사람들에게 던지는 모든 질문은 목적지를 향해 전진하는 방법과 관계된 것이었고 그 목적지는 지속적으로 검토되었다.

그들은 생생한 성공의 그림을 제시했는데 이때 그림 속에 묘사된 미래는 이성적 요소(수치)와 감정적 요소(성공의 경험이 주는 느낌)를 두루 담고 있는 경우가 많았다. 이러한 이성적 측면과 감정적 측면의 결합이 바로 사람들에게 영감을 주는 열쇠였다. 즉 미래 비전(성공이 어떤 형태, 어떤 느낌으로 다가올 것인가)과 목표(우리는 지금 무엇을 해야 하는가), 가치관(그 일을 어떤 방식으로 할 것인가)이 결합될 때 사람들의 마음이 움직였던 것이다.

또한 미래는 조직의 성과에 따라 고객, 주주, 지역사회, 공급업체, 파트너, 그리고 무엇보다도 직원에게 어떤 보상이 제공될 것인지 수익적 관점에서 표현되어야 한다.

내부를 변화시키는
외부 사용법

리더는 늘 조직 외부의 동향에 주의를 기울이며 밖에서 벌어지는 성공과 실패의 이야기를 끊임없이 조직 내부로 가져옴으로써, 조직 구성원들이 앞으로 개선해야 할 부분에 집중하도록 해야 한다. 성공하는 리더는 관계가 곧 성공의 엔진임을 안다. 그래서 그들은 중요한 관계들을 빠짐없이 주시하는 동시에 그들이 이끄는 기업도 그 관계에 초점을 맞추게 한다. 리더는 '민감한 촉수'를 준비해야 한다. 한 리더의 설명에 따르면 이것은 외부 세계에서 일어나는 일을 계속 접하는 데 필요한 레이더 시스템이다.

나는 '평판 인식 차이(reputation gap)'에 관한 이야기를 자주 들었다. 평판 인식 차이란 기업의 약속과 고객 혹은 이해관계자의 실제 경험 사이에 존재하는 차이를 뜻한다. 신뢰받는 기업이 되고 싶다면 이 차이를 좁히거나 아예 없애는 것을 목표로 삼아야 한다. 신뢰는 반드시 필요한 것이다. 오늘날 신뢰는 가장 가치 있으면서도 대차대조표에서는 가장 깊숙이 숨겨진 자산이다. 신뢰를 전략 목표로 삼고 다른 모든 핵심 자산들처럼 세심하게 측정·관리하는 리더들이 점점 더 많아지고 있다.

몰입하는 대화의 힘

이제 점점 더 많은 리더들이 직원 몰입 수준

을 측정하고 있으며, 목표를 향한 사람들의 의욕과 헌신을 지속시킬 방법을 찾는 전략적 수단으로 그 측정 결과를 활용하고 있다.

거듭된 연구에 따르면, 직원들의 몰입도가 높은 회사는 경쟁사에 비해 현저히 높은 성과를 내는 것으로 나타났다. 몰입은 체계적이고 설득력 있는 대화, 직원들로 하여금 목표를 완전히 이해하고 목표 달성에 필요한 과제를 리더와 더불어 계획할 수 있도록 하는 대화를 통해 이루어진다. 계획이 탄력을 받아 본격적으로 실현되는 것은 바로 이러한 대화를 통해서다. 그럼에도 대화는 등한시되는 경우가 너무 많다. 많은 회사의 중간 관리자들은 대화를 하는 훈련을 받지도, 대화 능력을 측정받지도 않는다. 설상가상으로 고위 경영진 역시 대화의 질을 확인하거나 대화를 통해 체계적으로 피드백을 얻으려는 노력을 기울이지 않는다.

청중은 무엇을 원하는가

사람들이 당신의 말에 담긴 의도를 이해하지 못했거나, 전과는 다르게 생각하고 행동해야겠다는 동기 부여를 받지 못했다면 당신은 커뮤니케이션을 잘한 것이 아니다. 어쩌면 당신은 듣는 사람들의 반응에는 신경 쓰지 않고 일방적으로 자기 말만 한 것일지도 모른다. 커뮤니케이션은 당신의 말이 상대에게 영향을 미쳤을 때에만 성립된다. 리더십 커뮤니케이션의 핵심은 중요한 목적을 달성하는 데 있다. 리더십 커뮤니케이션이란 행동을 변화시키기 위한 것이다.

사람들은 자신만의 필터를 거쳐서 당신의 말을 듣는다. 필터는 문화적인 것일 수도, 정서적인 것일 수도 있다. 혹은 개개인의 인지 능력이나 심지어 오해 때문에 필터가 작용할 수도 있다. 당신은 먼저 그들의 관심사, 그들의 문제부터 언급해야 한다. 그런 다음 당신의 관심사를 알려야 한다. 커뮤니케이션에서 가장 중요한 것은 청중이다. 이는 내가 인터뷰한 리더들이 하나같이 강조한 사실이다. 리더는 청중의 사고, 감정, 행동에 변화를 일으키려고 해야 한다. 그러기 위해서는 우선 그들의 생각과 감정부터 살펴보아야 한다.

경청은 눈과 귀, 그리고 마음으로 한다

인터뷰에 응한 리더들은 어째서인지 '듣기'라는 주제를 커뮤니케이션과는 다른 별개의 문제처럼 대할 때가 많았다. 그들은 듣기를 리더십의 필수 능력으로, 완벽하게 해내기가 가장 어려울지도 모르는 일로 여겼다. 그들은 때로는 듣기라는 간단한 행위만으로도 상대방에게 영감을 줄 수 있다고 했다. "사람들이 하는 말에 유심히 귀를 기울여야 합니다." 그렇지만 여기에는 좀 더 근본적인 원칙이 작용하고 있다. 나는 그것을 '듣기 계약'이라 부른다. 즉 상대방에게 당신의 말을 들려주고 싶다면 먼저 상대방의 말부터 들어야 한다는 것이다.

우선 다른 사람들의 말을 들은 다음, 진심 어린 행동으로 응답하거나 그 말에 담긴 좋은 아이디어에 관심을 보이면 호감을 불러일으키는 동시에 당신이 그들의 편임을 입증할 수 있다. 특히 당신이 사람들로 하여금 마음을 터놓도록 격려하고, 나쁜 소식도 기꺼이 수용할 수 있으며 후환에 대한 두려움 없이 불만과 걱정을 표현할 수 있는 환경을 조성한 경우에는 더욱 그렇다.

누군가의 말을 들을 때는 겉으로 드러난 말 이면의 동기와 의도, 맥락, KPI(Key Performance Indicator: 핵심 성과 지표. 매출이나 이익처럼 재무 성과를 지표로 삼는 평가가 아니라 미래 성과에 영향을 주는 여러 핵심 지표를 묶은 평가 기준―옮긴이)와 재정상의 수치, 분위기까지 들어야 한다. 설령 상대방의 의견에 동의하지 않더라도 이해는 했음을 보여줘야 한다. 당신은 적절한 질문을 던짐으로써 사람들에 대한 관심과 흥미를 표현하는 법을 배워야 한다. 그것은 분명 겉으로 드러난다.

관점이 없으면
설득력도 없다

탁월한 리더는 자기만의 확고한 관점을 가지고 있다. 집단에 영향을 미치는 것은 언제나 확고한 관점을 가진 인물이며, 그러한 인물이 결국에는 승리를 차지한다. 리더로서 당신은 사람들에게 몇 번이고 거듭 자신의 관점을 제시해야 한다. 이슈에 대해 입장을 표하고, 용기 있게 자신이 믿는 바를 지켜야 할 것이다. 관점을 개발하는 데 무관심한 리더들이 너무 많다. 그렇지만 명확한 관점이 있으면 친구를 만들고, 사람들에게 영향을 미치고, 미래 설계 시 더 큰 발언권을 얻는 데 도움이 된다.

불과 5년 전과 비교해봐도 요즘은 비즈니스 리더의 동기, 판단력, 능력 등을 덜 신뢰하고 있다. 그렇다면 이러한 문제에 관해 더 투명하고, 더 자신 있게, 더 자주, 더 열정적으로 이야기해야 하지 않겠는가. 이상적 관점은 목적과 가치관을 결합하고, 행동을 돋보이게 하고, 당신의 방식을 따랐을 때의 이점에 사람들이 관심을 갖도록 한다. 또한 그것은 사람들에게서 행동을 이끌어낸다. 관점은 강력한 힘을 발휘한다.

두뇌와 심장에 영향력을 새겨 넣는 기술

사람들이 당신의 말에 귀 기울이게 하는 것은 분명 어려운 일이다. 하지만 사람들의 주의를 끌고 그들의 마음속에 당신의 말을 새기는 것은 무엇보다 중요한 과제다.

뛰어난 리더들은 이야기를 활용한다. 이야기를 들을 때 사람들은 상상의 세계에 빠져 듣는 데 열중하기 때문이다. 좋은 이야기는 냉소적 레이더를 피해 듣는 이의 마음을 움직인다. 있는 그대로의 사실을 바탕으로 마음을 터놓을 때 이야기는 사람들을 감동시키는 힘을 발휘한다.

훌륭한 이야기는 우리에게 고객 경험(바람직한 것이든 그렇지 못한 것이든)을 들려주거나, 조직의 가치관을 지킨 직원을 영웅으로 만들거나, 시스템 문제로 최선을 다하지 못하는 근로자들의 불만을 드러내거나, 미래를 생생하게 그려내거나, 듣는 이들에게 리더의 다양한 면모를 보여준다. 훌륭한 이야기는 현란한 파워포인트보다 사람들의 기억 속에 훨씬 더 선명한 인상을 남긴다.

인터뷰에 응한 리더 중 일부는 '이야기'보다 '일화'라는 말을 더 선호했다. 일화는 가상으로 꾸며낸 것이 아니라 진실을 담고 있다는 뉘앙스가 더 강하다는 게 그들의 설명이었다. 어쨌든 리더들은 모두가 이야기를 활용했으며 이야기를 듣고 그것을 몇 번이고 되풀이해 말하기를 즐겼다.

말보다
강력한 부정적 신호

행동은 말보다 강한 메시지를 전달한다. 그럼에도 이것은 리더가 가장 이해하기 어려워하는 진리 중 하나다. 리더가 된다는 것은 리더처럼 보이고, 행동하고, 걷고, 말하는 것을 뜻한다.

리더들은 그들이 어항 속에 있으며 언제나 주시받고 있다는 사실을 잊을 때가 많다. 낙담한 표정, 걱정 가득한 기색으로 사무실 안을 서성대는 모습, 누군가 말을 할 때 내보이는 찌푸린 얼굴…….

이 모든 것은 직원들에게 강력한 신호를 보내고 그들은 신호에 담긴 의미를 곰곰이 생각하게 된다. 반면 훌륭한 리더는 미소를 짓고 활기차게 걷거나 곧은 자세로 똑바로 서는 등의 행동을 통해 적극성과 낙관성을 전한다.

부정적 신호 못지않게 나쁜 것이 또 있다. 그것은 바로 말과 행동의 불일치로, 사람들의 정신을 좀먹는 해로운 태도다. 가령 부하직원들을 괴롭히는 것은 유치한 짓이라고 말하면서도 회사에 큰 수익을 가져다주는 관리자가 그런 행동을 할 때에는 아무런 조치도 취하지 않는 경우가 이에 해당한다. 이는 직원들에게 "직원의 행복보다 돈이 더 중요하다"는 메시지를 전할 뿐이다. 자신의 일을 사랑하고 하나하나의 행동과 표현을 통해 그 사실을 보여주는 리더는 주변 사람들까지 그렇게 만든다.

준비 없는 '한 말씀'은 자살 행위

많은 리더들이 적절한 준비 없이 공개 석상에서 발언을 했다가 평판이 훼손되거나 심지어 완전히 무너지는 일을 겪었다.

리더는 지위가 높아질수록 대중 앞에 모습을 드러낼 기회가 많아진다. 이러한 기회를 잘 이용하면 매출이나 주가를 높이고, 초조해하는 투자자나 불만에 찬 고객을 진정시키고, 재능 있는 인재들을 끌어들일 수 있다. 따라서 적절한 훈련이나 지도를 받는 것이 바람직하지만 그것만으로는 충분치 않다. 완벽해지려면 훈련이 필요하고, 최고의 훈련은 예행연습이다. 철저히 준비하지 않고 대중 앞에 나서는 것은 위험하기 짝이 없는 태도다.

배우고, 예습하고, 검토하고, 개선하라

탁월한 커뮤니케이션 능력을 갖추고자 노력한다면 당신은 더 나은, 더 유능한 리더가 될 것이다. 인터뷰에 응한 리더들이 커뮤니케이션을 할 때마다 풍부하고 솔직한 피드백을 원동력 삼아 지속적으로 능력을 개선해나가야 한다고 강조한 이유도 여기에 있다.

훌륭한 리더십은 뛰어난 성과와 실망스러운 실패를 가르는 요인으로 작용할 수 있다. 위대한 리더는 조직을 성공으로 이끌고, 직원들에게 영감과 동기를 주며, 그들이 방향을 정하는 데 기준이 될 도덕적 잣대를 제공한다. 그러한 리더들은 변화의 선봉에 서서 혁신을 주도하고 미래를 위한 설득력 있는 비전을 제시한다. 사람들에게 영감과 동기를 부여하는 능력은 고위직 리더를 모집할 때 가장 흔히 거론되는 특성이다. 커뮤니케이션은 리더가 사람들에게 영감을 주는 수단이다. 당신은 커뮤니케이션에 더욱 능숙해져야 한다. 이는 단순하지만 분명한 진리다.

열두 가지 원칙을 모두 살펴보았다. 간단한 내용이다.

이것이 61명의 리더들이 이야기한 내용의 전부란 말인가? 이렇게 물을 독자도 있을 것이다. 아니다. 그들은 이 열두 가지 요점을 여러 이야기를 통해 예를 들어가며 더욱 자세히 설명해주었다. 그들이 이끄는 조직에서 이들 원칙이 어떻게 작용하는지에 관한 훌륭한 사례를 제공하기도 했다.

이제 생각해봐야 할 중요한 질문은 이것이다. 이 열두 가지가 리더십 커뮤니케이션의 핵심 원칙이라면 당신의 기업에서 각각의 원칙을 실행하기 위해서는 어떻게 해야 할까? 노련한 리더들은 이들 주제에 대해 어떻게 생각할까? 그들은 조직을 이끌어오는 과정에서 이 원칙들과 관련하여 어떤 교훈(당신의 커뮤니케이션 능력을 높이는 데 도움이 될지도 모르는)을 배웠을까?

내 목적은 당신이 기술적으로 완벽한 웅변가가 아닌 사람들에게 영감을 주는 커뮤니케이션 능력을 갖춘 리더가 되게 하는 것이다. 사람들은 메시지 자체가 신뢰할 수 있고 진심에서 우러나온 것이라면 기술적인 언어 능력은 그다지 중요하게 여기지 않는다.

이런 점을 감안하여, 우선은 진정성, 즉 리더의 가슴속을 제대로 보여주는 법을 배우는 것부터 시작하기로 하자.

PART 2

리더는 진정성을 기반으로
미래를 보여주는 사람이다

chapter 4
리더가 고용하는 리더의 자질, 진정성

"비바람이 몰아치는 와중에 장교의 뒤를 20명의 병사들이 따릅니다. 다들 옷이 젖었고, 춥고, 지치고, 몸서리를 치고 있습니다. 그런데 장교가 길을 잃었습니다. 부하들도 장교가 길을 잃었다는 걸 압니다. 진정성은 이럴 때 상황에 대처하는 자세를 결정합니다."

▶   포뮬러 원 자동차 경주의 열광적인 팬으로서 윌리엄스 F1 그랑프리 레이싱 팀을 설립한 프랭크 윌리엄스를 인터뷰한다는 것은 대단히 영광스러운 일이었다. 그는 열여섯 살 때 실버스톤에서 열린 브리티시 그랑프리에 갔다가 피터 콜린스가 페라리를 몰고 우승하는 것을 보고 자동차 경주에 푹 빠졌다고 했다. "그날 이후 제 마음 속에는 오로지 자동차 경주를 해보고 싶다는 생각뿐이었죠."

1961년, 프랭크는 자기 소유의 오스틴을 타고 경주에 참가했다. 필요한 자금은 식료품 외판원 일을 해서 번 돈으로 조달했다. 하지만 그는 곧 자신이 훌륭한 레이서가 되지는 못할 것임을 깨달았다. 대신 그랑프리 팀 운영에 뛰어들었다. 이 팀은 포뮬러 원이라는 치열한 경쟁 속에서 수십 년간 다양한 성공과 실패를 겪어왔다.

1986년 3월, 프랭크는 프랑스에서 자동차 사고로 척수 부상을 당한 후 줄곧 휠체어에 의지하는 처지가 되었다. 내가 프랭크를 찾아갔을 때 그는 책상 앞에 앉아 작은 블록 위에 찻잔을 올려놓고 빨대로 차를 마시고 있었다.

그는 커뮤니케이션이라는 주제에 대해 말하는 것을 불편해했지만 나지막한 목소리로 사려 깊고 신중하게 자신의 견해를 밝혔다. 인터뷰 도중 그는 이렇게 고백했다. "이런 주제로 대화를 나누는 것은 저로서는 흔치 않은 일입니다."

준비해둔 질문이 다 떨어지자 나는 전부터 내심 궁금해하던 것을 몇 가지 물어보았다. 어떤 레이서를 가장 좋아하세요? 그랑프리 역사상 가장 뛰어난 레이서는 누구라고 생각하십니까? (그의 대답은 앨런 존스와 아일톤 세나였다.) 자동차 경주로 화제가 옮겨가자마자 그의 눈이 빛나기 시작했다. 열정에 불이 붙은 것이다.

"저는 자동차 경주에 참가하는 것을 꿈꾸며 살아왔어요. 이 회사의 모든 사람들이 중요하게 여기는 것 역시 자동차 경주입니다. 우리 모두는 같은 관심사를 공유하고 있습니다. 단지 참가하기만 바라는 게 아니라 승리하기를 바라죠."

그는 또 이렇게 말했다. "사실 저는 한 명의 레이서일 뿐이에요. 순수한 의미에서 보자면 그렇죠."

인터뷰를 마치고 로비에 서서 담소를 나누던 중 나는 우연히 윌리엄스 F1의 직원 몇 명이 하는 말을 듣게 되었다. 그들은 당시 새롭게 회장으로 임명된 애덤 파에 대해 이야기하고 있었다. 프랭크 윌리엄스는 그들에게 신임 회장이 윌리엄스 F1의 미래이며 "사업 운영에 관해서는 나보다 훨씬 더 유능한 사람"이라고 힘주어 말했다.

직원들이 말했다. "네, 그런데 그분도 레이서인가요?" 그들에게는 그 점이 무엇보다 중요했다. 그것은 포뮬러 원 경주가 삶의 모든 것이었던 리더가 직원들의 마음속에 새겨놓은 유산이었다.

이후에도 나는 리더의 열정이 부하들에게서 그대로 나타나는 광경을 몇 번이나 목격했다. 프랭크 본인도 인정하겠지만 그는 훌륭한 웅변가는 아니다. 하지만 한 가지만큼은 확실하다. 그는 휘하의 사람들에게 공통의 가치관과 영감을 불어넣는 데 성공했다. 그는 스스로 몸을 움직이진 못하지만 자신의 열정으로 사람들의 마음을 움직인 것이다.

그런데 셰익스피어가 썼듯이, 바로 거기에 문제가 있다. 리더들은 더욱 열정적인 웅변가가 되는 법을 배워야 함에도 불구하고 기술적으로 완벽한 웅변가가 되는 데 초점을 맞추곤 한다. 리더의 열정은 마음속 깊은 곳의 신념과 꿈에서 탄생한 진실한 것이어야 한다. 거짓 열정으로 사람들을 대하면 그들은 금방 그 점을 꿰뚫어볼 것이다.

부하들이 리더에게 원하는 것

외부와 단절된 진공상태에서는 리더 역할을

수행할 수 없다. 리더십은 상호의존적인 사람들이 함께 모여 서로에게 영향을 미치는 생태계 속에서 작동한다. 리더에겐 부하들이 있다. 조언자들이 있다. 대등한 위치의 동료, 경쟁자, 고객, 주주, 규제자가 있다. 리더는 이 모든 청중을 대상으로 커뮤니케이션을 해야 한다.

물론 많은 리더들이 리더인 동시에 부하이기도 하다. CEO는 이사회로부터 리더 지위를 부여받는다. 부서의 리더는 자신의 팀이 나아갈 방향을 정하기 전에 중역에게서 지침을 받는다. 그 중역 또한 때에 따라서 팀의 일원이나 고객을 만나 거래를 설득하는 경우에는 지위가 더 낮은 직원의 안내를 받기도 한다. 그러나 모든 리더에게 가장 중요한 청중은 부하직원이다. 부하직원들에게 영감과 동기를 부여하지 못한다면 아무것도 이룰 수 없기 때문이다. 부하직원이 맡은 일을 완수하지 못하면 고객은 불만을 느끼고, 규제 기관은 우려하고, 경쟁업체는 좋아하고, 조언자들은 이런저런 말을 쏟아낼 것이다.

그렇다면 직원들은 리더에게 무엇을 바랄까? 이 점부터 생각해보는 것이 바람직할 듯하다. 그들은 무엇보다 리더가 믿을 수 있는 사람이길 바란다. 확고한 전략적 초점과 회사가 나아갈 방향에 관한 명확한 비전을 가지고, 원칙을 바탕으로 진실하게 말하며, 필요한 경우에는 용기 있게 발언하는 리더를 부하직원들은 좋아한다. 특히 그들을 옹호하고 최대한 보호해주는 리더를 원한다. 정직함과 개방성, 타인에 대한 존중을 바탕으로 하는 확고한 가치관을 가진 리더는 직원들에게 강한 영감을 불어넣는다. 그러한 리더는 인간적이다.

직원들은 마음 편히 다가갈 수 있는 리더, 진정으로 겸손하며 때로는 약점도 보이는 리더를 원한다. 그들의 말에 귀를 기울이고, 그들의 관점을 존중하며, 에너지를 주고, 몰입감, 심지어 짜릿함까지 느끼게 해주는 리더에게 좋은 반응을 보인다. 직원들이 원하는 리더는 열정과 추진력이 있어서 함께 일하기에 즐거운 리더다. 그들은 리더에게 신뢰받고 리더를 신뢰하길 원한다. 또한 자신의 진가를 인정받고 자신이 거둔 성공을 축하받고 싶어하며, 그들이 동료와 회사를 소중히 여기는 만큼 자신들도 중요한 존재로 대우받아야 한다는 사실을 알고 있다. 회사에서 재미있게 지내며 일을 즐기고, 자신이 하는 일이 의미 있는 변화를 일으킬 것이라 믿고 싶어한다.

리더가 알아야 할 핵심은 이것이다. 직원들은 리더에게서 영감을 받았다는 기분을 느끼고 싶어한다! 요점은 다음과 같다. 훌륭한 리더는 커뮤니케이션에 영감을 담아야 하며 그렇지 않으면 직원들은 아무것도 느끼지 못할 것이다. 비즈니스의 언어는 숫자다. 하지만 많은 사람들은 숫자를 따분하다고 여긴다. 행동과 헌신은 사람들이 사기가 올라서 할 수 있다는 자신감을 느끼며 성취해야 할 목표가 명확할 때에만 뒤따른다. 이성적 논쟁의 세계에만 머물면서 오직 숫자를 통해서 사람들의 행동을 이끌어내려는 리더들을 여러 번 보았다. 훌륭한 리더가 되려면 열정을 가지고 커뮤니케이션하는 법을 배워야 한다. 열정이야말로 행동을 이끌어내기 때문이다.

리더는 자신이 고용한 리더에게 무엇을 원하는가?

리더십의 가장 중요한 요소가 무엇이냐고 리더들에게 물었을 때, 그들은 첫 번째 '전략적 사고', 두 번째 커뮤니케이션 능력을 꼽았다. 또한 나는 '조직에서 일할 리더들을 고용할 때 중시하는 다른 능력으로는 무엇이 있느냐'는 질문을 했는데 대답은 한결같았다. 가장 많이 언급된 것부터 순서대로 나열하면 다음과 같다.

- ▶ 뛰어난 지성과 전략적으로 명확하게 사고할 수 있는 능력
- ▶ 적합한 사람들을 선택해서 목적 달성에 적합하게 배치하는 능력
- ▶ 사람들에게 영감을 주고 그들로부터 인망을 얻는 능력, 즉 잘 듣고 잘 커뮤니케이션하는 능력
- ▶ 사람들과 잘 어울리고, 도전의식을 자극하거나 용기를 북돋는 데 능하며, 확고한 문화와 공통된 가치관을 조성할 수 있는 사람
- ▶ 사명감, 성실성, 진정성, 확고한 가치관, 정직성, 개방성, 호기심
- ▶ 활동 분야에서의 탁월한 능력(그들이 몸담은 분야에 관한 지식과 경험)
- ▶ 에너지, 추진력, 회복력, 끈기
- ▶ 수리 감각, 실적과 성과에 대한 집중
- ▶ 낙관주의, 야심, 모험 의지

미래 초점, 전략적 능력, 사명감, 확고한 가치관, 정직함, 영감을 주는 능력, 진정성, 성실성 등 리더에게 우선적으로 요구되는 능력과 자질 중 다수는 직원들이 리더에게 바라는 것이기도 하다.

진정성은 특히 자주 언급되었다. 진정성이 무엇인지, 왜 필요한지 묻자 그들은 이렇게 답했다. "진정성이란 자기 자신에게 충실하고, 다른 사람들 또한 충실하게 대하는 것을 뜻합니다."

그러기 위해서는 다음과 같이 해야 한다.

- ▶ 자신의 강점과 약점을 파악하라. 강점을 뒷받침하는 신념에 대해서도 명확히 알고 있어야 한다. 목적의식을 가져라. 그리고 이 모든 것을 분명히 표현하라. 그래야 진심이 담긴 말을 할 수 있다.
- ▶ 신뢰를 얻지 못하면 리더가 될 수 없다. 사람들은 당신이 어떤 사람인지 알기 전에는 당신을 신뢰하지 않는다.
- ▶ 사람들 눈에 띄어야 한다. 모습을 드러내고 사람들이 쉽게 다가올 수 있도록 하라.
- ▶ 자신감을 가져라.
- ▶ 성인 대 성인의 관계이니만큼 사람들을 정중히 대하라. 그리고 사람들에게 관심을 가져라.
- ▶ 일관성을 가져라.
- ▶ 언제나 정직한 태도를 보여라. 실수를 인정하고 자신이 모든 해답을 아는 것은 아님을 인정하라.
- ▶ 행동의 본보기를 보여라. 영웅처럼 보일 때의 이점을 누리고 싶다면 영웅이 되어야 한다.
- ▶ 진정성 있는 자세를 보이고 스스로에게 충실하라. 그렇게 하면 진정성이 조직 전체에 효과를 미칠 것이다.

그중 몇 가지를 더 자세히 살펴보기로 하자. 진심에서 우러나온 말하기, 사람들 앞에 모습 드러내기, 인간적인 모습 보이기, 자기 본연의 모습 보여주기, 자신의 강점 파악하기, 감정 드러내기 등에 대해 리더들은 어떤 말을 했을까?

진심에서
우러나온 말

필스 위커-미우린은 리더스 퀘스트의 공동 설립자 겸 파트너이며 프랑스의 최대 은행인 BNP파리바의 비상임이사다.

그녀는 말한다. "좋은 커뮤니케이션의 비결은 바로 깊이 있는 자기 인식입니다. 좋은 점과 나쁜 점 모두를 있는 그대로 받아들여 진정한 자기 자신을 파악하고 스스로에게 만족하는 것을 뜻하죠.

우리는 누군가의 말을 들을 때 그 말이 진심에서 우러나온 참되고 정직한 것인지 아닌지 압니다. 진심 어린 말에는 충실한 자신감과 상처받기 쉬운 연약함이 모두 담겨 있습니다. 설령 말솜씨가 그리 세련되지 못하다 해도 그런 말은 영향력을 발휘합니다. 사람들과 마음이 통하길 바란다면 진심으로 말하는 법을 배워야 합니다."

그렇다면 어떻게 해야 할까? "우선은 자신이 어떤 사람인지 알아야 합니다. 물론 어려운 일이죠. 우리는 인생을 살아가는 동안 자신을 보호하고 감출 메커니즘을 점점 더 발전시키고, 성공을 거두기 위해 순응하는 법을 배우니까요. 리더는 '나는 내가 어떤 사람인지 알고 있으며 내 본연의 모습 그대로 리더라는 역할을 수행할 수 있다'라고 말할 만큼 자신감과 확신이 있어야 합니다. 이는 오만함과는 다릅니다. 이런 말을 하려면 겸손이 뒷받침되어야 하기 때문이죠. 자신과는 다른 사람, 다른 관점, 다른 세계관을 받아들일 여유와 융통성, 포용력, 흡수성은 겸손한 사람만이 가질 수 있는 특성입니다.

진심이 아니라면 일관된 모습을 보일 수 없습니다. 자신의 신념체계에서 핵심이 무엇인지 이해하고 왜 자신이 여기 있는지 파악해야 합니다. 그래야만 진정한 모습으로 신념을 가지고 사람들을 이끌 수 있습니다."

열정을 거침없이 드러내면 가치관은 굳이 말로 표현하지 않아도 전해진다. 열정을 보인다면 설령 당신이 연설에 능숙하지 않더라도 오히려 더욱 효과적으로 커뮤니케이션할 수 있다. 할리우드 시나리오 작가들이 주문처럼 외는 말이 있다. "말로 설명하지 말고 보여주어라." 즉 관객에게 등장인물이 인색하다고 말로 설명하지 말라는 이야기다. 그 대신 술자리를 파할 때쯤 되자 슬그머니 화장실로 가는 모습을 보여주면 된다. 그러면 관객은 그가 인색하다는 결론을 내리게 된다. 리더 역시 마찬가지다. 자신이 얼마나 열정적인지 시시콜콜 말하지 마라. 행동으로 열정을 보여주어라.

유니레버의 글로벌 CEO 폴 폴먼은 커뮤니케이션으로 사람들에게 영감을 주는 데 가장 중요한 요소로 진정성을 강조한다. "리더십 팀과 함께 매사추세츠 주의 퍼킨스 맹아학교를 방문한 적이 있습니다. 시각과 청각 장애가 있는 앤디라는 사람이 우리 일행에게 연설을 했습니다. 기술적으로 보자면 그리 좋은 연설이 아니었는데도 연설이 끝나자 팀원들은 모두 눈물을 흘렸어요. 그들은 앤디가 들을 수 없으니 박수를 치는 대신 발을 세게 굴렀어요. 그가 바닥을 통해 울림을 느낄 수 있게 말이죠."

앤디는 비록 말을 더듬었지만 그의 마음은 누구보다 유창했기에 청중은 감동의 눈물을 흘렸던 것이다.

FTSE 100대 기업 중 하나인 페트로팍의 CEO인 아이만 아스파리는 성공한 기업인이다. "하지만 저는 지금도 30년 전과 마찬가지로 배가 고픕니다. 여전히 이 회사와 우리 고객에 대한 열정이 넘칩니다. 열정은 커뮤니케이션에 도움이 되죠. 저는 그리 뛰어난 연설가는 아닙니다. 하지만 유능하고 자기 일에 열정이 있는 사람은 듣는 이들에게 영향을 줄 수 있습니다. 저는 이 점만큼은 분명히 압니다. 말을 할 때 스스로 확신이 없으면 다른 사람을 설득하지 못합니다."

콜린 매슈스는 영국공항공단을 세계 최대의 운송업체 중 하나로 성장시킨 CEO다. 콜린은 진실성이나 성실성을 가려낼 때 사람들의 귀는 믿을 수 없을 만큼 예민해진다고 말한다.

"리더가 재기 넘치는 커뮤니케이션을 할 수도 있습니다. 하지만 커뮤니케이션이 가장 크게 훼손되는 것은 진정성이 부족할 때입니다. 진정성은 단순한 것입니다. 그저 자신을 진실하게 표현하면 됩니다."

진정성이 그토록 중요한 이유가 무엇일까? 사람들로 하여금 당신을 신뢰하게 하는 것, 그것이 진정성이기 때문이다. 신뢰를 얻지 못하면 사람들을 이끌 수도 없다.

세계적 법률회사인 앨런 앤드 오버리의 수석 파트너 데이비드 몰리는 진정성이 신뢰를 얻는 토대가 된다고 말한다. 앨런 앤드 오버리는 26개국에서 운영되고 있는데 데이비드의 말에 따르면 그것은 어느 나라에서나 통하는 원칙이라고 한다. "결국 리더십의 핵심은 메시지를 전달하고 사람들의 행동방식에 영향을 미치는 것이죠. 그러려면 당신 개인에 대한, 당신의 말에 대한 신뢰가 있어야 합니다. 신뢰가 사라지면 냉소주의가 생겨나죠. 당신의 의도를 냉소적으로 보는 사람들에게 영향을 미치기란 무척 어려운 일입니다. 따라서 얼마나 말솜씨가 좋은가는 별로 중요하지 않습니다. 사람들이 신뢰하지 않으면 말을 아예 안 하는 편이 나으니까요."

직원이 당신을 믿게 하려면 어떻게 해야 할까? 내가 인터뷰한 리더들의 조언은 한결같았다.

모습을 드러내라

톰 휴스 - 핼릿은 2000년 12월, 마리 퀴리 암센터의 CEO로 부임했다. 마리 퀴리는 2700명이 넘는 간호사, 의사, 기타 의료 전문가들로 구성된 자선단체로, 가정 혹은 이 단체 소유의 호스피스에서 투병 중인 말기 환자들을 돌보고 그들의 가족을 지원하는 일을 한다.

톰은 조직 내 이곳저곳을 돌아다니며 사람들 앞에 모습을 드러내는 것이 진정성의 중요한 측면이라 생각한다. CEO에게 이것은 결코 쉽지 않은 일이지만 진정으로 헌신하는 모습을 보여주고 싶은 리더라면 반드시 그렇게 해야 한다. "커뮤니케이션을 통해 사람들에게 뭔가를 알리려면 우선은 사람들이 커뮤니케이션을 하는 사람, 즉 리더가 어떤 사람인지, 그가 어떻게 생겼는지 잘 알아야 합니다. 악수라도 나눠본 적이 있다면 더할 나위 없이 좋겠죠. 진정성이 있다는 것은 숨기는 것 없이 정직하며 모든 것을 다 아는 척하지 않는다는 뜻입니다. 그래서 리더는 이렇게 말해야 합니다. '잘 모르겠어요. 하지만 나중에 다시 연락할게요.'

리더는 또한 즐거움을 줄 수 있어야 합니다. 저는 사람들에게 이곳에서 일하면 늘 즐거울 거라고 약속합니다. 말기 환자들을 간호하는 단체에서 일하는 것이 즐겁다니, 사람들은 제가 정신 나간 소리를 한다고 생각하죠. 하지만 그들은 이 말에 마음이 끌립니다. 즐거움이란 사실 최선을 다해 열심히 일하고 자신이 무엇을, 왜 하고 있는지 아는 것을 뜻합니다. 즐거움이란 이 모든 것을 한마디로 나타내기에 아주 적합한 말이죠."

골드만삭스 인터내셔널의 공동 CEO인 리처드 노드는 다음과 같이 말한다. "진정성은 정직하다는 것을 뜻합니다. 곤란한 상황에서도 자신의 생각을 있는 그대로 솔직히 말하는 것이죠. 듣기에 그럴듯한 사탕발림은 좋을 게 없습니다. 리더는 언제나 사람들에게 성공에 이르는 길을 보여줄 긍정적인 메시지를 찾으려 노력해야 합니다. 또한 그 메시지는 정직하고 믿을 수 있는 것이어야 합니다. 실제로는 그렇지 않은데도 상황이 좋은 척 꾸며내려 해서는 안 됩니다.

리더는 행동으로 보여줘야 합니다. 사람들은 굉장히 예리하고 당신은 늘 그들의 시선 속에 있습니다. 좋은 리더는 메시지를 보낼 때 신뢰감을 줍니다. 그의 눈, 처신, 삶을 살아가는 자세를 보면 알 수 있죠. 리더는 많은 것을 사람들의 눈앞에 드러냅니다."

파인브리지 인베스트먼트의 비상임 회장인 머빈 데이비스는 다음과 같이 말한다. "진정성이 있다는 것은 자신의 실수, 약점, 잘 풀리지 않는 일에 대해 솔직히 말한다는 뜻이죠. 리더는 자신이 모든 것을 다 안다는 함정에 빠져서는 안 됩니다. 그리고 사람들 앞에 모습을 드러낼 방법을 찾아야 합니다. 설령 글로벌 규모의 회사를 이끈다 해도 마찬가집니다. 직접 대면부터 휴대전화, 화상회의에 이르기까지 대화를 나눌 방법은 매우 다양하다는 사실을 인식해야 합니다."

2009년, '영감을 주는 리더'로 인정받아 올해의 철도 비즈니스 경영자로 선정된 노섬브리안 워터의 CEO 하이디 모트람은 "리더는 사람들이 자기 일에 얼마나 자부심을 느끼며 헌신적이고 열정적인가를 생각해야 합니다"라고 말했다. 노섬브리안 워터의 직원은 3000명인데 광범위한 지역에 소규모 집단으로 산재해 있다. 하이디는 직원들이 큰 행사에 참석하기 어렵기 때문에 직접 그들을 찾아간다고 말했다. 그녀는 급수시설과 공장에서 일하는 소규모 집단들을 정기적으로 방문하는 계획을 세워서 아무리 먼 곳이라도 꼬박꼬박 찾아간다.

"노섬브리안 워터는 많은 사람들, 블루칼라들이 모여서 일하는 회사입니다. 여성으로서 남성의 세계에 들어가는 것에 대한 두려움은 이미 오래전에 버렸습니다. 일터에 모습을 드러내고 레크리에이션 룸에서 직원들과 함께 솔직한 대화를 나누죠. 저는 직원들을 만날 때면 그들에게 최대한 관심을 기울입니다. 몇 년 전 영감을 주는 두 명의 상사에게서 사람들을 대할 때 마치 방금 술집에서 만난 것처럼, 성인 대 성인으로 대화를 나누는 것이 얼마나 중요한지 배웠습니다. 직원들이나 저나 모두 중요한 직무가 있죠. 단지 그 종류가 나를 뿐이에요. 직원들을 만나면 일 문제뿐만 아니라 일상사에 대해서도 이야기하며 즐거운 시간을 보냅니다. 진실하면서도 존중심을 잃지 않는 것, 바로 그게 진짜 능력입니다.

저는 직원들이 이 회사에서 일하면서 '어떤 기분을 느끼는지'를 중시합니다. 그에 관한 많은 질문을 던져서 감정을 밖으로 끄집어내죠. 불만과 걱정이 있는가 하면 잘돼가는 부분도 있습니다. 저는 직원들이 마음을 터놓고 자신의 의견을 말할 수 있는 환경을 조성하기 위해 많은 노력을 기울입니다. 이따금 그들이 원하는 바를 단호히 거절해야 할 때도 있지만 그런 경우에도 거절 이유를 솔직히 밝힙니다. 그러면 최소한 그들도 문제에 대한 제 입장이 어떤지를 알게 되죠. 물론 그들의 의견을 받아들여 조치를 취하기도 합니다. 이것 역시 신뢰를 만듭니다."

마이클 잭슨 장군은 때때로 진정성이란 아주 간단한 것이어서 단지 자신의 실수를 인정할 수만 있으면 된다고 한다.

"저는 언제나 이 사례를 예로 듭니다. 젊은 장교들은 누구나 겪어본 일이죠. 새로 임관한 장교가 처음으로 훈련에 나갑니다. 1월의 어느 날 새벽 4시, 비바람이 몰아치는 와중에 장교의 뒤를 20명의 병사들이 따릅니다. 다들 옷이 흠뻑 젖었고, 춥고, 지치고, 몸서리를 치고 있습니다. 그런데 장교가 길을 잃었습니다. 부하들도 말은 안 하지만 장교가 길을 잃었다는 걸 압니다. 진정성은 이럴 때 상황에 대처하는 자세를 결정합니다. 솔직하지 못한 리더라면 여기가 어딘지 잘 안다고 하면서 단지 더 현명한 전술적 경로를 택한 것뿐이라고 할 것입니다. 당연히 부하들은 믿지 않겠죠. 따라서 장교는 이렇게 말해야 합니다. '일이 좀 꼬인 것 같아. 미안하네. 앞으론 이런 실수는 없을 걸세.' 이게 바로 진정성 있는 리더입니다."

영웅처럼 보이고 싶으면 영웅이 되어야 한다

리더가 중시하는 가치는 그의 일과 개인 생

활에 그대로 반영되게 마련이다. 리더는 자신이 진정으로 중요하게 여기는 것만 말해야 한다. 리더가 하는 말은 단순한 잔소리 이상의 것이어야 한다.

"마약을 하는 축구선수가 어린아이들의 롤모델이 될 수는 없습니다. 리더 역시 마찬가집니다. 두 길을 동시에 갈 수는 없습니다. 진정성이 있다는 것은 곧 일관성이 있다는 뜻입니다. 말과 행동이 다르면 안 됩니다. 예컨대 우리가 중시하는 가치 중 하나는 안전한 방식으로 비즈니스를 하자는 것입니다. 그 가치를 일관되게 지키기 위해 우리는 그동안 몇 가지 어려운 결정을 내렸습니다. 수익성 높은 사업에서 물러난 적도 있었죠. 그 사업으로 돈을 벌고 있었음에도 손을 뗀 이유는 우리와 함께 일하던 고객들이 안전에 대해 우리와는 다른 가치관을 갖고 있었기 때문입니다. 그 가치는 결코 타협의 대상이 아니었습니다. 당시의 결정은 우리 회사의 모든 사람들에게 강력한 신호를 보냈습니다. 안전이 우리가 진정으로 추구하는 가치라는 것을 확실히 알려준 셈이죠."

당신이 진정성 있는 리더라면 진정성을 조직 전체에 요구하라. 이는 당신뿐만 아니라 회사의 브랜드 이미지에도 이로운 일이다. 나는 두 가지 인상적인 사례를 발견했다.

모리스 플래너건은 에미리트 항공의 전 CEO이자 에미리트 그룹의 부회장이다. 2011년 2월, 〈에어 트랜스포트 월드〉는 에미리트 항공을 올해의 항공사로 선정했다.

진정성이라는 주제에 관해 모리스는 이렇게 말한다. "우리의 핵심 가치는 탁월함을 전하는 것입니다. 수년간 저는 그것만을 추구하며 살았죠. 당신이 뭔가에 정말로 관심이 있다면 다른 사람들도 그것에 관심을 두게끔 해야 합니다. 예컨대 우리가 탁월한 항공사를 만드는 데 관심이 있다면 이는 곧 승객에게 탁월한 서비스를 제공하겠다는 의미입니다. 이는 승무원과 지상 근무 직원들이 승객에게 각별히 친절해야 한다는 이야기고요. 이것은 거짓으로 꾸며낼 수가 없습니다. 그래서 우리는 승무원 지망생들에게 심리 검사를 실시해서 친절한 성향을 가진 지망생을 가려냅니다. 천성이 상냥한 이들을 선택하는 것이죠. 그것이 바로 진정성입니다."

베벌리 아스피널은 왕실인증서(그 품질을 인정받아 왕실에 공급되는 제품 등에 붙는 왕실의 문장)를 받은 포트넘 앤드 메이슨 백화점의 상무이사다. 베벌리는 말한다. "리더는 무대 위에 서 있으며 언제나 다른 사람들의 주목을 받습니다. 따라서 자신의 모든 행동이 관찰의 대상이 된다는 사실을 잊지 말아야 합니다. 무엇보다 리더는 일관성이 있어야 합니다. 또한 자신이 이끄는 조직도 일관성과 진정성 있는 자세로 고객을 대하도록 해야 합니다.

진정성은 우리의 주된 가치 중 하나이며, 이는 곧 우리가 판매하는 모든 제품이 진짜여야 한다는 의미입니다. 즉 겉보기만 진짜처럼 보이는 물건이 아닌 진품을 판매해야 한다는 이야기죠. 마침 우리는 이번 주에 영국 도자기 산업의 쇠퇴를 놓고 토론을 벌였습니다. 도자기 산업의 몰락은 참으로 슬픈 일입니다. 중국에서 제조된 도자기를 가져와 영국에서 색칠만 해도 영국산 도자기로 팔 수 있습니다. 하지만 제가 보기에 그것은 올바른 일이 아닙니다. 영국산이라고 하려면 영국에서 만들어야죠. 영국에는 여전히 진짜 영국산 도자기를 만들기 위해 분투하는 도자기 회사들이 두어 곳 있고, 우리는 당연히 그곳 제품을 구입합니다. 리더와 회사의 진정성은 바로 이런 행동에서 나타난다고 생각합니다."

스스로에게
자신감을 가져라

125개 이상의 국가에 지사를 두고 있으며 62만 5000명의 직원을 거느린 세계 최대 보안회사 G4S(민간 부문 고용주로서는 월마트에 이어 세계 두 번째 규모)의 CEO 닉 버클스는 회상한다. "커뮤니케이션 리더로서 제가 배운 가장 중요한 지식은 자기 본연의 모습으로, 자연스럽게, 자신감 있게 행동하는 것이 커뮤니케이션을 잘하는 최선의 길이라는 것입니다. 리더는 진실해야 합니다. 맞습니다. 리더는 어느 정도 체계도 세워야 하고, 자신이 하는 말을 심사숙고해야 하고, 청중도 고려해야 합니다. 하지만 그런 다음에는 그들의 관심사에 대해 마음에서 우러나온 진심 어린 말을 해야 합니다. 사람들에게 지시가 아닌 영감을 주어 뭔가 다르게 해야겠다는 기분을 불러일으켜야 합니다.

이 점을 깨닫기 전까지 저는 그저 프레젠테이션 시늉만 할 때가 많았습니다. 단지 요청을 받아서 한 일에 불과했죠. 진정한 의욕, 열정이 없는 프레젠테이션은 단순한 정보 전달에 지나지 않습니다. 절반 정도의 사람들은 그걸로도 충분하다고 생각할지 모릅니다. 하지만 나머지 절반에게는 시간 낭비나 마찬가지입니다."

닉은 단언한다. "리더의 과제는 영감을 주어 사람들이 기존과는 다르게 생각하고, 다르게 행동하고, 더 잘하고 싶어하도록 북돋는 것입니다. 현 상태에 안주하게 해서는 안 됩니다. 칭찬에 후한 것도 좋지만 그와 동시에 사람들이 더 많이, 더 잘할 수 있다고 믿게 해야 합니다. 저는 자기 개선과 지속적 향상이 절대적으로 바람직하다고 믿습니다. 우리는 언제나 최선의 결과를 내기 위해 노력해야 합니다. 저는 이러한 열정에 관해 이야기함으로써 제가 그것을 얼마나 중시하는지 알립니다. 굳이 이런저런 사실을 거론할 필요도 없습니다. 사람들은 금방 메시지를 이해하고 그에 부응하는 행동을 보여주기 시작합니다."

리더의 평판 관리

간혹 자신이 진정으로 관심을 두는 것이 무엇인지 표현하지 않는 리더, 개인적 신념을 사람들에게 보여주길 수줍어하는 리더가 있다. 이건 큰 문제다! 열정 없이는 영감도 없다. 또한 열정은 거짓으로 꾸며낼 수도 없다. 사람들은 그와 같은 거짓을 즉각 알아채기 때문에 거짓으로 꾸며낸 열정을 가지고 오랫동안 그들을 이끌기는 불가능하다. 따라서 리더는 열정과 신념을 한결같이, 자신 있게 표현해야 한다는 막중한 책임을 갖고 있다. 리더는 자기만의 개인 브랜드가 있으며 평판이 곧 리더십의 핵심이라는 점을 받아들여야 한다. 리더는 브랜드를 이끄는 브랜드이며, 리더의 평판은 회사의 평판을 좌우하는 중요한 역할을 한다.

"자신을 어떻게 포지셔닝할 것인가? 사람들에게 어떤 모습을 보일 것인가? 어떤 주제로 커뮤니케이션할 것인가?" 이것은 리더를 규정하고 나아가 그가 이끄는 조직을 규정한다.

보다폰의 CEO였으며, 지금은 글락소스미스클라인의 회장인 크리스토퍼 젠트는 리더는 스스로를 어떻게 포지셔닝할 것인가를 신중히 생각해야 한다고 강조했다. "회사의 문제에 관해 어디까지 말할 것인지, 세상에 자신에 관해 무엇을 알릴 것이며 무슨 말을 할 것인지 명확히 정할 필요가 있습니다. 그렇지 않으면 당신에 관해 이런저런 글을 쓰고 때때로 사실과 다른 말을 하는 사람들에게 자신을 점점 더 많이 노출하게 됩니다. 오늘날의 구글 세상에서는 단 한 번의 거짓말이 영원히 회자될 수 있습니다."

따라서 리더는 자신에게 딱히 평판이랄 만한 것이 없다는 생각은 버려야 한다. 당신에게도 분명 평판이 있다. 만약 당신이 스스로 평판을 관리하지 않으면 다른 사람이 그 일을 할 것이다. 그러니 직접 하는 편이 더 낫다. 이는 곧 자신이 중요하게 여기는 바를 서슴없이 밝혀야 한다는 뜻이다. 평판 관리란 자신의 강점을 파악하고 리더가 받게 될 스포트라이트 아래서 그것을 더욱 돋보이게 하는 것이다. 성공적인 평판 관리는 자기 이익만 생각해서 속임수를 부리는 것과는 전혀 다르다. 내가 인터뷰한 CEO들은 좋은 평판 그 자체를 목표로 추구하는 것은 잘못된 행동이라고 보았다. 좋은 평판은 말과 행동의 결과로서 뒤따라야 한다는 것이다.

내가 몸담았던 차임 커뮤니케이션스의 회장이었던 팀 벨은 내게 여러 가지 유용한 조언을 해주었다. 그의 말에 따르면, 평판은 리더의 언행에 뒤따르는 결과일 뿐만 아니라 다른 사람들이 리더에 대해서 하는 말을 뜻하기도 한다. 특히 후자는 입소문이 바이러스처럼 급속히 확산되는 오늘날의 디지털 세상에서 점점 더 중요해지고 있다. 사람들은 당신에 대해 이러쿵저러쿵 말을 할 것이다. 따라서 그들이 당신이 의도한 대로 평가하도록 만드는 것이 가장 바람직하다.

조지는 어떻게 회장이 되었을까?

한 글로벌 경영 자문회사의 CEO인 조지의 사례는 무척 흥미롭다(당사자가 난처하지 않도록 가명을 사용하겠다). 조지는 대학을 졸업한 후 줄곧 이 분야에서 일해왔다. 그는 회장이 되기 위한 경쟁에 뛰어들며 내게 도움을 청했다. 하지만 회장직은 선거를 통해 결정된다. 조지는 세계 각지에서 운영되는 지사를 포함한 회사 전체에 회장 자격을 인정받을 만한 비전을 보여주어야 했다. 그는 사람들에게 전할 핵심 메시지를 작성하는 것을 도와달라고 했다. 두 차례 작업을 함께 해본 뒤, 나는 그에게 훨씬 더 걱정스러운 문제가 있음을 발견했다.

조지는 여러 다국적 기업의 회장들과 함께 일했다. 조지가 동경한 그 회장들은(그가 몸담고 있는 회사의 회장을 포함하여) 멋진 잿빛 머리에 진중하고 '업계의 우두머리'라는 분위기를 물씬 풍겼다. 조지는 그렇지 못했고 스스로도 그 점을 알고 있었다. 그의 '진중한' 메시지는 공허하게 들렸다. 마음속 깊은 곳에서는 자신이 정말 회장이 될 만한 사람인지 의심하고 있었기 때문이다.

나는 제안했다. "훌륭한 글을 써낼 아이디어보다는 당신의 강점부터 살펴보기로 하죠." 우리는 함께 그가 진정으로 중요하게 생각하는 것, 열정을 느끼는 것이 무엇인지 깊이 파고들었다. 훗날 그는 이렇게 말했다. "처음에는 불편했습니다. 전에는 비즈니스에 관하여 제가 진정으로 믿는 바가 무엇인지 심사숙고하고 그것을 압축해서 본질을 파악하는 일을 한 번도 해본 적이 없었거든요."

조지의 진정한 강점이 차츰 드러나기 시작했다. 그는 따뜻한 관계를 중시하는 인물로, 사람들의 협력을 이끌어내는 탁월한 능력과 높은 기준에 대한 확고한 신념을 가지고 있었다. 이 결합은 그가 사람들로부터 최선의 결과를 이끌어내 그들을 앞으로 나아가게 하고 싶다는 갈망을 일깨웠다. 우리는 이 점을 회사의 요구와 연결했다. 조지는 자신의 핵심 신념을 추출하여 종이 위에 옮기면서 한껏 들떴다. "어떻게 하면 이걸로 사람들에게 영향을 미칠지가 훤히 보였어요. 아주 정확히요. 새롭게 깨달은 점들을 통해서 가늠할 수 있었죠."

조지의 비전은 훌륭한 고객 관계를 이루어 회사를 글로벌 리더로 이끌어간다는 것이었다. 그는 이 비전을 처음에는 조심스럽게 시험했다. 가까이 지내는 동료 한 명은 조지의 비전이 타당하며 회사에 필요한 것일 뿐만 아니라 진정성이 느껴진다고 말했다. 조지는 자신에게 세상에 내놓을 만한 뭔가가 있다고 믿게 되었다. "그것은 제가 사람들에게 진정으로 할 수 있는 맹세이며 약속이었습니다. 근본적으로 그것은 저의 신념이었으니까요."

조지의 메시지는 그의 리더십 기반과 마찬가지로 아주 명확했다. 더 중요한 사실은, 진정한 강점을 찾아냄으로써 어쩌면 자신은 '회장이 될 재목'이 아닐지도 모른다는 의심을 완전히 떨쳐버렸다는 것이다. 이제 그는 자기 본연의 모습에 충실함으로써 회장이 될 수 있음을 깨달았다. "제 근본적 가치관에 대한 진정한 믿음이 있고, 그것을 메시지에 담아낸다면 회사를 이끌 수 있으리라 확신하게 되었습니다. 그러자 어느 나라에 가서 누구를 만나도 자신 있게 대화할 수 있었습니다. 사람들이 듣고 싶어할 것 같아서 하는 말이 아닌, 제 진심이 담긴 말을 하고 있다는 걸 스스로 느꼈기 때문이죠. 반응은 아주 열렬했습니다. 진정성이란 확고한 토대가 뒷받침된 덕분이었어요. 그것이 바로 열쇠였습니다."

4월의 어느 날 아침, 조지로부터 전화를 받았다. 나는 그가 전하려는 소식이 뭔지 대번에 알아채고 이렇게 말했다. "축하합니다, 회장님."

강점에 기반한 자기만의 소통 방식을 찾아라

조지의 사례에서 우리는 무엇을 배울 수 있을까? CEO와 함께 일할 때면 나는 그 CEO와 함께 그가 처한 상황의 모든 측면을 살펴본다. 여기에는 혁신 과제, 현재의 목표와 고민, 비즈니스 환경, 과거의 중대한 순간 등이 포함된다. 나는 그들의 강점을 찾아 깊숙이 파고든다. 놀랍게도 대부분의 리더는 자신의 강점을 뜻밖의 사실로 받아들인다. 다시 말해, 그들은 균형 잡힌 시각으로 스스로를 새롭게 바라보기 전까지는 자신을 지극히 평범하다고 여긴다. 다른 사람들도 그런 강점을 갖고 있으리라 생각한다. 그 강점이 너무도 당연하고 손쉽게 느껴져서 진가를 제대로 알아보지 못하는 것이다. 리더가 자신의 진정한 강점을 자각하고 나면 그것은 카타르시스와 깨달음을 가져다주고 행동의 발판 역할을 한다. 이는 그들의 강점이 오래전부터(아마도 유년 시절부터) 본능처럼 내재되어 있어서 문제에 대처할 때마다 확고한 태도와 신념을 동반하기 때문이다. 그 신념을 발견해서 표현함으로써 리더는 자유롭게 능력을 발휘할 수 있다.

조지가 깨달은 '뜻밖의 놀라운 사실'은 세상에는 여러 종류의 리더십이 존재한다는 것이었다. 그는 자기 본연의 모습에 충실함으로써 그만의 독창적인(협력적이고, 따뜻하고, 모든 고객에게 최고를 제공하기 위한 추진력을 가진) 리더가 되어 자석처럼 사람들을 끌어당기며 진정으로 영감을 줄 수 있었다.

리더가 자신의 강점을 알면 자신의 진정성과 확신을 잘 살릴 수 있는 채널을 직접 선택할 수 있다. 이 채널은 인터넷 동영상일 수도 있고, 연단에서 하는 연설일 수도 있고, 조직 내 이곳저곳을 다니며 사람들을 만나는 전통적 방식일 수도 있다. 혹은 몇몇 사람들을 모아서 그들의 의견을 듣고 대답하는 것일 수도 있다.

어떤 길을 택하든 그것은 당신에게 가장 잘 맞는 '당신만의 방식'이다. 이러한 채널 활용의 훌륭한 예로는 최근까지 딜로이트 투쉬 토마츠의 수석 파트너 겸 CEO를 지낸 존 코널리의 사례를 들 수 있다. 딜로이트는 세계 최대의 민간 전문 서비스 조직으로 150여 개국에서 약 17만 명의 직원들이 회계 감사, 세무, 컨설팅, 기업 리스크 및 재성에 관한 자문 서비스를 제공한다.

'그의 방식'은 직원들에게 정기적으로 보내는 음성 메시지다. 직원들은 그가 중요한 문제에 대해 말하는 것을 들을 수 있다. 존은 정기적인 메시지를 보내는 일에 세심하게 신경 쓴다. 그는 자신의 후임자는 커뮤니케이션을 하는 데 블로그나 트위터 같은 더욱 현대적인 수단을 사용하겠지만 매개체가 무엇이든 언제나 중요한 것은 열정이라고 한다. "리더는 열정을 보여줄 준비가 되어 있어야 하며 열정의 표출을 쑥스러워해서는 안 됩니다. 리더는 용감하고, 긍정적이고, 열정적이고, 정력적이고, 훌륭한 성품과 야망이 있어야 하고, 사람들과 함께 공통의 관심사를 가지고 대화를 나눠야 합니다. 이 감정은 대단히 중요한 것입니다."

비즈니스에서
감정의 필요성

결국 진정성이란 자신만의 강점을 발휘하고, 목표를 달성하는 힘의 원천으로서 그 강점을 활용할 방법을 파악하는 것을 뜻한다. 그러려면 리더는 자신에게 적합한 스타일을 찾아내어야 한다. 리더가 자신의 강점을 이해하고 자기만의 가치 체계를 바탕으로 움직일 때 비로소 조직에 꼭 필요한 것이 무엇인지 깨닫고 그것을 다른 이들에게 전할 수 있기 때문이다. 여기에는 장기적 이점도 있다. 리더가 늘 자기 본연의 모습으로 활동하기 때문에 다른 이들에게도 한결같은 설득력을 발휘하게 되는 것이다.

하지만 리더가 진정한 열정을 발견했다고 해서 이야기가 끝난 것은 아니다. 나는 리더들을 지도할 때면 그들이 비즈니스 커뮤니케이션에서 감정이 꼭 필요한 이유를 이해하도록 도와야겠다고 느끼곤 했다. 그들에게는 이것이 무척 어려운 문제일 수 있다. 나와 함께 일한 리더들 다수는 매우 이성적이며 신속하고 명확하게 사고하는 사람들이었다. 그들은 도전적이고, 숫자 계산에 능하고, 목표에 초점을 맞추는 성향 덕분에 지금의 자리에 올랐다. 그들에게는 감정이란 막연하고 나약한 것으로 보일지도 모른다. 하지만 감정은 그 사람의 행동방식을 결정한다. 휘하 직원들이 조직에 필요한 행동을 취하는 데 헌신적인가? 성공과 실패 사이의 차이를 만들어내기 위해 각별한 노력을 기울이는가?

비즈니스 계획에는 기존의 한계에 도전하는 과감한 목표들이 포함되며, 그것은 실질적인 수치들로 나타난다. 이 수치는 사람들이 스스로의 행동을 변화시킬 때 비로소 성취된다. 목표를 이루려면 그들은 더 현명하고 새로운 방식으로 일을 하거나, 혁신을 일으키거나, 판매량을 늘리거나, 중요한 관계를 성공적으로 구축해야 한다. 행동은 숫자를 산출하고, 막연한 느낌과 가시적인 결과 사이의 연결고리 역할을 한다.

모든 비즈니스 전략의 성패는 일선 관리자와 직원들의 '감정 몰입' 여부에 달려 있다. 리더는 현명하고 지적으로 엄밀할 뿐만 아니라 호소력까지 갖춘 전략을 제시해야 한다. 사람들의 감정을 자극하고 마음을 끄는 커뮤니케이션은 그들의 행동과 비즈니스 계획을 서로 이어주는 연결고리다.

나는 이제까지 수십 곳의 회사에서 일했지만 회사의 전략이 흥미진진하고 영감을 준다고 말하는 직원은 거의 본 적이 없다. 감정에 호소하는 커뮤니케이션은 막연하거나 추상적인 것이 절대 아니다. 리더라면 누구나 활용하여 유익한 효과를 거둘 수 있다. 정서적 커뮤니케이션의 위력은 리더를 중심으로 발휘된다. 따라서 사람들의 행동을 긍정적인 방향으로 바꿀 수 있는 사람은 바로 리더다. 그리고 다시 한번 상기시키자면, 리더의 근본적인 목적은 직원들의 행동을 변화시켜

성과를 거두는 것이다.

우리는 리더 및 그들이 이끄는 비즈니스의 성공이 어떤 형태와 느낌으로 나타날지 검토해야 할 뿐만 아니라 성공을 방해하는 요소가 무엇인지, 그 장애물을 극복하려면 어떻게 커뮤니케이션해야 하는지를 살펴봐야 한다. 그러한 커뮤니케이션이란 리더 스스로가 열정적으로 고수하는 신념(조직의 기존 가치관과 대비되는)에서 생겨난, 그래서 진실성이 담긴 효과적인 커뮤니케이션일 것이다. 리더는 분명 '진실하되 더 나은 모습'을 보일 수 있다. 비즈니스에 진정성이 있다는 것은 리더가 그들의 신념 및 가치관을 조직의 가치관과 조화시키고, 공통적인 부분을 이해하고, 그것을 이용하여 커다란 성과를 얻을 수 있다는 의미이기 때문이다.

이성과 논리를 배제하자는 것은 아니다. 훌륭한 이야기는 감정뿐만 아니라 논리에도 충실하며 커뮤니케이션을 하는 사람의 성품을 담고 있다. 아리스토텔레스는 수사법의 세 가지 주요 형태를 에토스, 로고스, 파토스로 설명했다. 에토스 중심의 메시지는 화자의 평판에 의존한다. 로고스는 이성에 근거하여 호소한다. 파토스는 감정에 근거하여 호소한다. 비즈니스 커뮤니케이션에서는 감정을 이용하여 논리를 뒷받침하는 것이 중요하다.

글로벌 법률회사 앨런 앤드 오버리의 수석 파트너 데이비드 몰리는 법조계에서도 이 점이 중요하다며 내 견해에 동감했다. "변호사로서 우리는 사람들을 설득할 때 굉장히 논리적으로 접근하는 편입니다. 감정은 거의 배제하죠. 객관적이고 비판적인 자세를 취하도록 훈련을 받으니까요. 하지만 우리는 수많은 메시지와 정보가 쏟아지는 세상에서 감정적 차원의 대응도 하며 살아가죠. 그러니 사람들에게 동기를 부여하고, 설득하고, 자신의 주장을 납득시키고자 한다면 사람들의 감정에 호소해야 합니다. 뻔뻔스러운 방법이나 속임수를 쓰라는 게 아닙니다. 열정을 보인다면 사람들을 원하는 길로 이끌 수 있습니다."

나중에 '듣기'를 다룬 장에서 살펴보겠지만, 리더가 열정을 드러내 보이고 스스로 다감해지는 것은 중요한 일이다. 사람들이 감정을 토로하도록 장려하는 것 또한 그 못지않게 중요하다. 내가 인터뷰한 리더들 중 과반수는 직원들로부터 솔직한 감정을 이끌어내기 위해 이런 질문을 던진다고 했다. "이 점에 대해 어떻게 느끼는가?" 인터뷰에 응한 리더들이 말했듯, 이는 리더가 꼭 알아야 하는 문제를 표면화시켜, 무엇이 의욕을 주고 무엇이 의욕을 빼앗아가는지 그가 이해하고 있음을 사람들에게 보여주는 것이다.

진실하되 더 나은 모습을 보이는 것은 리더가 노력하여 습득해야 하는 기술이다. 리더는 심사숙고하여 자신의 어떤 모습이 사람들에게 신뢰를 얻는 데 도움이 될지 선택하고, 자신의 감정 및 직원들의 감정을 밖으로 이끌어내야 한다. 이는 곧 시간을 할애하여 자신에게 중요한 것이 무엇인지 표현하라는 의미다. 이 경우 신념과 목적을 글로 작성하는 것은 매우 효과적이다. 그렇게 함으로써 확고한 관점을 갖추게 된다. 이런 격언이 있다. "만약 내가 하는 말을 내가 알아들을 수 없다면 내가 무슨 생각을 하는지 어떻게 알겠는가?"

리더는 그것을 자신이 이끄는 조직에 연결시켜야 한다. 모든 이가 적절한 방식으로 적절한 일을 할 수 있도록 권한과 능력을 부여해줄 틀을 만들고 싶다면 말이다.

▶ 리더의 진정성은 매우 중요하다.

▶ 당신을 신뢰하고, 당신이 성실하다고 믿지 않는 한 직원들은 결코 헌신하지 않을 것이다.

▶ 당신이 무엇에 관심을 두는지, 신념이 무엇인지 사람들에게 알려야 한다. 이는 당신을 예측 가능한 존재로 만들고 사람들의 마음을 움직여 당신의 신념을 따르게 할 것이다.

▶ 사람들은 영감을 받았다는 기분을 느끼고 싶어한다. 따라서 리더십 커뮤니케이션은 감정에 호소할 필요가 있다.

▶ 설령 당신이 아주 내성적인 사람이라 하더라도 더욱 열정적으로, 더욱 자주 자신의 가치관과 신념을 발언하는 법을 배워야 한다.

▶ 직원들이 당신의 열정을 느끼고 당신이 믿는 바를 공유하게 하라.

▶ 열정과 진정성은 기술적으로 노련한 프레젠테이션이나 연설보다 훨씬 더 사람들을 감동시킨다.

▶ 당신이 진정으로 관심을 둔 것이 무엇인지 자각하고 나면 당신은 열정을 가지고 말할 수 있다.

▶ 신념과 목적을 글로 작성하는 것은 매우 효과적인 행동으로, 이를 통해 언제 어디서나 이용할 수 있는 확고한 관점을 갖게 된다.

▶ 당신이 어떤 사람인지 알리려면 자신의 목적과 가치관을 열정적으로 표현해야 한다.

▶ 당신도 사람임을 보여줘라. 잘 모르는 것, 실수 등을 인정하라.

▶ 사람들 앞에 모습을 드러내라. 상황이 아무리 어렵더라도 정말로 중요한 일에 관여할 의지가 있음을 사람들에게 보여줘야 한다.

chapter 5

숫자만으로는 미래를 보여줄 수 없다

나사 본부를 방문한 케네디 대통령은 한 남성이 대걸레를 들고 있는 것을 보고 이렇게 물었다. "자네는 무슨 일을 하는가?" 그러자 청소부가 대답했다. "저는 인간을 달에 보내는 일을 돕고 있습니다."

▶ 광고업계에는 이런 말이 있다. "내게 빈틈없는 제작 지침을 받을 자유를 달라."

이 말은 광고주가 광고의 목적과 제작 방향을 구체적으로 제시할수록 대행사가 자유롭게 창의성을 발휘할 여지가 커지고, 만족스러운 결과를 얻게 된다는 의미다.

빈틈없는 지침은 강요와는 정반대의 것이다. 그것은 자유를 주고,

사람들을 결과에 집중시키고, 오히려 더 많은 아이디어를 창출한다. 아이러니하게도 느슨한 지침은 아무 도움이 안 된다. 너무 많은 의문을 남기고 불확실성과 혼란을 주어 창의성을 마비시킨다. 명확하게 밝히고 상담하고 합의해야 할 부분이 많은데도 결국 모든 것이 혼란이라는 시럽 속에서 뒤범벅되고 만다.

앞에서 살펴보았듯, 오늘날 리더는 더욱 민첩하고, 빠르고, 즉각적으로 반응하는 회사를 만들려면 조직 곳곳에 리더들을 양성해야 한다는 점을 이해하고 있다. 리더는 상황을 가장 잘 알고 있는 조직 곳곳의 리더들이 올바른 결정을 할 수 있도록 그들이 기준으로 삼을 틀을 ─즉 필요한 상황, 필요한 시기에 의사 결정을 내릴 수 있게 해줄 빈틈없는 지침을 ─제공해야 한다.

조직 내 리더들이 적절한 결정을 내리려면 우선 목표가 무엇인지 알아야 한다(지휘관의 의도: 우리의 사명이 무엇인가). 또한 결정을 할 때 어떤 가치관과 신념을 적용해야 할지 정확히 파악해야 한다(작전 영역). 마지막으로 영리적인 목적이 무엇인지, 성공의 그림이 어떤 것인지 알아야 한다.

리더가 명확하고 단순하며 매력적인 사명을 표명해야 하는 이유가 바로 여기에 있다. 사명은 그 기업이 추구하는 바를 나타내는 선언으로, 기업이 직원 및 협력업체에 기대하는 행동방식과 관련이 있다. 영리상의 목적, 즉 사명의 성취가 어떤 형태를 취할 것인지도 분명하고 간결하게 표현되어야 한다. 리더 자신의 사명감과 개인적 가치관(앞 장에서 개략적으로 설명한)에 기업의 사명이 반영되어야 함은 물론이다.

세계 3위 규모의 건설 장비 브랜드인 JCB의 앤서니 뱀포드는 사명과 비전을 구분하는 것이 중요하다고 말한다. "양자 간에는 차이가 있습니다. 사명은 늘 하는 일입니다. 인생의 목적이죠. 비전은 자신이 하는 일에서 얼마나 성공을 거둘 것인가 하는 문제로, 이를테면 5개년 비즈니스 계획으로 표현됩니다. 이 계획은 다시 연간 목표, 나아가 월간, 주간 목표로 세분화됩니다. 비즈니스 계획은 사명과 협력적으로 진행되어야 합니다."

비즈니스 인 더 커뮤니티(BITC)는 기업 주도의 자선단체로, 유명한 다국적기업부터 지방 소기업 및 공공 단체에 이르기까지 850개 이상의 회사가 회원으로 가입하고 있다. BITC는 회원들이 환경 파괴 없이 오래도록 지속될 미래를 만들고 비즈니스 성과를 높일 수 있도록 조언과 지원, 과제를 제공한다.

회원들에게 제시하는 지침에서 BITC는 이렇게 말한다. "회사의 가치 선언은 회사의 행동방식을 설명하는 고차원의 진술이다. 가치 선언은 회사가 완수하고자 하는 과제를 설명하는 사명 선언과는 다르며 일련의 영리 목적과도 다르다. 경험적으로 보자면, 한정된 기간 내의 목표, 과업 지향적 목표, 성취를 향한 포부 등을 설명한 것은 사명 선언, 즉 '목적'에 해당한다. 기업의 가치관이란 그 회사가 추구하는 바와 직원들의 행동방식을 나타내는 것이다. 이것은 회사의 역할(회사에 수익 이상의 목적을 부여하는)을 정립하는 틀 구실을 한다.

이는 결코 손쉬운 일이 아니다. 가치관을 진정으로 추구하는 회사보다는 가치 선언문이 회장실 벽을 장식하는 포스터로만 존재하는 회사가 훨씬 많다. 그 결과 콜센터 직원들은 물론 본사 내 다른 부서에서 일하는 직원들도 가치 선언이 일터에서 실제로 지켜야 할 가치와 행동을 설명한 것임을 인식하지 못하고 있다. 기업 문화를 변화시키려면 임원들이 완전하면서도 일관성 있게 헌신하고, 조직 전체의 커뮤니케이션을 통해 직원에게 자율권을 부여하여 가치관을 의사 결정의 지침으로 활용할 수 있게 해야 한다."

BITC의 말에 따르면, 리서치 결과 오랫동안 훌륭한 성과를 거둬온—100년 이상 시장에서 최고의 위치를 지킨—회사들의 공통적인 핵심 요인은 직원들에게 공동의 결속력을 제공하는(바로 이것이 수익 이상의 목적이다) 확고한 가치관이었다고 한다.

BITC는 가치관의 중요성을 제대로 이해하면 다음과 같은 이득을 얻을 수 있다고 말한다.

- ▶ 회사에 대한 직원들의 충성심과 지지가 강화되면, 다른 회사에서 이직 제의가 들어와도 회사에 머물 가능성이 높아진다.
- ▶ 고객은 직원들이 올바르게 행동하는 모습을 보고 회사를 신뢰하게 된다.
- ▶ 회사가 스캔들이나 논란에 휘말릴 위험이 적기 때문에 투자자와의 관계가 향상된다.
- ▶ 정부 및 지역사회가 회사를 좋은 이웃으로 바라보게 되면서 좋은 관계가 형성된다.

BITC 지침은 이렇게 강조한다. "가치 선언이 아주 단순한 경우도 있다. 가령 어떤 회사에는 '고객과 직원을 공정하게 대하라'는 금언만 있다. 이건 아주 어리석고 진부한 가치 선언으로, 모든 직원의 행동을 좌우할 길잡이로는 최악이라 할 수 있다. 현장에서의 실행에 모든 것을 맡기고 있기 때문이다. 가치 선언은 좀 더 구체적이어서 의미가 모호해질 여지가 없어야 한다."

미래를 제시하는 비전은 회사의 영리 목적이 무엇인지, 성공이 이해관계자들(주주, 고객, 직원, 협력업체, 지역사회 등 성공으로 이득을 얻는 이들)에게 어떻게 '느껴질지' 설명해야 한다.

느낌과 감정은 우리 삶의 원동력이다. 내가 '느낌'이라는 말을 그토록 강조하는 이유도 바로 여기에 있다. 좋은 커뮤니케이션에는 사실뿐만 아니라 그만큼의 감정 또한 담겨 있다. 즉 머리와 가슴이 모두 필요하다. 이런 연유로 비전은 사명 및 가치관과 결합되었을 때만 효과를 발휘할 수 있다.

나는 인터뷰에 응한 리더들로부터 이 두 가지 영역에 대해 많은 이야기를 들었는데, 각각의 영역은 서로 다르지만 공통점도 많다. 또한 리더들은 같은 것을 표현하는 데 다양한 용어를 사용하기도 하고, 때로는 다른 것을 거론하면서 같은 용어를 사용하기도 했다. 예컨대 그들은 '비전', '사명', '목적(지)', '목표' 등의 용어를 구별하지 않고 사용했다. 이 책의 명료성을 위해 나는 이 용어들을 다음과 같이 정의할 것이다.

> ▶ 사명은 우리의 존재 이유, 우리가 지금 하는 일을 뜻한다.
> ▶ 가치관은 원칙, 즉 우리가 가치 있고 바람직하다고 여기며, 우리의 모든 행동을 좌우하는 특성을 뜻한다.
> ▶ 기준은 가치관을 적용했을 때 허용되는 행동의 최저 수준을 뜻한다.

이것은 모두 감정적 측면에 속하는 것으로, 직원들의 영감을 좌우하는 요소다.

반면 다음 세 가지는 고도로 이성적이고, 지적이고, 측정 가능한 요소다.

> ▷ 비전은 리더가 구상하는 미래의 모습으로, 핵심 관계의 질이라는 관점과 수치적 관점 양쪽에서 설명된다. 조직의 목표를 성취하려면 비전을 설명해야 한다.
> ▷ 목적(지)은 조직이 노력을 기울이는 4~5개의 대상을 뜻하며, 비전을 이루는 데 중대한 역할을 한다.
> ▷ 목표는 명확하게 규정된, 명백하고 달성 가능한 대상으로, 목적을 뒷받침한다. 목적과 비전을 달성하려면 목표가 반드시 이루어져야 한다.

이야기의 전모를 이해하려면 위의 여섯 가지가 모두 필요하다. 즉 직원들의 마음속에서 이야기가 완성되려면 여섯 가지가 전부 명확히 표현되어야 한다. 기준을 포함한 이유는 측정이 가능하며, 직원들이 어떤 행동을 하거나 의사 결정을 하는 데 하나의 잣대가 될 수 있기 때문이다. 행동에 대해 평가하거나 보상하는 잣대가 될 최소한의 기준이 없다면 가치관은 벽에 붙은 포스터로 전락하기 쉽다.

우선 사명과 가치관이 (빈틈없이 고안되었을 경우) 어떻게 회사 내부에 자유의 틀을 만드는지, 그리고 어떻게 직원들의 창의성과 상상력을 해방시키는지 살펴보자. 또한 리더들이 압박에 직면했을 때도 어떻게 적절한 결정을 내리게 하는지 검토하기로 하자.

가치관은
신뢰를 구축한다

유니레버의 글로벌 CEO 폴 폴먼은 가치관이 신뢰를 구축한다고 말한다. "세계 여러 나라의 동료들을 방문할 때면, 저는 그들이 나라별로 다른 언어를 쓰며 다른 문제를 놓고 노력하는 모습을 보게 됩니다. 하지만 유니레버 안에서 그들은 모두 같은 가치관을 따릅니다. 거기서 신뢰가 생겨납니다. 우리는 신뢰 덕분에 함께 일할 수 있습니다. 신뢰는 모든 시스템의 균열을 메우는 데 기여하기 때문이죠. 그리고 그것이 바로 번영의 기반입니다. 신뢰 없이는 번영도 없습니다. 신뢰는 적절한 가치관의 틀이 있을 때 생겨납니다.

회사 내의 가장 낮은 곳에 있는 사람들이 결정을 내릴 수 있게 해야 합니다. 저는 유니레버 같은 회사에서 성공에 활기를 불어넣는 최선의 길은 상황을 가장 잘 아는 곳에서 결정이 내려지게 하는 것이라 믿습니다. 이건 굉장히 중요한 말입니다. '상황을 가장 잘 아는 곳에서 결정이 내려져야 한다.' CEO나 리더는 언제나 조직 내 가장 낮은 곳에서 의사 결정이 이루어지도록 해야 합니다. 리더는 사람들에게 업무의 틀을 제시하고 이해시켜야 합니다. 이 틀은 혁신을 억누르는 규칙과 규제를 말하는 것이 아닙니다. 적절한 가치관과 신뢰의 존재를 말합니다. 가치관과 신뢰는 혁신으로 가는 지름길입니다."

오데온 앤드 UCI 시네마즈의 루퍼트 개빈의 견해에 따르면, 리더는 자기 자신이 어떤 사람인지, 추구하는 바가 무엇인지 알고 스스로의 가치관을 명확히 파악하고 있어야 한다. 그래야 그것을 다른 사람에게 효과적으로 알림으로써 직원들에게 적절한 결정을 내릴 권한과 능력을 부여할 수 있다. 이것이 제대로 이루어진다면 토요일 오후 5시, 갑자기 문제가 터졌는데 리더와 연락이 안 되는 상황에서도 구성원들이 적절한 해법을 찾아낼 것이다.

루퍼트는 말한다. "조직에 가치관이 스며들었다는 것은 당신이 밤에 마음놓고 잘 수 있다는 뜻입니다. 고객이 문제 제기를 할 경우, 어떤 직원이 대응하든 당신이 취했을 법한 방법, 즉 조직이 바람직하게 여길 방법을 택해서 조치할 것이라는 확신이 있어야 가능한 일이죠. 또한 직원들은 올바른 일을 하려다 피치 못할 실수를 했다고 해도 비난이 아닌 격려를 받을 것이라는 믿음이 있어야 합니다."

사람들이 동기를 유발하는 사명을 좋아하는 이유

브리티시 항공에 커뮤니케이션 책임자로 입사한 지 몇 주 만에 나는 회사의 새로운 사명 선언을 검토하게 되었다. 그것을 직원뿐 아니라 외부 세상에 가장 효과적으로 알릴 방법을 고안해달라는 요청을 받았던 것이다. 그 무렵 브리티시 항공은 '세계에서 가장 유명한 항공사'였으며, 지금은 퇴역한 초음속 여객기인 콩코드를 비롯하여 290대의 항공기를 운항 중이었다. 당시 회사 내의 관리자들은 새로운 사명을 정하는 문제로 2년 동안 토론을 벌였다고 한다. 그 결과 결정된 사명은 "세계 여행의 일인자가 되자"는 것이었다.

새로운 기업 브랜드 작업도 미리 확인할 수 있었다. 전 항공기에 그림을 그려 넣어서 '새로운' 브리티시 항공을 보여준다는 아이디어였다. 후에 '악명 높은 꼬리날개'로 불리게 된 이 계획은 각 비행기의 꼬리날개에 여러 나라의 그림을 그려 넣는 것이었는데, 1996년에 시행한 결과 영국을 중심으로 혹평이 쏟아졌다.

사명 선언을 검토해본 나는 직원들에게 그리 영감을 줄 것 같지 않다는 생각이 들었다. 나는 당시 CEO이던 밥 아일링에게 솔직히 말해야 할지 망설였다. 어쨌든 그 사명 선언은 밥 휘하의 관리자들이 2년이나 토론한 끝에 새 제복과 함께 결정한 것이었다. 새로운 사명 선언과 제복은 항공사의 미래 전략(비용, 협력관계, 포지셔닝에 대한 철저한 점검을 요하는)을 발표하는 과정의 일환이었다.

이제 막 회사에 들어온 신참이었던 나는 '세계 여행의 일인자'가 된다는 것이 무슨 뜻인지 잘 이해가 가지 않았다. 브리티시 항공이 호텔 체인이나 렌터카 회사라도 매입할 예정인가? 그런 계획은 없다고 했다. 그렇다면 사명 선언 전문에서 '일인자'의 의미가 설명되어야 할 터였다.

그즈음 브리티시 항공은 급여 삭감 문제로 경영진과 직원들 간에 긴장감이 팽배한 상태였다. 밥 아일링이 회사의 경쟁력 유지에 필요하다는 이유로 '10억 파운드 비용 절감' 계획을 발표했던 것이다. 나는 전 직원들 가운데 포커스그룹을 구성해 의견을 청취할 것을 제안했다. 그들과의 인터뷰를 통해 얻은 피드백을 토대로 성공에 대한 새로운 비전을 제시하자고 했다. 경영진은 내 의견에 동의했다. 우리는 폭넓은 피드백을 얻기 위해 다양한 국가와 지역에서 일하는 조종사, 승무원, 수하물 담당 직원, 수속 담당 직원, 행정 직원 등이 고루 뒤섞인 그룹을 조직했다. 먼저 이들 그룹에게 사명 선언의 개념을 소개하고, 그런 다음에는 다른 회사의 갖가지 사명 선언을 보여주고, 마지막으로 브리티시 항공의 새로운 사명 선언을 보여주었다.

나는 이들 그룹이 반감을 드러낼 것으로 예상했다. 그들은 비용 절감 계획에 분노하고 있었으니 냉소적이고 비협조적인 태도를 보이리라 생각했던 것이다. 그러나 포커스그룹 인터뷰를 수행하는 동안 나는 사명 선언에 대한 새로운 견해를 얻게 되었다.

이 다채롭고 솔직한 그룹들과 대화를 나누며 우리는 다음과 같은 사실을 배웠다.

▶ 직원들은 훌륭한 사명 선언을 좋아했으며, 적절한 사명 선언은 영감을 준다고 생각했다.

▶ 그들은 좋은 사명 선언과 그렇지 못한 사명 선언의 차이점을 명확하게 알았다.

▶ '좋은' 사명 선언은 오랫동안 지속되는 의미 있는 목적이 담긴 것으로, 직원들에게 '단지 먹고살기 위해서가 아닌 다른 이유로' 일하고 싶다는 기분이 들게 했다.

▶ '나쁜' 사명 선언이란 직원들이 별 의미를 못 느끼는 수치적 목표를 중심으로 하거나, 너무 평범하고 특징이 없어서 어느 회사가 사용해도 상관없는 것이었다.

▶ 최고의 사명 선언이란 직원들에게 회사의 존재 이유를 지속적으로 일깨우고 각각의 직원이 사명을 이루는 데 기여하고 있다고 스스로 느끼게 해주는 것이었다.

▶ 그들이 비판한 나쁜 사명 선언의 예는 '내일을 생각하라, 바로 오늘', '시장의 일인자가 돼라', '10년 내에 10억 파운드(를 벌어들이자)' 등

이었다.

- ▶ 가장 감탄한 사명 선언은 나사(NASA, 미국항공우주국)가 아폴로 프로젝트, 즉 달 착륙 계획에서 사용한 것이었다.
- ▶ 그들은 브리티시 항공의 사명이 '사람들이 여행의 즐거움과 유익함을 경험할 수 있게 하자'와 같은 방향으로 만들어져야 한다고 생각했다.

마침내 브리티시 항공의 새로운 사명 선언이 발표되었다. 하지만 직원들의 피드백은 극히 일부만 반영되었다. 경영진은 항공사가 하는 모든 일의 중심이 '사람'이며, 사명 선언 역시 사람에 초점을 맞추어야 한다는 직원들의 제안에 동의했다. 그러나 실제 공표된 사명 선언은 여전히 브리티시 항공이 '세계 여행의 일인자'가 되어야 한다는 내용이 주를 이루고 있었다. 경영진으로서는 이미 2년간 공들인 사명을 새로 뜯어고친다는 것이 내키지 않았다. 그들은 자신들이 만들어 낸 결과물에 만족했다.

케네디 대통령과
나사의 청소부

내가 얻은 교훈은 직원들이 좋은 사명 선언을 높이 평가했다는 사실과 관계가 있다. 그때까지 나는 사명 선언이 사람들에게 얼마나 중요한 것인지 제대로 알지 못했다. 브리티시 항공의 전 직원이 바람직하다고 평가한 사명 선언('사람들이 여행의 즐거움과 유익함을 경험할 수 있게 하자')은 우리의 존재 이유를 설명하고 있다는 점에서 고무적이었다. 그것은 우리가 항공사에서 할 일이 무엇인지, 사명 선언이 왜 중요한지를 보여주었다. 그것을 통해 직원들은 맡은 역할이 무엇이든 상관없이 자신이 하는 일이 사명을 달성하는 데 어떻게 기여하는지 확인할 수 있었다. 직원들은 자신이 중요한 일을 하고 있다는 기분을 느끼고, 그 점을 친구와 가족에게, 동네 술집에서 자랑스럽게 이야기하고 싶어했다.

나는 이 일을 계기로 '적절한 사명 선언은 직원들에게 영감을 주며 반면 부적절한 사명 선언은 냉소적인 반응을 불러일으킬 뿐이다'라는 견해를 굳게 확립했다. 모든 직원이 동조하는 사명 선언을 만드는 일은 매우 중요하다. 브리티시 항공에서의 경험 이후 나는 수십 개의 다른 기업에서도 이 사실을 몇 번이고 확인했다.

특히 중요한 점은, 사명은 직원들이 맡은 업무와 회사의 목표 사이에 존재하는 연관성을 명확히 드러내야 한다는 것이다. 훌륭한 관리자는 직원들의 노력이 사명에 어떻게 공헌하는지 직원 스스로가 확인할 수 있도록 시간과 노력을 들인다. 브리티시 항공의 사례에서 직원들이 가장 좋아했던 사명 선언은 나사의 것이었다.

1961년 5월, 케네디 대통령은 이렇게 말했다. "저는 미국이 1960년대가 끝나기 전까지 인간을 달에 착륙시키고, 다시 지구로 무사히 귀환시키는 목적을 달성하는 데 전념해야 한다고 믿습니다."

이 발언은 머큐리호의 우주비행사 앨런 셰퍼드가 미국 최초의 우주인이 된 직후에 나온 것이다. 케네디 대통령의 대담하고 흥미진진한 도전을 계기로 미국은 장대한 여정을 시작했다. 수천 명의 미국인이 8년간 기울인 집중적·협력적 노력은 1969년 7월 20일, 아폴로 11호의 선장 닐 암스트롱이 달 착륙선 밖으로 나와 고요의 바다(Sea of

Tranquility)에 첫 발걸음을 내딛으며 결실을 보았다. 암스트롱은 그 감동의 순간에 대해 이렇게 말했다. "한 사람에게는 작은 한 걸음이지만 인류에게는 위대한 도약이다."

사명이 성공적으로 완수되자 리처드 닉슨 대통령은 아폴로 11호의 승무원 닐 암스트롱과 에드윈 버즈 올드린에게 이렇게 말했다. "인류 역사에 길이 남을, 값을 매길 수 없을 만큼 소중한 지금 이 순간 지구의 모든 사람들은 진정한 하나가 되었습니다."

이 사명은 그 자체로 큰 영감을 주었다. 이 위대한 사명이 완수되기 전 케네디 대통령이 청소부와 나눈 대화는 그 못지않게 깊은 감동을 준다. 나와 인터뷰한 리더 중 다수가 이 전설적인 일화를 기억하고 있었다.

나사 본부를 방문한 케네디 대통령은 한 남성이 대걸레를 들고 있는 것을 보고 이렇게 물었다. "자네는 무슨 일을 하는가?" 그러자 청소부가 대답했다. "저는 인간을 달에 보내는 일을 돕고 있습니다."

직원들이 이야기의 일부가 되었다는 기분을 느껴야 한다

내가 브리티시 항공의 직원들에게서 얻은 교훈은 다음과 같다. 리더는 그 기업의 존재 이유에 관한 매력적인 이야기를 들려줘야 한다. 또한 리더는 모든 직원들로 하여금 그들이 그 이야기의 일부가 되었다는 기분을 느끼게 해야 한다. 조직의 이야기에서 자신이 어떤 부분에 속하는지 아는 직원들은 뚜렷한 사명감을 갖고 맡은 일에 몰입한다.

이 밖에도 더 있다. 우리는 감정 몰입이 리더의 성공을 좌우하는 열쇠임을 안다. 시장에서 일인자가 되는 것, 혹은 수익이나 이익 목표를 달성하는 것은 대다수 직원들에게 영감을 주지도, 그들의 감정을 몰입시키지도 못한다. 나는 이런 목표가 리더의 전략에서 핵심을 차지하기 때문에, 즉 리더가 이런 부분을 가장 중요하게 여기기 때문에 이같은 현상이 일어난다고 생각한다. 재정적인 목표나 그 밖의 성과 관련 목표를 파악하는 것은 물론 중요한 일이지만 그것은 어디까지나 이야기의 일부일 뿐이다. 그러한 목표는 성공의 척도일 뿐, 그 자체가 성공을 추구하는 이유가 될 수는 없다. 그럼에도 너무 많은 리더들이 숫자에 초점을 맞춘다.

대다수 리더는 극히 이성적이고 논리적인 사람들이다. 그래서 그들은 이성과 논리의 세계에 머무르는 것만이 최선이라고 생각하기 쉽다. 하지만 이성적 근거만 이용해서는 중요한 문제에 관해 사람들과 커뮤니케이션할 필요성을 느끼지 못할 것이다. 커뮤니케이션이 꼭 필요한 상황에서도 말이다. 앞에서 주장했듯, 사람들에게 영감을 주려면 이야기에 논리와 감정, 성품이 모두 담겨 있어야 한다. 그래서 나는 직원들은 오직 사명과 조직의 가치관이 확고히 결합되었을 때만 조직에서 사명감을 느끼며, 그 사명감이야말로 가장 강력한 동기 부여 수단이 된다는 결론에 이르렀다. 리더는 끊임없이 이런 질문을 스스로에게 던져야 한다. 조직의 문화가 직원들에게 영감을 주고, 할 수 있다는 느낌을 주는가? 최소한의 행동 기준, 즉 경계를 넘었을 경우 실질적 영향을 미치는 행동 기준이 존재하는가?

회사의 DNA를
바꾸는 세 가지 과제

영국산업연맹의 헬렌 알렉산더는 이렇게 말했다. "나사의 청소부 이야기 아시죠? 일전에 어떤 학교에서 강연을 한 적이 있습니다. 학교에서 선생님은 영웅이지만 행정 직원들은 영웅 대접을 받지 못하죠. 저는 그들에게 나사의 사명 선언에 관한 이야기를 들려줬어요. 그러자 직원들이 그러더군요. '놀라운 이야기네요. 저희가 그 이야기를 좀 활용해도 될까요?' 저는 물론 괜찮다고 했습니다. 그들 또한 미래의 인재를 교육하는 데 기여하고 있고, 더 높은 목적의식을 갖는 것은 정말로 중요한 일이니까요. 리더는 '우리가 하는 일이 중요한 이유'와 관련하여 사람들의 목표를 높여야 할 필요가 있습니다. 그건 굉장히 중요합니다."

통신 업계 최대의 R&D 기관인 벨 연구소를 보유하고 있는 글로벌 통신 기업 알카텔-루슨트의 CEO인 벤 버와이엔의 이야기는 시사하는 바가 크다. "리더로서 직무를 제대로 수행하려면 커뮤니케이션을 잘해야 합니다. 리더십의 핵심은 훌륭한 커뮤니케이션입니다. 리더에게는 세 가지 커뮤니케이션 과제가 있습니다. 우선은 수평선 위에 점을 찍어 사람들에게 보여주는 것입니다. 제 경우에는 전 세계에 8만 명의 직원이 있습니다. 제가 그 직원들에게 그들 대부분과 별 상관없는 일, 가령 주당순이익의 상승과 같은 것을 수평선 위의 점으로 제시할 수는 없습니다, 그렇지 않습니까? 리더는 직원들과 관련성이 있고 영감을 줄 수 있는 뭔가를 제시해야 합니다.

'관련성 있는 비전'의 제시가 첫 번째 과제라면, 두 번째 과제는 적절한 가치관과 조화를 이루는 조직 분위기를 상층부부터 조성해나가는 것입니다. 이 두 가지가 함께 갖춰지면 사람들은 충분한 자유를 누리며 맡은 일에 지성과 창의성을 더할 것입니다. 세 번째는 스스로 본보기를 보임으로써 가치관을 더욱 강화하고 그것을 지키지 않는 사람들은 아주 엄격하게 대하는 것입니다. 만약 내가 사내 왕따를 조장하는 사람을 처벌하지 않는다면 내가 그런 일에 완강히 반대한다고 해봤자 소용이 없지요. 제 행동은 말보다 중요하며 제가 이끄는 사람들에게 무엇보다 강렬한 메시지를 전합니다. 회사의 DNA는 이 세 가지를 통해 변화시킬 수 있습니다."

수익보다
폭넓은 목적을
대외적으로 제시하라

오늘날 사람들은 기업에 더 많은 것을 요구한다. 투명성은 모든 것을 바꾸어놓았다. 대중의 권한과 능력이 한층 강력해진 환경에서 비즈니스를 이끄는 리더들은 그들의 회사가 지향하는 바를 전보다 훨씬 더 잘 설명해야 한다. 고객에게는 기업이 기울이는 노력이 어떤 이득을 주는지 설명해야 하며, 더 광범위한 대중에게는 그들이 어떻게, 어떤 이유에서 선의의 집단인지 설명해야 한다.

주주에게만, 혹은(상장회사가 아닐 경우) 금융업자에게만 설명해서는 충분치 않다. 리더는 사명 선언을 제시할 때 반드시 광범위한 이해관계자들을 염두에 두고 그들 모두가 수혜자가 되도록 해야 한다.

영국에 본사를 둔 기업 주도형 싱크탱크인 투모로즈 컴퍼니 CEO인 토니 맨워링은 기업이 선의의 집단이 될 수 있으며, 그것이 기업의 이익에도 부합하는 일이라고 믿는다. 기업은 선의의 집단이 됨으로써 장기적으로 지속 가능한 가치를 전달할 수 있다. 투모로즈 컴퍼니는 전 세계의 선도적 기업 및 비즈니스 리더들과 함께 일하며 정책 영향력과 실용적 가치의 탁월함으로 존경을 받고 있다.

토니는 말한다. "세상은 지금 전례 없는 변화를 겪고 있습니다. 기존의 시장 운영 틀로는 지속 가능한 성과를 거두기가 어렵습니다. 회사의 생존과 성공은 자연환경, 사회정치 시스템, 글로벌 경제의 건전성과 밀접한 관련이 있습니다. 기업은 이 세 가지 환경에서 나름의 역할을 하며 이 환경들이 조화롭게 발전할 수 있게 해야 합니다. 기업은 선의의 집단이 될 수 있으며, 이들 문제를 해결하는 데 시급한 실용적 해법을 제공할 수 있는 존재입니다."

토니의 말에 따르면, 투모로즈 컴퍼니는 리더들로 하여금 그들의 활동 영역을 넓히게 해줄 길을 발견했다. 그것은 이 회사가 발표한 '내일의 글로벌 기업: 도전과 선택'이라는 제목의 특별 보고서에 포함되어 있다.

토니는 이렇게 말한다. "첫째, 리더는 성공에 관한 시각을 확대하여 '회사, 사회, 자연환경을 위한 지속적이고 긍정적인 영향'이라는 관점에서 성공의 의미를 재정립해야 합니다. 그런 다음에는 신념을 굳게 지키며 그것을 비즈니스 전략과 의사 결정의 근거로 활용해야 합니다. 둘째, 회사에 응집력을 불어넣는 공동의 가치관이 꼭 필요합니다. 다양한 지역에서 활동하는 글로벌 규모의 회사라면 더욱 그렇습니다. 일단 가치관이 확립되고 알려진 다음에는 사람들에게 책임을 부여해서 실무에서 그 가치관이 엄격하게 지켜지도록 해야 합니다.

가치관이야말로 회사의 모든 행동을 결정하는 토대가 됩니다."

최근까지 딜로이트의 수석 파트너로 일했던 존 코널리는 이렇게 말한다. "우리는 이제 비즈니스의 목적을 새롭게 구상해야 할 단계에 도달했습니다. 무엇을 위한 비즈니스인가? 어떻게 긍정적 기여를 할 것인가? 즉 단기적 이익보다는 장기적이고 지속 가능한 성공에 더 초점을 맞춰야 합니다. 비즈니스에 더 큰 가치를 구축하는 것은 장기적 사고를 할 때만 가능합니다. 사회적 환경이든, 물리적 환경이든 미래가 없는 곳에서는 비즈니스를 지속할 수 없습니다. 리더는 이 점을 더 효과적으로, 더 자주 대내외적으로 설명할 필요가 있습니다."

인류의 진보에 기여하는 엔진이 되어라

글락소스미스클라인의 크리스토퍼 젠트는 이렇게 말한다. "회사 전체에 확고한 가치관을 확립하는 것은 관료주의를 줄이는 최선의 길입니다. 가치관이 있으면 행동 지침을 적어놓은 두꺼운 매뉴얼도 필요 없죠. 리더는 조직 내외의 감시·감독도 끄떡없이 견뎌낼 윤리적인 문화를 조성해야 합니다. 리더가 진정성 있는 목적 및 가치관을 지속적으로 표현하는 것은 굉장히 중요한 일입니다.

기업은 그들이 활동하는 사회 속에 뿌리를 내리고 있습니다. 사회 참여적 자본주의는 매우 중요합니다. 제가 보기에 그것은 인류 진보의 엔진입니다. 이제는 모든 고객이 기업의 노력에 관심을 보입니다. 하지만 언제나 호의적인 시선으로 기업을 바라보지는 않습니다. 그러므로 리더는 '기업이 이루고자 하는 바가 주주뿐만 아니라 사회 전체에 어떤 이득을 제공하는가? 라는 관점에서 기업이 하는 일을 알리고 표현해야 합니다.

기업은 일자리를 공급하고 주주와 연금 가입자에게 이득을 제공합니다. 여기서 더 나아가 수익성보다 더 폭넓은 공공 이익을 위한 계획이 있어야 합니다. 저는 이것이 세상을 제대로 돌아가게 하는 길이라고 생각합니다."

웨이츠 그룹의 회장 겸 CEO 폴 드렉슬러는 이렇게 말한다. "기업에 대한 신뢰, 특히 기업 리더에 대한 신뢰가 최근 2, 3년 사이에 크게 약화된 것 같습니다. 하지만 여전히 기업은 선을 실현할 수 있는 거대한 집단입니다. 이제 우리는 그 점을 입증하고, 그 이유와 방법을 설명하고, 실제로 그런 선의의 집단이 되기 위해 온 힘을 쏟아야 합니다."

B스카이B의 CEO 제레미 대럭은 기업이 신뢰를 받으려면 그들이 하는 일을 숨김없이 솔직하게 밝혀야 한다고 주장한다. "장기적 성공을 열망하는 조직은 신뢰 획득을 중요한 의제로 삼아야 합니다.

상대방이 어떤 사람인지, 어떤 동기에서 움직이는지 모른다면 그를 신뢰할 수 없습니다. 따라서 리더로서 당신은 회사 내외의 사람들에게 당신이 어떤 사람인지, 무엇을 추구하는지 알려야 합니다. 이는 사람들이 당신에 대한 신뢰 여부를 결정할 때 도움이 될 것입니다.

사명과 가치관은 다양하고 폭넓은 사람들과 관련성이 있어야 하며, 리더는 자신의 노력이 단지 회사의 수익만을 위한 편협한 동기가 아니라 그 이상의 목적에 기여하고 있음을 사람들에게 알려야 합니다. 일반적으로 당신의 회사에 이로운 일은 다른 사람들에게도 이롭습니다. 그들이 파트너든 직원이든 고객이든 말이죠. 그러므로 리더는 어떻게 자신의 성공이 그 모든 이들에게 이로운지 설명할 수 있어야 합니다. 아무리 좋은 일을 많이 해도 알리지 않으면 아무 소용이 없습니다. 기업은 적극적 자세를 취해야 하며 리더는 긍정적 사례를 한층 설득력 있는 방식으로 제시해야 합니다."

크리스 새터스웨이트는 홍보, 광고, 디지털 마케팅, 스포츠 마케팅, 시장 조사, 기업의 사회적 책임과 관련된 52개 회사의 지주회사 차임 커뮤니케이션스의 CEO다.

크리스는 말한다. "이 어항 세계를 지켜보는 감시의 시선을 끔찍한 침해라 생각하는 사람들이 많습니다. 하지만 그러한 감시는 행동과 수단에 대한 책임감을 느끼게 합니다. 리더가 짊어져야 할 책임이 전보다 훨씬 커졌다는 이야기죠.

평판이란 리더가 무엇을 믿는가, 어떤 행동을 하는가, 그 행동을 얼마나 적절히 설명하는가가 반영된 결과입니다. 리더의 새로운 책임과 관련된 것은 세 번째 요소(자신의 행동을 얼마나 적절히 설명하는가)입니다. 이제 리더는 '사람들에게 신뢰받는 것'을 염두에 둬야 합니다. 즉 모든 이에게 적용될 가치관과 기준을 세움으로써 사람들이 리더에게 무엇을 기대해야 할지, 리더가 그들에게 무엇을 기대하는지 알 수 있게 해야 합니다."

모든 사람을
사명에 몰입시켜라

유니레버의 글로벌 CEO 폴 폴먼은 이 점을 다음과 같이 말한다. "제가 할 일은 사람들의 열정이 더 큰 사명감으로 이어지도록, 그래서 우리가 일어나 달리도록 불을 붙이는 것뿐입니다. 그게 바로 높은 성과를 거두는 조직을 만드는 길입니다. 하지만 사명의 초점이 수익을 올리는 데만 맞춰져 있어서는 안 됩니다. 잘못된 행동을 낳을 수 있기 때문이죠. 최근 우리가 겪은 금융 위기는 사실 바람직한 비즈니스 방식을 강조하는 윤리에 닥친 위기였습니다.

유니레버는 어항을 기회로 간주합니다. 살다 보면 도저히 어떻게 할 수 없는 일도 있습니다. 하지만 리더는 영향을 미치고 뭔가 조치를 취할 수 있습니다. 제 경우에는 브랜드의 신뢰 구축이 바로 그것입니다. 소비자들이 신뢰할 수 있는 브랜드를 찾으며 머뭇거릴 때, 그때가 브랜드에는 커다란 기회입니다. 지난해 우리 회사의 매출은 30년 만에 최고의 성장을 기록했지만 제게는 놀라운 일이 아니었습니다. 최근 유니레버는 '지속 가능한 삶의 계획'에 착수했습니다. 어항 속에서 살아가는 상황을 기회로 활용하는 계획이죠. 우리는 이것이 투명성에서 비롯된 소비자 파워를 이용하여 '자, 보세요. 저희는 책임 있는 기업이 되고자 노력하고 있습니다. 저희가 나쁜 짓을 하는 걸 보시면 함께 바로잡아주세요'라고 말할 수 있는 기회라 생각합니다.

개인 소비자들은 자신이 별다른 영향력을 발휘할 수 없다고 생각할지도 모릅니다. 그러니까 환경친화적으로 만든 립톤 티백을 구입해봤자 바다에 물 한 방울 떨어뜨리는 거나 다름없다고 여길 수도 있습니다. 그러나 우리 제품을 구입하는 20억 소비자의 힘을 활용한다면 과연 어떨지 생각해보라고 말하겠습니다. 어떻게 해야 그 힘을 긍정적으로 이용할 수 있을까요? 그것을 깨닫지 못하는 리더, 즉 사명을 소리 높여 밝히지 못하거나 자신을 보호하는 데만 급급한 리더는 결국 시대에 뒤떨어져 도태되고 말 것입니다.

결국 모든 문제는 신뢰 구축으로 귀결됩니다. 신뢰는 장부에 아주 투명하게 드러나는 자산이죠. 우리 유니레버 같은 회사의 시가총액에서 유형자산을 제외하고 나면 600억 파운드라는 차이가 드러납니다. 사람들은 그것을 평판이라 부릅니다. 평판은 브랜드에 대한, 조직에 대한 신뢰입니다. 따라서 제가 지켜야 할 가장 큰 자산은 회사에 대한 평판입니다. 오늘날 평판은 하루아침에 사라질 수도 있습니다. 하지만 그 점을 두려워해서는 안 됩니다. 오히려 긍정적으로 받아들여야죠. 그럼으로써 우리는 각각의 브랜드에 훨씬 더 높은 기준을 세웠습니다. 저는 그것이 성장의 기폭제라 믿습니다. 제가 이 회사를 세계적 규모로 경영할 수 있는 이유는 단 하나, 확고한 가치관을 가지고 있고, 그것이 신뢰를 이끌어내기 때문입니다."

리더의 무한 책임

스튜어트 로즈는 2011년 초까지 영국의 소매업체 막스 앤드 스펜서의 회장이었다. 영국에만 700개 이상의 매장이 있으며 세계 40여 개국에 300개의 매장을 보유한 이 회사는 의류와 고급 식료품을 전문으로 취급한다.

스튜어트는 기업을 사악한 집단으로 보는 경향을 우려한다. "저는 BITC의 회장이었습니다. 비즈니스 리더들은 교육기관, 특히 학교에서 시간을 보내면서 학생들에게 직장은 결코 나쁜 곳이 아니며, 일부 예외를 제외하면 대부분의 사람들은 그곳에서 30년이 넘는 시간을 보내게 될 거라고 설명할 의무가 있다고 생각합니다. 금융 위기 이후 부의 창출을 부정적으로 여기는 정서가 학생들 사이에 만연합니다. 우리는 지역사회를 상대로 기업의 성장은 좋은 일이며, 그 성장이 없었다면 도로, 대학, 기차, 비행기, 그 밖에 우리에게 필요한 모든 사회기반 시설이 없었을 것이라고 설명해야 합니다. 정부가 지출하는 돈은 기업이 벌어들인 것임을 사람들에게 알려야 합니다. 이는 매우 중요한 일입니다. 저는 오래전부터 이 점을 강조해왔습니다."

리더가 사명과 가치관을 규정하고 그것을 기업 안에 불어넣어야 하는 또 다른 이유는 조직 내의 직원들이 그 가치관에 따라 행동하느냐 그러지 않느냐에 따라 리더 자신의 평판이 좌우되기 때문이다.

맥라렌 포뮬러 원 팀의 단장이었으며 그룹의 회장인 론 데니스는 리더의 무한 책임에 대해 강조한다.

"많은 이들의 주목을 받는 회사를 이끄는 리더로서 가장 힘든 것은 다른 사람들의 실수까지 책임져야 한다는 점입니다.

규모가 큰 기업에서 리더가 할 수 있는 일은 올바른 가치관을 조직의 DNA에 주입하여 사람들이 그에 따라 행동하도록 하는 것뿐입니다. 하지만 그런다고 해도 예기치 못한 문제가 생기게 마련입니다. 그럴 때 세상은 결코 관대하게 봐주지 않습니다. 리더가 책임을 져야 합니다. 문제를 일으킨 건 개인이지만 리더는 시스템 전체에 책임이 있고, 관찰하고 점검할 책임이 있고, 그 밖의 모든 것에 책임이 있기 때문입니다.

느리게 돌아가는 조직에서 일하는 것도 물론 어려움이 있겠죠. 그런데 포뮬러 원 팀을 운영한다는 건 0.5초의 차이도 방심할 수 없는 세계에 몸담는 것입니다. 세상이 전부 지켜보는 가운데 성패가 결정되고 리더는 팀을 엄청나게 빠른 속도로 운영해야 합니다. 까딱하면 원심력에 휩쓸려 벽에 처박힐 수도 있는 곡선 주로에서 어떻게든 버티려 애쓰는 것이나 마찬가지죠. 이런 상황에서는 리더가 직면한 도전은 훨씬 더 험난해집니다. 조직의 모든 구성원이 가치관에 확실히 동조하지 않으면 결코 극복할 수 없습니다."

스스로 판단할 수 있는 기준을 제시하라

사명과 가치관, 기준이 명확해야 하는 이유는 기업 내 곳곳의 직원들이 스스로 리더(일일이 상부에 보고하지 않고도 결정을 내릴 수 있는)가 될 수 있도록 자유를 부여할 틀을 만들기 위해서다.

필립 그린은 잉글랜드 북서 지역에 수자원 네트워크를 보유·운영 중인 유나이티드 유틸리티스의 CEO로 최근까지 일했다. 그는 말한다. "리더십은 한 사람으로 이루어지지 않습니다. 규모가 어느 정도 이상인 회사라면 리더십은 수백 명의 사람들로 이루어집니다."

나와 대화를 나눈 리더들은 조직이 번영하려면 리더가 또 다른 리더들을 만들어내야 한다고 거듭 강조했다. 현대의 비즈니스 무대는 많은 점에서 전장과 비슷하다. 가장 활발한 행동을 전개하며 주변 상황을 누구보다 잘 아는 이들은 바로 현장에서 직접 싸우는 부대다. 모든 일이 엄청난 속도로 진행되어 지휘 계통에 따라 일일이 보고하고 명령을 받을 여유가 거의 없다. 따라서 직원들은 전장의 한가운데서 필요한 조치를 스스로 취할 수 있어야 한다. 리더는 그들로 하여금 적절한 결정을 내릴 능력과 스스로 결정을 내릴 수 있다는 마음가짐을 갖게 해야 한다. 사명감과 가치관이 진정으로 스며들었다면 직원들은 위기 때 자신의 마음에 귀를 기울이는 것만으로도 올바른 결정, 즉 고객에게 이롭고, 지역사회에 이롭고, 주주에게 이로운 결정을 내릴 수 있다.

세계적인 보험회사인 아비바 생명의 회장인 샤먼은 오늘날 리더에게 속도가 점점 중요해지고 있다고 말한다. "리더에겐 전처럼 생각할 시간이 많지 않습니다. 따라서 사람들에게 권한을 위임해야 합니다. 비즈니스의 필수 요건이 되었죠. 위임은 명확한 윤리 및 행동 지침이 있을 때만 가능합니다. 이 가치관과 기준의 중요성은 다른 무엇과도 비교할 수 없습니다. 이와 같은 확고한 틀이 갖춰져 있으면 사람들은 어떻게 행동해야 하는지 올바른 결정을 내릴 수 있습니다."

스탠더드차터드는 런던에 본사를 둔 다국적 금융회사다. 머빈 데이비스는 자신이 이 회사를 이끌 수 있었던 것은 조직 문화에 영향을 미칠 확고한 가치관을 불어넣었기 때문이라고 한다.

"세계 75개국에서 일하는 수만 명의 사람들과 어떻게 관계를 형성하고 어떻게 커뮤니케이션하겠습니까? 우선 회사의 가치관, 즉 어떤 문화를 조성할 것인지 정합니다. 그런 다음 그 가치관을 어떻게 지속적으로 사람들에게 알릴 것인지 정합니다. 수많은 회사에서 '영구동토층'을 볼 수 있습니다. 위에서 내려오던 메시지가 끝까지 전해지지 못하고 도중에 가로막힌다는 뜻입니다. 리더는 이 영구동토층을 돌파하여 메시지를 조직 전체에 전해야 합니다. 결국 핵심은 이것입니다. 커뮤니케이션할 청중을 파악하라. 문화와 가치관, 메시지를 제대로 이해하라. 그런 다음에는 커뮤니케이션을 통해 알리고 또 알려라."

사명과 가치관이 조직 내에서
어떻게 작용하는지 보여주는
세 가지 사례

엑스트라타 - 정보가 있는 곳에는 위계 체계가 필요 없다

엑스트라타는 스위스에 본사를 두고, 런던에 공식 주소를 등록한 글로벌 광업회사다. 이 회사는 세계에서 손꼽히는 석탄 생산업체로(또한 세계 최대의 연료탄 수출업체이기도 하다), 아프리카, 아시아, 오스트레일리아, 유럽, 북아메리카, 남아메리카의 19개국에서 영업 중이다. 믹 데이비스는 이 회사의 CEO다.

믹은 엑스트라타가 본사 두 곳에 불과 40명의 직원들만 근무한다는 점에서 대부분의 광업회사들과는 다른 방식으로 운영된다고 생각한다. "우리는 위임된 경영 구조를 취하고 있습니다. 사업 단위 차원에서 높은 수준의 책무와 권한이 주어지죠. 중요한 것은 권한입니다. 우리는 사람들에게 많은 권한을 부여하여 스스로 결정을 내리고 행동하도록 합니다. 이를 위해서 행동 방향에 관한 일련의 원칙을 확립할 필요가 있었습니다. 우리의 가치관에는 조직 내에서 일하는 사람들에 대한 존중, 그들의 안전, 우리가 일하는 지역사회와 자연환경의 건전성이 반영되어 있습니다.

우리는 주주를 위해 최대한의 가치를 이끌어내고자 합니다. 저는 날마다 사람들이 제게 와서 '일하는 방식을 어떻게 개선해야 어제보다 더 많은 가치를 이끌어낼 수 있을까요?' 라고 말해주길 기대합니다. 또 한 가지 예를 들자면 우리는 추진력, 즉 끊임없는 전진의 가치도 중시합니다. 현 상태에 가만히 머물러 있으면 안 됩니다. 추진력이 있는 조직은 행동을 취하고 기회를 잡을 수 있습니다. 이러한 가치관은 매우 단순하지만 모든 이들이 믿고 받아들일 만큼 설득력 있는 제안입니다.

우리는 리더들에게 가치관의 이행 방법을 지시하지 않습니다. 그저 이것이 지켜야 할 기준이라고만 할 뿐이죠. 그러면 그들은 그 가치관에 따라 필요한 조치를 취해야 한다는 사실을 이해합니다. 본사에 그들의 결정을 사후 비판하는 사람은 한 명도 없습니다. 이 시스템이 효과적인 이유는 우리가 그동안 열린 커뮤니케이션을 구축하는 데 중점을 두어왔기 때문입니다. 엑스트라타에는 격식에 얽매이지 않는 강력한 커뮤니케이션 네트워크가 형성되어 있습니다. 위계 체계는 오직 지시를 내려야 할 때만 필요합니다.

만약 당신이 제 밑에서 일을 한다면 저는 당신에게 지시를 내릴 수 있습니다. 당신 역시 부하직원들에게 지시를 내릴 수 있죠. 그러나 제가 당신의 부하직원들에게 지시를 내릴 수는 없습니다. 이 위계 체계는 절대적으로 지켜집니다. 하지만 정보 흐름과 의견 교환에는 위계 체계가 없습니다. 가령 저는 퀸즐랜드에서 광산을 운영하는 밥이라는 동료에게 전화를 걸어 일이 어떻게 되어가는지 물어볼 수 있습니다. 저는 그 친구에게 정보를 요청할 테고 밥의 상사는 제가 밥에게 지시를 내리려는 것이 아님을 알 것입니다. 저는 밥에게도 남아메리카에서 일하는 다른 동료에게 연락하여 저처럼 정보를 구하라고 권할 것입니다. 바람직한 관행을 퍼뜨리기 위해서죠.

우리는 이러한 정보 네트워크를 추구합니다. 이것은 두 가지 효과가 있습니다. 조직 전체의 사람들과 경험을 공유하는 동시에, 개방적이고 정직하며 다른 사람들과 의견을 나누는 문화를 확립할 수 있죠. 높은 수준의 투명성과 결합된 확고한 가치관, 이것이 우리가 성과를 내는 방법입니다."

내셔널 트러스트 – 틀 안에서의 자유

내셔널 트러스트는 잉글랜드, 웨일스, 북아일랜드의 해안, 전원 지대, 건축물을 보호·보전하는 단체다. 이 단체는 역사적으로 중요한 가옥이나 정원, 산업상의 기념물, 유적지 등을 비롯한 다수의 유산을 보유하고 있다. 또한 영국에서 손꼽히는 토지 소유자로서 다수의 명승지를 보유하고 있는데 대부분은 무료로 개방하고 있다. 또한 영국에서 가장 많은 회원을 보유한 단체이며 영국 최대의 자선단체 중 하나다.

국무조정실에서 일했던 데임 피오나 레이놀즈는 2001년 1월부터 내셔널 트러스트의 대표를 맡고 있다.

그녀는 설명한다. "우리의 보전 책무의 규모는 방대합니다. 24억 제곱미터 이상의 전원 지대, 1100킬로미터가 넘는 해안선, 300여 곳의 가옥과 정원 등을 관리해야 하죠. 이들 각 대상은 성격이 서로 다르며, 전문 능력을 갖춘 직원과 헌신적인 자원봉사자의 보살핌을 필요로 합니다. 이들 장소와 자선단체인 내셔널 트러스트 모두 장기적 지속 가능성을 갖춰야 합니다. 재정적·환경적인 면에서, 그리고 최초 기증자 가족, 임차인, 회원, 방문객, 직원, 자원봉사자 등 이들 장소를 사랑하는 사람들과의 확고한 관계를 늘 염두에 두어야 합니다.

각각의 장소는 그곳만의 특별한 정신을 기려야 합니다. 또한 각 장소에서 사람들을 잇는 연결망을 구축해서 발전시켜야 합니다. 여기서 사람들이란 곧 과거에 그곳을 사랑했던 사람이나 미래에 그곳을 사랑할 사람, 인근 주민 및 지역사회, 그 장소를 고향처럼 소중히 여기는 방문객을 뜻합니다. 우리 모두가 공유하는 유산의 규모는 어마어마하지만 그 유산에는 개인적·지역적 성격도 있습니다. 우리 전략의 핵심은 이와 같은 친밀성을 발전시켜 매년 수백만 명의 사람들이 우리가 관리하는 갖가지 장소와 밀접한 관계를 쌓을 수 있게 하는 것입니다.

이를 실현하고자 우리는 '지역 중심주의'라는 새로운 전략을 실행하는 한편, 지나치게 기업적이거나 너무 단조로워지는 것을 피하려 노력하고 있습니다. 그러기 위해 우리는 이른바 '자유의 틀'이란 것을 만들었습니다. 자유의 틀은 우리의 목적과 가치관을 강화하여 조직 전반의 사람들에게 권한을 위임하고 리더십 역할을 가능케 합니다.

지역에 권한을 위임하는 것, 이를 위해 우리는 내셔널 트러스트의 업무를 재구축·재설계하고 있습니다. '틀 안의 자유'는 지역 중심주의의 모토나 다름없습니다. 틀 안의 자유란 지속적으로 가치관을 이야기하고, 모든 이들에게 우리의 목적과 가치관이 무엇인지, 그를 각사가 처한 환경에서 그것을 어떻게 실현해야 하는지를 이해시킨다는 의미입니다. 이 정도 수준의 지역적 권한 위임이 이루어질 때에야 우리는 진정으로 약속을 지키고 계속해서 사람들의 신뢰를 받을 것입니다.

신뢰는 우리 브랜드의 바탕입니다. 직원은 저를 신뢰해야 하고, 우리 브랜드를 신뢰해야 합니다. 외부 사람들은 우리가 약속을 지키리라 믿어야 합니다. 우리에게 방대한 유산을 남겨준 사람들은 우리가 그들의 소망을 완수할 것임을 신뢰해야 합니다. 신뢰는 우리의 핏속에 흐르고 있으며, 우리는 그것을 지키기 위해 열심히 노력합니다. 신뢰는 우리와 좋은 관계를 형성하고, 우리가 어디로 가고자 하는지 알고, 우리와 토론하는 사람들에게서 나옵니다. 그리고 이는 조직 전체의 리더들이 직원은 물론, 방문객과 기증자들을 상대로 해야 하는 일이기도 합니다. 그러려면 리더들은 틀을 이해해야 합니다.

이는 프레젠테이션 같은 일을 할 때 조직을 훨씬 더 혁신적이고 창의적으로 만들어줄 것입니다. 이 틀을 갖춤으로써 이미 우리의 언어는 완전히 달라졌습니다. 사람들이 일을 어떻게 느끼고 있는가? 그들은 자유롭게 일하고 있는가? 스스로 떠올린 야심찬 아이디어로 성공할 수 있다는 자신감을 갖고 있는가? 이것이 우리의 언어죠. 몇몇 고위직 리더가 유산을 좀 더 흥미롭게 만들어보라고 단순히 지시를 내리는 것과는 전혀 다른 방식입니다."

서코 – 어떤 평판을 원하는지 분명히 파악하라

서코는 세계 여러 나라의 중앙정부 및 지방정부에 보건, 교육, 교통, 과학, 방위 등의 공공 서비스를 제공하는 회사다. 서코의 전 회장이었으며 현재는 주택 건설회사 테일러 윔피의 회장인 케빈 비스톤은 수만 명의 직원이 일하는 대기업에서는 직원들에게 바람직한 행동방식을 제시할 필요가 있다고 말한다. 좋은 평판은 성공의 주춧돌이며, 직원들의 처신에 따라 기업의 평판이 달라지기 때문이다.

케빈은 말한다. "리더는 자신이 원하는 평판에 맞게 생활해야 합니다. 그러려면 우선 어떤 평판을 얻기를 바라는지 분명히 알아야 합니다. 사명과 가치관이 그 평판을 얻기에 적합한가? 이 점을 생각해야죠. 리더는 직원들이 고객을 비롯한 외부 세계의 기대를 충족시키려면 어떻게 해야 하는지 깨닫도록 도와야 합니다.

또한 리더는 사명이 무엇인지, 사람들에게 어떤 행동을 기대하는지 명확히 표현하는 데 시간을 할애해야 합니다. 서코에서는 두 가지 방법을 사용했습니다. 하나는 이른바 '지배적 원칙'을 설명하는 것이었습니다. 이는 우리가 직원 모두에게 기대하는 점, 가치관에 부합하는 생활방식을 간결하게 규정한 원칙입니다. 다른 하나는 '서비스에 활기를'이란 표어의 형태로 우리의 사명감을 공개 표명하는 것이었습니다. 우리는 이 표어를 기업 책자, 웹사이트, 기타 모든 마케팅 자료에 사용했습니다.

이것은 우리가 세상에 한 약속이었고, 7만 명 직원의 행동을 안내할 길잡이였습니다. 그들에게 커다란 확신을 심어주는 조치였죠. 조직 내에서 무슨 일을 하든, 지방의회의 요청으로 거리 청소를 하든 아니면 높은 수준의 공학이나 IT 업계에 종사하든 직원들은 고객에게 뛰어난 서비스를 제공해야 한다는 것을 인식했습니다. 그 점이 그들에게 자부심을 심어주었습니다. 고객들이 만족스러운 경험을 했다는 걸 확인하면서 느끼게 된 것이죠."

사람들을 가치관에 동조시켜라

나와 인터뷰한 리더들은 그들의 가치관이 직원들의 가치관과 조화를 이루지 않으면 회사 운영이 불가능할 것이라고 말했다.

B스카이B의 CEO 제레미 대럭은 만약 그의 개인적 가치관이 회사의 가치관과 일치하지 않았다면 결코 회사를 이끌지 못했을 것이라 말한다. "우리는 회사에 입사하는 사람들에게 우리의 문화와 가치관을 알리고 이해시키는 데 많은 시간을 들입니다. 저는 고위 경영진과 몇 차례 이야기를 나누며, 우리 문화에서 동기를 부여받지 못하는 사람이라면 능력과 경험을 갖추었다 해도 우리 회사와 잘 맞지 않을 수 있다고 했습니다. 하지만 가치관을 이해하고 인정하는 사람이라면 회사에 기여할 가능성이 높죠.

제 과제는 우리 스스로 정한 가치관과 기준을 유지하는 것입니다. 모든 이들이 그것을 받아들일 때 조직은 진정한 효율성을 띠기 시작합니다. 커뮤니케이션은 물론 중요하지만 모두가 가치관을 이해하고 있다면 굳이 말을 하지 않고도 많은 업무를 처리할 수 있습니다. 다들 같은 방향으로 나아갈 테니까요.

세계 각지에서 다양한 일을 하는 1만 7000명의 사람들에게 일일이 규칙을 작성해줄 수는 없습니다. 따라서 일단은 커뮤니케이션을 통해 모두가 공유하는 가치관과 기준을 알리고 그에 관해 대화를 나누어야 합니다. 리더는 그 가치관을 활성화하고, 그 가치관이 수익 측면에서 어떤 의미를 갖는지 사람들로 하여금 탐구하게 해야 합니다. 그렇게 한다면 분명 모든 이들이 가치관에 바람직한 방향으로 접근할 것입니다. 가치관은 규칙보다 효과적입니다. 일어날 수 있는 모든 상황에 대해 지침을 제공하는 것도 불가능하거니와, 어려운 상황에 처한 사람들이 적절한 판단을 내리는 데 규정집은 도움이 되지 않으니까요. 가치관과 공통의 목적의식은 사람들을 올바른 길로 이끌 것입니다."

가치관의 가치

인터뷰를 할 때마다 나는 리더들에게 그들 회사의 가치관이 무엇인지 물었다. 리더들 중 일부는 가치관이 대부분의 다른 조직과 같을 수도 있다고 인정했다. 가치관은 기업이 속한 사회의 도덕적 규범과 일치하는 경우가 많기 때문이다.

몇몇 회사는 가치관을 차별화의 수단으로 이용하며 뭔가 독특한 점을 강조하기 위해 각별히 노력해왔다. 다수의 리더들은 사명과 가치관을 회사 브랜드의 일부로 삼고 경쟁력 있는 차별화의 원천으로 활용했다. 또한 가치사슬(value chain: 기업이 원재료를 사서 가공·판매해 부가가치를 창출하는 일련의 과정—옮긴이)의 모든 곳에서 높은 기준을 유지하기 위해 공급업체나 협력업체에도 사명과 가치관을 적용했다.

가치관과 사명의 명확한 표현이 리더의 가장 중요한 직무 중 하나라는 점에는 모든 리더들이 만장일치로 동의했다. 그것은 곧 이사회 및 경영진의 계획에 관한 대화, 설명회나 워크숍에서 의견을 나누며 주고받는 대화, 끝없는 대화가 필요하다는 의미였다.

공동의 사명감과 가치관에 진정으로 활기를 불어넣은 회사는 직원들에게 영감과 능력, 자유를 주고 막대한 가치를 창출했다.

하지만 리더의 마음속에 목적지가 없다면 설득력 있는 사명과 확고한 가치관이 있다 한들 별 의미가 없다. 사명을 성공적으로 성취한다면 어떤 형태의 결과가 나올 것인가? 누가 이득을 얻을 것인가? 모든 이해관계자가 당신이 목적지에 이르도록 관심을 갖고 도와야 할 이유는 무엇인가?

　미래의 성공이 어떤 모습일지 그려내고 그것을 사명 및 가치관과 결합한다면 당신은 훨씬 더 강력한 메시지를 전달할 수 있을 것이다.

▶ 리더들은 재정적 목표의 달성을 요구할 때가 많다. 그들은 이성적이고 객관적인 것에 더 익숙하기 때문이다.

▶ 직원들은 재정적 목표를 비롯한 수치를 달성하기 위해 아침마다 회사에 나오는 것은 아니라고 말한다.

▶ 직원들은 차이를 만들어낼 중요한 일을 한다고 느낄 때 일에 헌신한다.

▶ 정직함, 개방성, 타인에 대한 존중을 바탕으로 하는 확고한 가치관을 가진 리더가 사람들에게 영감을 준다.

▶ 적절한 사명 선언은 영감을 준다. 설득력 있고, 쉽게 이해되고, 기억에 남고, 의미가 분명한 사명 선언을 만드는 데 관심을 기울여라.

▶ 오늘날 기업은 사명의 표현을 통해 선의의 집단임을 보여줘야 한다.

▶ 직원들이 하는 일과 조직 전체의 목표 사이에 존재하는 연관성을 제시함으로써 모든 직원이 이야기의 일부가 되었다는 기분을 느끼게 해야 한다.

▶ 강한 사명감은 조직 곳곳에서 직원들이 스스로 결정을 내리는 데 기여하며, 확고한 가치관과 결합될 경우 그들에게 더 큰 권한과 능력을 부여한다.

▶ 리더는 자신이 표현하는 가치관에 부합하는 행동을 해야 한다.

▶ 투명성이 급격히 높아진 오늘날에는 가치관이 훨씬 더 중요해진다.

▶ 공동의 가치관은 신뢰를 낳고 직원들에게 자유를 주어 리더로 만든다. 그들은 속도와 민첩성, 창의성을 발휘할 수 있는 틀 안에서 행동을 취한다. 그리고 경쟁력 있는 차별화를 이루어낸다.

▶ 직원들이 '고객'을 대하는 태도는 리더의 한마디 말보다도 리더에 관해 더 많은 것을 보여준다.

▶ 가치관이 실질적 영향을 미치는지 평가해야 한다. 가치관에 부합하지 않는 행동을 하는 직원은 조직을 떠나야 한다.

현재를
변화시키는
미래 사용법

"모든 것이 불행하고 침울했습니다. 저는 직원들을 전부 불러 모아 놓고 이렇게 말했습니다. '이건 기회입니다. 우리는 이 기회를 활용하는 데 힘을 집중할 것입니다.' 경영진에게 동기를 부여하는 데는 전혀 문제가 없었습니다. 투자자들의 경우가 더 어려웠죠. 하지만 우린 해냈습니다. 비전의 힘은 많은 것을 가능케 합니다."

▶　미래를 설계하고자 하는 리더는 미래에 관해 이야기하는 데 많은 시간을 들여야 한다.

최근까지 딜로이트의 수석 파트너 겸 CEO였던 존 코널리는 이렇게 말한다. "리더는 미래가 어떤 모습일지, 그것을 어떻게 이룰지 말하고 변화가 필요한 이유를 설명해야 합니다. 그 비전을 이루는 과정에서 각자 어떤 역할을 맡을 것인지 이야기해서 그들 자신이 어떻게 비전

달성에 기여하게 되는지 이해하도록 해야 합니다. 또한 리더가 무엇을 추구하는지, 왜 리더가 하는 일이 중요한지, 성공을 거두면 어떤 이득을 얻게 되는지도 알려야 합니다. 사람은 자기 자신, 자신이 하는 일, 함께 일을 해나가는 방식에 믿음을 가질 때 최선의 결과를 냅니다."

나는 수많은 리더들과 대화를 해본 뒤 그들이 실제로 미래를 '본다'는 결론을 내렸다. 그들은 특별한 아이디어나 목표를 마음속에 그려내고 미래를 상상할 수 있다.

하지만 리더십의 요점은 자신이 현재 있는 곳으로부터 어디로 가고 싶은지 알아내는 데 있다. 이 과정을 완수하려면 회사 안팎에서 많은 커뮤니케이션이 이루어져야 한다. 미래를 결정한 다음에는 되도록 자주, 여러 장소에서 미래에 관해 언급함으로써 다른 사람들도 그것을 당신만큼 분명히 볼 수 있게 해야 한다. 직원들은 미래를 계획하는 진취적 리더를 좋아한다. 미래를 계획하지 못하는 리더는 어쩌면 눈앞의 불을 끄는 데 급급해 내일을 구상하지 못하는 것일 수도 있다.

미래를 생생한 청사진으로 제시하라

데이먼 버피니는 사모펀드계에서 손꼽히는 유명 인사다. 그는 인수합병 회사 페르미라의 회장직을 수행하다가 2010년, 거래에 집중하기 위해 자리에서 물러났다.

데이먼은 페르미라의 투자금을 더 나은 사업에 투입하기 위해 수년간 리더십 팀을 조직하여 꾸려온 경험이 있다. 그의 말에 따르면, 커뮤니케이션이 얼마나 잘되느냐는 비전의 명확성에 달려 있다.

"가고자 하는 방향이나 목표가 분명하지 않으면 커뮤니케이션에 실패할 수밖에 없습니다. 리더가 이루고 싶은 것이 무엇인지, 그것을 위해 각자 맡아야 할 역할이 무엇인지 명확히 전한다면 커뮤니케이션 기술이 부족하더라도 용납될 것입니다. 리더는 팀원들에게 어느 방향으로 나아갈 것인지, 그들이 해야 할 일이 무엇인지, 왜 그 일이 그들과 고객들에게 이로운지 설명해야 합니다.

그러려면 우선 리더 스스로가 무엇을 이루고 싶은지, 그것을 이루려면 어느 정도 기간이 소요되는지 마음속에 명확하게 그리고 있어야 합니다. 사람들에게 기대하는 행동이 무엇인지도 뚜렷해야 합니다. 시간을 들여 비전을 설명하고 폭넓게 공유해야 합니다. 그 이후 리더십의 핵심은 사람들에게 영감을 주는 것입니다. 사람들 각자에게 맞는 방식으로 말이죠."

데이먼이 말했듯, 일단 리더의 구상이 명확해지면 세부사항이 갖춰진 생생한 그림을 그려서 다른 사람들에게 보여주기도 수월해진다. 이 그림은 미래의 모습뿐만 아니라, 사람들이 미래에 어떤 기분을 느낄지, 사람들이 서로 어떤 관계가 될지, 여러 이해관계자들(주주를 포함한 모든 이해관계자)이 어떤 이득을 얻을지 설명해야 한다.

이 그림을 이용함으로써 리더는 동료들이 현 상황을 받아들이도록 돕는 한편, 더 나은 미래 실현이라는 목표에 낙관적 사고와 에너지를 불어넣을 수 있다.

미래로 돌아가라, 몇 번이고 거듭

리더들은 미래를 실현해야 한다는 것에는 확고하되 그 미래를 실현할 방법을 정확히 모르는 경우가 많다. 하지만 그 사실을 밝히길 두려워하지 않는다. 그들은 미래가 실현될 것인지의 여부가 아닌, 어떻게 실현할지를 이야기함으로써 사람들의 마음을 끈다.

이는 매우 중요한 점이다. 방향을 정한 리더는 그것이 올바른 미래인지 아닌지 이야기하기보다는 어떻게 그것을 이룰 것인지 이야기함으로써 사람들을 몰입시킨다.

방향 설정은 리더의 직무지만 그렇다고 해서 세부사항까지 지나치게 자세히 제시하는 것은 바람직하지 않다. 직원들의 창의성을 억누르고 헌신과 노력에 제약을 가하기 때문이다. 리더들은 불가능해 보이는 목표를 설정하고, 조직 내 모든 이의 역량과 잠재력을 최대한 끌어내고, 직원들의 능력에 '도박'을 걸어 기대 이상을 성취하고 싶어 할 때가 있다. 그들은 어떻게든 고무적이고 고귀한 미래를 모든 이의 마음속에 생생히 심어줌으로써 목적을 달성한다.

바버라 카사니는 고플라이의 설립자다. 고플라이는 1990년대 후반 브리티시 항공에서 분리된 저가 항공사로, 2002년에 또 다른 저가 항공사인 이지제트에 매각되었다.

고플라이를 창업하던 시절을 떠올리며 그녀는 이렇게 말했다. "커뮤니케이션을 얼마나 잘하느냐에 따라 성공과 실패가 좌우될 상황을 여러 번 겪었습니다. 우리가 항공사를 세운다는 건 몽상에 가까웠어요. 지금 그때를 돌이켜보면 '와, 세상에, 우리가 어떻게 저걸 했을까?' 하는 생각이 들어요. 좋은 사람들이 있다는 것, 항공사 설립이라는 불가능해 보이는 아이디어를 성공시키기 위해 무엇을 해야 하는지 그들이 분명히 이해할 수 있는 환경을 조성한 것, 저는 이 점이 성공 요인이었다고 믿습니다.

명확한 비전은 큰 힘을 발휘했습니다. 우리는 성공을 보고, 느끼고, 맛볼 수 있었죠. 우리는 미래를 명확히 그렸고 마음속으로 끊임없이 떠올렸습니다. 목적지를 향해 나아가는 과정을 지속적으로 확인하며 피드백을 얻고, 올바른 궤도를 유지하려면 어떤 변화가 필요한지 파악할 수 있었습니다. 개방적이고 정직한 커뮤니케이션을 통해 우리는 좋은 일과 나쁜 일을 함께 겪었고 위기를 극복했습니다.

저는 목적지를 향해가는 여정에서 회사 사람들과 대화를 나누고 그들을 몰입시키는 것이 대단히 중요하다는 사실을 깨달았습니다. 접수 담당자든, 고위 경영진이든 한 사람 한 사람이 항공사가 성공을 거두는 데 중요한 역할을 했다고 믿습니다. 10년이 지난 지금도 그들과 연락을 주고받고 있습니다. 그만큼 특별한 경험을 함께했기 때문이죠. 이것이 바로 모두가 미래를 명확히 이해하고 열정을 느끼며 불가능해 보이는 목적을 성취하고자 노력할 때 생겨나는 결과입니다."

제임스 호건은 에티하드 항공의 CEO다. 에티하드 항공은 아랍에미리트연합의 수도인 아부다비를 중심 기지로 삼고 매주 45개국 67개 노선을 두어 거의 1100편에 달하는 항공편을 운항하고 있다. 제임스는 지난 4년간 이 항공사의 급속한 성장을 지휘하며 33개의 노선과 35대의 항공기를 추가했고, 연간 승객 수를 270만 명에서 720만 명으로 늘렸다.

"4년 전 우리의 비전은 에티하드 항공이 취항한 세계 전 지역에서 최고의 항공사가 되는 것이었습니다. 당시에는 허황된 생각 같았지만 이미 그 비전이 실현되고 있습니다. 우리가 경쟁하기로 결정한 지역에서 최고 수준에 올랐다는 이야기죠. 규모를 더 키운다거나 모든 사람을 다 만족시키겠다는 뜻은 아닙니다. 다만 사람들이 우리를 최고의 항공사로 인정할 것이라는 의미입니다.

순위도 이미 상승 중입니다. 2006년, 우리는 세계에서 52번째였으나 작년에는 6위에 올라섰습니다. 우리에게 최고란 안전과 서비스 면에서의 최고를 뜻합니다. 결국 우리의 비전은 '최고가 되는 것'이며, 우리의 가치관에는 안전하고, 서비스 지향적이며, 승객을 존중해야 한다는 내용이 담겨 있습니다.

다양한 국적의 사람들을 고용하고 다양한 국가에서 활동하는 항공사로서 상호 존중은 매우 중요합니다. 그래서 저는 모든 사람들에게 반드시 발언권을 줍니다. 우리 직원들은 저마다 다양한 배경과 문화에 속해 있습니다. 저는 그들 모두에게 우리 사명을 이해시키기 위해, 또 제가 그들의 문제를 이해하기 위해 많은 시간을 들여 노력합니다.

우리가 비전을 달성하려면 모든 직원에게 최고가 되겠다는 열정이 있어야 합니다. 사람들에게 확신과 능력을 부여하는 것은 바로 이 열정입니다. 제가 67개 도시 전부에 존재할 수는 없습니다. 따라서 저는 리더로서 고위 간부부터 말단 직원에 이르기까지 회사 내의 모든 이들에게 목표를 이룰 수 있다는 믿음을 심어줘야 합니다."

사람들을 미래 실현에
지속적으로 몰입시켜라

리더는 상황 전개에 따라 미래를 보는 시각을 바꾸어야 할 때가 있다.

러브필름의 CEO인 사이먼 캘버는 말한다. "처음 회사를 시작할 당시에는, 그러니까 사무실 하나에 직원 몇 명이 전부였을 때는 비전을 전하기도 쉬웠습니다. 하지만 6개 장소에서 500명 가까운 직원이 일할 정도로 회사가 성장하자 직원들을 공통된 비전에 몰입시키기가 훨씬 어려워졌습니다. 그렇더라도 리더가 조직의 사명과 사람들에 대한 기대를 명확히 밝히는 것을 소홀히 해서는 안 됩니다. 리더가 기대를 분명히 밝히고 나면 그것을 점검하고 성과를 관리하기도 한층 수월해집니다.

리더에게는 세 가지 과제가 있습니다. 첫째, 리더가 제대로 된 전략을 구사하고 있는가? 둘째, 그 전략을 바르게 실행하고 있는가? 즉 성실하게 신뢰를 쌓으며 고객, 지역, 환경을 염두에 두고 행동하고 있는가? 마지막으로, 다른 사람들과 함께 가고 있는가? 저는 이 세 번째 직무야말로 리더의 성패를 좌우한다고 생각합니다.

결국 비전이야말로 사람들에게 숨어 있는 창의성과 잠재력을 이끌어내는 시스템과 문화를 조성할 수 있으며, 그들은 이 과정을 통해 비전에 대한 영감을 얻습니다.

하지만 비전은 변할 수도 있습니다. 그러면 전략, 전술도 달라지죠. 리더는 상황에 따라 비전을 발전시키되 사람들과 계속 대화를 나누며 그들이 여전히 몰입하고 있는지 확인해야 합니다. 우리 회사의 경우,

초창기에는 블록버스터(비디오 대여점 체인) 같은 업체들과 경쟁했습니다. 그런데 지금은 텔레비전 방송국, 온라인 동영상 및 게임 대여 업체, 나아가 케이블 방송이나 위성 방송 회사와도 경쟁해야 합니다.

그동안 우리의 목표는 사람들에게 더욱 다양한 영화를 다양한 방식으로 감상하게 하는 것이었습니다. 우리는 영화를 사랑하니까요. 그 결과 우리는 사람들이 즐기는 여가 생활의 일부가 되었습니다. 이제 우리의 목표는 가정에서 즐길 수 있는 더 나은 즐거움을 제공하는 것입니다. 우리 직원들은 우리가 끊임없이 업계를 새롭게 규정해왔다는 사실에 흥분을 느끼고 있으며, 이는 그들에게 강력한 동기를 부여합니다."

모든 이해관계자가 포함되어야 한다

유니레버의 글로벌 CEO 폴 폴먼은 말한다. "기업은 주주에 대한 책임뿐만 아니라 그보다 훨씬 더 크고 광범위한 책임을 가지고 있습니다. 장기적인 성공을 원한다면 먼저 소비자와 직원에게, 넓게는 사회에 이로운 일을 해야 합니다. 그 일을 잘해낸다면 주주에게도 마땅히 보상이 돌아갈 것입니다.

오랫동안 우리는 너무 근시안적 시각을 취해왔습니다. 최근 강연을 준비하면서 저는 영국 FTSE 100대 기업의 주식을 주주들이 얼마나 오랜 기간 동안 보유하는지 살펴봤습니다. 1960년에는 평균 20년이었더군요. 1980년에는 10년이었습니다. 1990년대 들어서는 5년으로 떨어졌고 현재는 6개월 미만입니다. 이는 주주의 이익이 반드시 그들이 투자한 회사의 장기적 이익과 일치하는 것은 아니라는 사실을 보여줍니다.

유니레버의 '지속 가능한 삶' 계획은 10개년 계획입니다. 미래에 대한 비전은 장기적이어야 하며 우선은 이해관계자들에게 이익을, 그 다음으로 주주에게 이익을 전하는 데 초점을 맞춰야 한다는 게 제 신념입니다. 후자는 순전히 전자의 성공에 따라 그 실현 여부가 결정됩니다. 즉 먼저 고객과 직원, 회사가 속한 지역사회에 이익을 제공하는 데 성공해야 주주에게도 이익을 줄 수 있습니다."

사명, 가치관, 비전, 목적을 어떻게 하나로 결합하는가
: 네 가지 사례

리더는 미래를 언급할 때 매우 구체적으로 말한다. 원하는 바가 무엇인지 명확히 안다. 사람들에게 원하는 행동방식이 무엇인지, 어떤 문화를 원하는지 안다. 직원들을 이야기의 일부로 만듦으로써 그들의 창의성과 헌신을 이끌어내려 노력한다. 사명을 실현하기 위한 구체적 목표를 5년에서 10년 정도 내다보며 설정하는 한편, 한 해 한 해의 계획을 세운다. 그들은 모든 구성원들에게 목표를 인식시키며 이를 달성하기 위해 무엇을 해야 하는지 알린다. 또한 직원부터 고객, 주주에 이르기까지 모든 핵심 관계자들과 관련된 목표를 수립하고, 그 진행 과정을 평가하고, 다양한 측면에서 어떤 일이 일어나는지 파악하여 지속적으로 바로잡고 개선한다.

내가 만난 리더들은 핵심 관계가 장차 어떤 모습이 될지 사람들에게 상상해보도록 한다고 했다. 그들은 주변 사람들이 앞으로 취할 행동 및 상호작용에 관해 이야기하곤 했다. 관계가 곧 성공의 엔진임을 알기 때문이다. 관계의 핵심은 감정이기 때문에 커뮤니케이션에 능한 리더는 이 점을 포착하여 핵심 관계자들로부터 정서적 동의를 얻어낸다.

그들은 직원 한 명 한 명의 행동이 계획상의 수치와 목표의 성공적 달성을 이어주는 연결고리임을 안다. 행동이 달라지지 않으면 아무런 변화도 일어날 수 없다. 따라서 리더는 그들에게 달라져야 할 이유와, 계획이 달성될 때 얻는 이득이 무엇인지 제시해야 한다. 이익에 관한 이 메시지는 고객이 더 많은 제품을 구매하고, 직원들이 더 현명하게 일하고, 정부가 성공에 유리한 환경을 조성하고, 주주와 금융업자가 투자를 늘리고, 지역사회가 지지를 보낼 만큼 설득력이 있어야 한다. 이런 맥락에서 커뮤니케이션은 '정보를 얻기 위한', 혹은 '하면 좋은' 정도의 일이 아니다. 계획 실현에 필요한 행동을 이끌어내는 데 반드시 필요한 요소다.

다음은 이러한 요건을 모두 충족한, 미래에 관한 흠잡을 데 없는 이야기를 성공적으로 전한 리더들의 사례다.

맥라렌 – 명확성의 힘

맥라렌 오토모티브와 맥라렌 그룹의 회장 론 데니스는 "세계 최고의 스포츠카를 만든다"는 자신의 비전에 대해 설명했다. 나는 그의 헌신, 열정, 명확성에 매료되었다.

"저는 새로운 제품을 개발할 기회가 왔다고 판단했습니다. 세계 최고의 스포츠카 자리를 노리는 그런 제품 말이죠. 사람들은 이렇게 말하더군요. 이 불경기에 페라리와 경쟁을 벌이고, 공장을 짓고, 기울어

가는 시장에서 스포츠카를 개발하다니 참 용감하다고요. 저는 이렇게 대답하고 싶습니다. 우선, 저는 이 공장을 3년 전에 비해 30퍼센트, 향후 3년간에 비해 40퍼센트 저렴한 비용으로 짓고 있습니다. 그러니 꽤 현명한 일을 하고 있는 것 아닌가요?

두 번째, 스포츠카를 출시하려는 시장의 침체된 부분, 즉 가격 경쟁력만 볼 것이 아니라 다른 측면도 감안해야 한다고 생각했습니다. 저는 5개 회사가 제품군이 거의 바닥난 것을 확인했습니다. 하지만 그들은 자금이 부족해서 신차를 계속 개발할 여력이 없었죠. 따라서 맥라렌은 다른 회사들이 구형 스포츠카를 판매할 때 신제품을 내놓는 셈이었습니다. 당시 우리의 주된 경쟁자는 곧 시장에 출시될 458페라리였습니다. 우리는 458의 성능이 어느 정도일지 추측해야 했습니다. 확실한 건 우리보다 앞서 개발하기 시작한 그들의 제품이 먼저 시판된다는 사실뿐이었으니까요. 우리는 그 차의 성능이 얼마나 뛰어날지 몰랐죠. 그래서 더 나은 뭔가를 만들어야 했지만 무엇을 목표로 삼아야 할지도 알 수 없는 상황이었습니다.

결국 우리는 자동차의 성능, 초기 주문, 자금 조달, 첫 번째 제품이 완성되는 날짜 등에 관해 목표를 세웠습니다. 우리의 비전은 아주 분명하고 정확한 방향을 가리키고 있었습니다. 그런데 그때 불황이 닥쳤죠. 모든 것이 불행하고 침울했습니다. 저는 직원들을 전부 불러 모아놓고 이렇게 말했습니다. '이건 기회입니다. 우리는 이 기회를 활용하는 데 힘을 집중할 것입니다.' 경영진에게 동기를 부여하는 데는 전혀 문제가 없었습니다. 투자자들의 경우가 더 어려웠죠. 하지만 우린 해냈습니다.

비전의 힘은 많은 것을 가능케 합니다. 우리는 자금을 모았습니다. 저는 언제나처럼 제품이 처음으로 출하되는 시기를 노렸습니다. 새 차에 대한 반응은 아주 좋았습니다. 우리는 이미 한 해 생산량을 다 팔았습니다.

이것은 우리 스스로 세운 이정표였고, 지금까지 우리는 그것을 전부 이루어냈습니다. 불과 4년 만에 말입니다. 사람들은 제게 어떻게 해냈냐고 묻습니다. 어떻게 해냈을까요?

우리에겐 설득력 있는 비전과 분명한 이정표가 있었습니다. 모든 직원들이 자신의 역할을 알고 의욕에 차 있었습니다. 그리고 우리에겐 기한을 반드시 엄수하는 문화가 있습니다. 그게 없었다면 포뮬러 원에서 버티지 못했을 것입니다. 간단한 이야기죠.”

바클레이즈 글로벌 소매금융 – 미래의 이해관계자들 모두를 염두에 둬라

바클레이즈는 소매금융을 핵심 사업으로 하는 국제 금융 서비스 회사다. 이 회사의 CEO 앤터니 젠킨스는 말한다. “리더에게 사명감과 도덕적 잣대는 굉장히 중요합니다. 바클레이즈는 300년도 더 전에 20개의 퀘이커 가문에 의해 설립되었습니다. 제가 알기로 그들은 무척 냉철한 사업가였지만 폭넓은 사명감을 갖고 있었습니다.

리더에게는 그 점이 정말 중요합니다. 저는 리더가 모든 이해관계자를 위해 회사를 경영하고, 그들에게 단기적·장기적으로 최대한의 이익을 가져다줘야 한다고 주장하는 사람입니다.

우리 회사의 글로벌 소매금융 부문을 특징짓는 두 가지 중요한 개념이 있습니다. 하나는 우리의 사명입니다. 고객을 중심으로 하는 ‘더욱 편안해진 삶' 이 바로 그것이죠. 사명은 조직 내에서 긍정적 변화를 유도하는 강력한 촉매제가 됩니다. 사람들의 삶에서 은행이 차지하는 역할에 대해 생각하고 이야기하게 해주거든요. 우리는 고객의 일을 돕는 것이 은행의 역할이며, 고객이 더 편안하게 느끼는 방식으로 그 역할을 수행한다면 고객의 삶이 지금보다 나아질 것이고, 그들은 더 많은 거래로 우리에게 보답하리라 생각합니다.

두 번째 개념은 균형감각과 관련된 것으로, 우리는 이것을 4C라 부릅니다. 회사(company), 고객(customer), 시민정신(citizenship), 동료(colleagues)를 뜻하죠. 우리는 균형 성과 평가제(balanced scorecard: 조직의 비전과 전략 목표 실현을 위해 재무, 고객, 내부 프로세스, 학습과 성장 관점에서 성과 지표를 도출하여 성과를 관리하는 시스템— 옮긴이)를 운영하며 각각의 범주마다 목표를 설정해두고 있습니다. 올해 전략 작업을 실시한 결과, 2015년까지 그 목표들을 달성하기로 결정했습니다. 우리는 2015년에 성공이 어떤 형태로 나타날지 스스로에게 질문해본 뒤, 그것을 이루기 위해 올해 해야 할 일들을 정했습니다.

우리는 각각의 C범주에서 모두 성공을 거두어야 합니다. 따라서 재정 실적이 좋아도 고객 만족도나 직원 의견 조사 결과가 부진하다면 성공이라고 보기 어렵습니다.

지역사회에 기여하는 것 또한 장기적 성공을 거두고 선의의 집단으로 인식되는 데 중요한 역할을 합니다. 그래서 저는 회사의 성과를 평가할 때 4개의 영역에서 성과를 측정합니다.

우리 업계가 다시 신뢰를 회복하려면 거대한 산을 넘어야 한다는 점은 의심할 여지가 없습니다. 더구나 우리는 경제적인 면에서나 규제적인 면에서나 험난한 환경에서 그 일을 해야 합니다. 지금은 과거 어느 때보다 리더의 역할, 커뮤니케이션, 도덕적 잣대가 중요한 시대입니다."

G4S – 비즈니스 계획 속에 가치관을 확실히 담아라

G4S는 세계 최대의 보안회사로, 110여 개국에서 영업 중이며 직원 수는 62만 5000명이 넘는다. CEO인 닉 버클스는 이렇게 말한다. "우리는 G4S의 목적이 고객의 세계를 안전하게 지키는 것임을 명확히 밝힙니다. 사람들이 안전하다고 느끼고 안심하지 않는 한 성장도 불가능하다는 것이 우리의 신념입니다. 우리가 하는 일은 전 세계 정부 및 기업의 성공에 꼭 필요한 토대가 됩니다. 이 세상에 영향을 미칠 진정으로 중요한 사명이 있다면 조직에 활기를 불어넣을 수 있습니다.

해야 할 일을 날마다 상기시키고, 직원들 하나하나가 중요한 일을 하고 있다고 느끼게 해주면 사람들은 자부심을 가집니다. 자기 일에 자부심을 느끼면 성과에서 차이가 나타납니다. 그렇지 않을 경우 직원들은 이런 식으로 말할 것입니다. '나는 유니폼을 입고 접수처에 앉아 들어오는 사람들에게 미소를 짓기만 하면 돼.' 이것은 모든 사람들에게 안전하고 안심할 수 있는 환경을 제공하는 데 기여하겠다는 마음가짐과는 크게 다릅니다. 자신이 사회와 세상에 의미 있는 일을 하고 있다고 느낄 때 사람들은 영감을 얻게 됩니다.

직원들이 자기 일에 대해 느끼는 자부심과 회사의 수익성 사이에는 밀접한 연관이 있습니다. 일할 때 사람들이 느끼는 기분, 그들이 회사에 나오는 이유 등은 결코 가벼이 볼 문제가 아닙니다. 실제로는 강력한 영향을 미치기 때문입니다.

가치관 역시 결정적 역할을 합니다. 예컨대 우리 가치관에는 팀워크와 협력, 성실성이 포함되어 있습니다. 성실성은 우리가 일하는 여러 장소에서 무척 중요합니다. 또 우리가 동료로서, 공급자로서 협력하지 않았다면 결코 고객에게 좋은 서비스를 제공할 수 없었을 것입니다.

리더는 이러한 영역에 집중하고 사명과 가치관을 알리는 데 시간과 노력을 들여 헌신해야 합니다. 이들 영역은 눈에 보이지 않지만 매우 가시적인 결과를 가져옵니다. 회사의 가치관 수립은 모든 사람이 참여하는 집단적 노력을 통해 이루어집니다.

우리는 전략적 계획을 세울 때 회사의 가치관을 바탕으로 모든 행동과 목표를 정했습니다. 가치관을 지킬 진정한 추진력을 얻기 위해서였죠. 비즈니스 계획 역시 가치관에 입각해서 수립함으로써 사람들이 가치관과 조화를 이룬 상태에서 회사의 목표를 달성하도록 했습니다. 또한 '우리의 가치관이 의미하는 바가 뭐죠?'라고 묻는 사람들이 생기지 않게끔 가치관에 기초한 가시적 목표들도 세웠습니다."

노섬브리안 워터 그룹 – 모든 이들에게 가치관을 이야기하라
하이디 모트람은 노섬브리안 워터 그룹의 CEO다. 이 회사는 잉글랜드 북동부와 에식스 주, 서퍽 주에서 활동하며 450만 고객에게 서비스를 제공한다. 직원 수는 3000명이다. "이 회사에서 새 역할을 맡은 후 저는 모든 직원과 대화를 나누며 이곳이 어떤 유형의 회사인지, 이 회사가 추구하는 바는 무엇인지 물었어요. 사람들이 우리 회사에 대해 어떻게 말하는지, 고객들로부터 어떤 말을 듣고 싶은지도요.

직원들은 윤리적이고 협력적이며 고객에 초점을 맞춘, 성과 중심적인 회사가 되어야 한다고 했습니다. 이 가치관을 지키는 것은 매우 중요한 일이었습니다. 조직 내의 사람들이 동의하는 것이었으니까요. 이어서 우리는 회사를 올바른 방향으로 나아가게 해줄 몇몇 가치를 도입하는 문제도 고려해야 했습니다. 이러한 일이 완료되고 나자 우리가 회사의 가치관을 진지하게 대한다는 사실을 보여줄 방법이 매우 중요해졌습니다. 중간 관리자들에게 가치관은 어떤 의미인가? 이사회에는 어떤 의미인가? 내게는 어떤 의미인가? 이 가치관에 따라 살려면 무엇을 하고 무엇을 하지 말아야 하는가?

우리는 이러한 기준을 확립해서 지위에 따라 해야 할 일을 모두가 이해하도록 했습니다. 무엇을 하고 무엇을 하지 말아야 할지 누구나 확인할 수 있게 된 거죠. 우리의 가치관은 '환경 파괴 없이 지속 가능한 물 서비스 및 폐수 처리 서비스를 제공하는 전국 최고의 기업이 되자'라는 사명 선언과 함께 작용합니다.

이 사명에 활기를 불어넣기 위해 우리는 계획에 다섯 가지 핵심 사항을 정해두었습니다. 첫째는 고객과 관련이 있습니다. 최고의 회사가 되는 것은 고객의 눈에 어떻게 비칠 것인가? 둘째, 환경에는 어떤 영향을 미치는가? 셋째, 경쟁력과 효율성의 관점에서는 어떤가? 넷째, 직원들 및 근무 측면에서는 어떤가? 다섯째, 회사가 속한 지역사회의 관점에서는 어떤가? 그렇다면 이 각각의 사항에서 리더가 이룬 성과는 어떻게 평가해야 할까요?

우리는 리더십 팀과 논의한 끝에 3000명의 직원들과 협력하여 평가를 실시했습니다. 총 51번의 순회 설명회를 통해 모든 직원을 만났지요. '자, 보세요. 우리는 이렇게 생각하고 있습니다' 하고 그들에게 말을 걸었죠. 그런 다음에는 바로 회의에 들어가서 우리 생각에 동의하는지, 아니면 틀렸다고 생각하는지, 어느 점에서 개선이 필요한지 물었습니다. 그 결과 엄청난 양의 피드백이 쏟아졌죠. 우리가 한 일을 한마디로 말하자면 회사가 나아가는 방향에 대한 신임투표였습니다. 직원들에게 큰 권한을 부여한 행사였죠."

고객 경험을 되살려 활용하라

리더는 더 나은 미래를 설계하기 위해 고객을 활용한다. 영리 조직에 속해 있든 자선단체에 속해 있든 우리 모두에게는 고객이 있다. 만약 지원 부서에서 일한다면 조직 내부에도 고객이 있는 셈이다. 고객은 우리가 서비스를 제공하는 사람들이다. 우리는 고객의 신뢰를 얻어야 하며, 그 신뢰를 유지해야 고객을 잃지 않는다.

영감을 주는 리더는 고객의 시각과 경험을 지속적으로 이야기함으로써 회사 내의 모든 사람들이 고객을 진정으로 이해하게 한다. 진정한 이해와 변화는 직원들이 고객의 입장을 마음으로 '느낄' 때에만 가능하다. 리더들이 외부 경험을 회사 내부로 가져오는 데 점점 더 치중하는 이유가 바로 여기에 있다. 다음 장에서는 이에 대해 살펴보겠다.

▶ 생생한 성공의 그림을 그려라.

▶ 이성적 관점(수치)과 감정적 관점(성공 경험이 관계자들에게 어떤 느낌을 주는가) 양쪽에서 미래를 설명하라.

▶ 이성과 감정을 결합하는 것이 사람들에게 영감을 주는 열쇠다.

▶ 또한 미래는 조직의 성과에 따라 사람들에게 어떤 이득이 돌아가는지 수익적 관점에서 표현되어야 한다. 그 사람들이란 곧 고객, 주주, 지역사회, 공급업체, 파트너, 직원 등을 가리킨다.

▶ 리더가 제시하는 비전은 모두를 위한 지속 가능한 성공을 표현해야 한다.

▶ 리더는 미래를 설명해야 할 뿐만 아니라 변화가 필요한 이유를 납득시키고 자신이 이끄는 회사에 희망과 낙관적 사고를 심어주어야 한다.

▶ 리더는 핵심 이해관계자와 회사 간의 관계에서 필요한 것이 무엇인지 직원들에게 이해시켜야 한다.

▶ 비전(성공이 어떤 형태, 어떤 느낌으로 다가올 것인가)과 사명(우리는 지금 무엇을 해야 하는가), 가치관(그 일을 어떤 방식으로 해야 하는가)이 결합될 때 미래 그림이 완성된다.

chapter 7

내부를
변화시키는
외부 사용법

"리더는 하루 24시간, 항상 촉수를 뻗어 그것이 말 그대로 늘 흔들리도록 해야 합니다. 가령 데이비드 베컴이 어젯밤 로스앤젤레스의 파티장에 흰색 나비넥타이 차림으로 나왔다면 막스 앤드 스펜서의 고객들은 흰색 나비넥타이가 얼른 매장에 준비되길 바랄 것입니다."

▶   《옥스퍼드 사전》에서는 리스크를 '위험 또는 손실에 노출된 상황'이라고 정의하고 있다. 평판은 이렇게 정의되어 있다. '어떤 사람 혹은 어떤 사물에 대해 대부분의 사람들이 품고 있는 믿음이나 의견.'

어떤 기업에 대해 대부분의 사람들이 품고 있는 믿음은 수천수만 가지의 행동이 낳은 결과다. 즉 기업이 오랜 세월에 걸쳐 해온 긍정적인 일들, 기업에 대해 그 기업 스스로가 하는 말과 다른 이들이 하는 말 등이 일반적 믿음을 형성하는 것이다. 이는 우리 모두가 아는 사실이다. 기업이 날마다 비즈니스를 하며 수백만의 사람들과 상호작용하는 과정 속에는 위험이나 손실에 노출될 수도 있다는 리스크가 존재한다.

좋은 평판은 재정적 가치가 높은 무형자산이다. 그 가치가 워낙 높다 보니 내가 인터뷰한 리더들은 평판의 손실을 그 무엇보다 중대한 리스크로 여겼다. 그들은 이 리스크를 언제나 염두에 두고 있다. 리더들이 확고한 가치관을 가진 문화, 즉 직원들이 당혹스런 상황에서도 올바른 행동을 하는 문화를 조성해야 한다고 생각하는 이유도 여기에 있다. 또한 직원들에게 끊임없이 가치관을 알려야 한다고 강조하며 그러한 커뮤니케이션을 중요한 직무로 꼽는 이유도 이 때문이다.

그들은 직원이 '잘못된 일을 해서' 위기가 터졌을 때 발생할 수 있는 평판 손실을 우려한다. 리더스 퀘스트의 공동 설립자 필스 위커-미우린은 이렇게 말한다. "위기가 닥치면 리더가 위기 이전에 자신의 직무를 얼마나 잘 수행했는지, 그러니까 조직에 올바른 문화와 행동을 얼마나 잘 불어넣었는지 드러납니다."

오늘날 대다수 리더는 신뢰를 대차대조표상의 숨겨진, 경우에 따라 수십억 파운드의 가치를 발휘할 수도 있는 자산으로 간주한다. 영국 산업연맹의 사무총장을 지낸 리처드 램버트는 금융 위기 이후 영국 각지의 사업가들과 이야기를 나눴다고 한다. 그는 그들이 평판과 신뢰를 과거보다 훨씬 더 중요하게 여기고 있음을 발견했다. "우리는 투명한 시대에 살고 있습니다. 따라서 리더들은 비즈니스상의 결정을 내릴 때마다 그것이 〈선데이 타임스〉의 시험을 통과할 수 있을지 스스로에게 물어봐야 합니다. 우리가 신뢰를 되찾으려면 단지 법만 잘 지킬 것이 아니라 더 적극적으로 거울을 들여다보며 양심을 따라야 합니다."

막스 앤드 스펜서의 전 회장 스튜어트 로즈는 이렇게 강조한다. "평판과 신뢰 구축은 비즈니스 리더의 본업입니다. 따라서 커뮤니케이션 또한 리더의 본업이 되죠."

최근까지 딜로이트의 시니어 파트너 겸 CEO였던 존 코널리는 말한다. "리더들은 언제나 자기 자신과 조직의 평판에 중점을 두었습니다. 불행한 점은, 지금의 환경에서는 리더들의 평판이 너무 쉽게, 때로는 불공평하게 손상될 수 있다는 것입니다. 더구나 평판에 일단 흠이 생긴 뒤에는 영영 회복되지 않는 경우도 있습니다. 단 한 번의 사소한 실수로도 그동안 쌓아온 좋은 평판이 전부 사라져 조직을 운영하기가 쉽지 않습니다. 그 때문에 리더들은 리스크에 더욱 예민해졌을 뿐만 아니라 리스크를 꺼리는 경향까지 띠게 되었습니다. 리스크를 감수하고 과감한 혁신을 추진하는 것도 리더십의 일부임을 감안하면 이러한 경향은 발전을 위축시키거나 아예 중단시키는 결과를 낳을 수도 있습니다."

사라 호그는 2010년 5월, 재무보고평의회 의장직을 맡았다. 재무보고평의회는 기업지배구조 및 회계 · 보험 직종 종사자들을 관리하고 재무보고와 회계감사를 담당하며 각종 기준을 설정하는 규제 기관이다. 사라 호그는 또한 BG그룹의 선임 사외이사, 재무성 외부 감독 책임자, 존 루이스 파트너십의 이사, 테이크오버 패널의 일원, 영국 재정청의 수석 고문, 영국 총리의 비즈니스 대사 네트워크의 일원이기도 하다.

그녀는 이렇게 말한다. "브랜드는 고객의 마음속에 존재하는데도 브랜드가 자신의 통제하에 있다고 생각하는 리더들이 많습니다. 내부 브랜드와 외부 브랜드 사이에는 차이가 있습니다. 이 점이 언제나 어렵죠. 다른 사람들이 외부에서 회사를 바라보는 시각과 회사의 내부 브랜드가 일치하지 않으면 진정성이 부족한 것입니다. 그 간극을 메우는 일은 매우 중요합니다."

'경영 면허' 상실

리더들은 신뢰의 중요성을 안다. 특히 위기 때는 신뢰가 무엇보다 중요하다. 나와 대화를 나눈 CEO의 과반수는 내가 이야기를 꺼내기도 전에 멕시코만 원유 유출 위기로 BP의 CEO직을 사임한 토니 헤이워드의 사례를 언급했다. 그들은 회사를 경영할 권한과 신뢰가 하루아침에 무너질 수 있음을 보여주는 대표적 사례로 이 사건을 거론했다(14장 참고).

그들이 들려준 이야기의 요점은, 결국 미래는 그들의 성공을 좌우하는 사람들과 얼마나 견고한 관계를 형성하느냐에 달려 있다는 것이었다. 이 관계는 매우 소중하지만 점점 더 손상되기가 쉬워지고 있다. 왜냐하면 정부와 대기업이 쥐고 있던 권력이 거리로 쏟아져 나오며 관계의 변화가 일어났기 때문이다. 이제 사람들은 예전처럼 얌전하지 않으며 적극적으로 나서서 더 많은 것을 요구하고 있다.

이러한 변화는 어디에서 기인했을까? 사람들은 전보다 훨씬 쉽게 정보를 얻는다. 서로 연락을 취하기도 한층 수월해졌다. 이는 그들에게 다양한 선택권이 생겼다는 의미다. 그들은 점점 더 영리해지고 있다. 영리할 뿐만 아니라 기업이 대응하기에 벅찰 만큼 빠르기도 하다. 그들은 제품이나 서비스 못지않게 신뢰를 중요시한다. 또한 리더가 취하는 모든 행동과 발언을 놓고 옳고 그름을 판결한다.

이 사람들은 이른바 '여론 법정'을 대표한다. 여론 법정에서는 판결이 매우 빠르게, 가차 없이 내려진다. 그들의 눈과 귀에 뭔가 마음에 들지 않는 점이 감지되었다면, 그래서 회사 혹은 브랜드에 대한 신뢰를 잃었다면 그들은 주저 없이 기존 관계에서 떠나 다른 회사와 관계를 맺는다.

관계라는
무형자산을 관리하라

결국 최악의 리스크는 평판의 손실 자체가 아닌 나쁜 평판이 야기하는 결과, 즉 관계의 파괴에 있다. 따라서 평판 관리란 사실상 '관계'라는 무형자산과 관련된 리스크를 관리하는 것이라 할 수 있다. 회사의 미래를 좌우하는 것이 바로 관계이기 때문이다.

나와 인터뷰한 리더들은 정기적으로 외부 이해관계자의 시각을 반드시 조직 내부에 알린다고 했다. 이는 무엇을 해야 할지에 더욱 집중하는 데 도움이 되며 직원들과 문제 해결 방법에 관한 대화를 나누는 계기가 된다. 그들은 브랜드에 대한 외부 인식과 내부 인식 사이의 격차를 메우는 데 초점을 맞췄다.

브리티시 가스의 상무이사 필 벤틀리가 이 과제를 어떻게 해결했는지는 앞서 2장에서 살펴보았다. 그는 조직 외부 사람들의 의견을 민감하게 살필 수 있는 시스템을 수립하여 즉각적으로 반응했다. 소비자의 신뢰와 지지를 얻기 위해 적극적으로 그들과 대화했다.

영국무역산업부는 2001년에 〈무형자산에서의 가치 창출〉이라는 제목의 보고서를 발표했다. 상당한 시간이 흘렀지만 지금도 충분히 읽어볼 가치가 있는 보고서다. 이 보고서는 개괄적 질문으로부터 결론을 이끌어낸다. "대차대조표에 나타나진 않지만 중요한 것들이 있다. 당신의 회사는 그러한 자산 중 무엇을 보유하고 있는가?"

보고서는 무형자산의 일곱 가지 영역을 다음과 같이 제시한다.

- ▶ 관계
- ▶ 리더십과 커뮤니케이션
- ▶ 문화와 가치관
- ▶ 평판과 신뢰
- ▶ 지식
- ▶ 기술과 능력
- ▶ 절차와 체계

우리의 관심사는 처음 네 가지의 무형자산이다.

관계에 대해 보고서는 이렇게 주장한다. "핵심 이해관계자와의 관계를 훌륭하게 관리·유지할 효과적 전략을 개발해야 비로소 회사의 잠재력을 완전히 실현할 수 있다. 성공하는 회사는 기존 관계를 더욱 확고히 다지기 위해 끊임없이 궁리한다. 이때의 관계란 외부적 관계 (고객, 공급업체, 그 밖에 목적을 달성하고 문제를 해결하는 데 도움이 될 아이디어를 제시하는 모든 협력자)일 수도 있고, 내부적 관계(기회를 잡고 가치를 창출하기 위해 다양한 직무를 수행하는 직원들)일 수도 있다.

새로운 업무 방식, 아이디어, 기회를 가져다주는 적절한 관계망을 발견, 개발, 조직, 유지할 방법을 파악하는 것이 경쟁 우위를 차지하는 열쇠다.

보고서는 특히 조직이 이해관계자와 나누는 대화의 질을 향상시켜야 한다고 강조했다. "회사가 해당 분야에서 잠재력을 완전히 발휘하려면 기존 관계를 발전, 향상시킬 방법을 숙고해야 할 뿐만 아니라, 미래의 성공에 필요한 관계를 어떻게 발전, 향상시킬 것인지도 신중히 고려해야 한다."

관계의 선순환

외부의 것을 내부로 받아들이면 강력한 선순환이 발생한다. 이해관계자와 대화를 나누고, 그들의 시각과 발상을 내부의 팀으로 가져오면 정보가 훨씬 풍부해질 것이다. 다만, 훌륭한 피드백은 오직 양질의 관계에서만 얻을 수 있다. 이러한 관계에서는 회사를 바라보는 외부 사람들의 인식이나 회사의 문제점에 관한 피드백은 물론, 차이를 만들어낼 아이디어도 얻을 수 있다.

이는 회사 내에서 더 나은 토론을 낳고, 결국 더 나은 의사 결정으로 이어진다. 더 나은 의사 결정은 더 나은 성과를 가능케 한다. 그리고 더 나은 성과는 관계와 평판에 긍정적 영향을 미친다.

영리 부문, 공공 부문, 민관이 결합한 제3부문 가운데 어느 부문에서 일하든 우리 모두는 '좋은 관계가 성공의 엔진'이라는 보편적 원칙의 적용을 받는다. 리더는 관계를 주시하며 사람들이 어떤 감정을 느끼는지 파악하고, 그 통찰을 조직 내부로 가져오고, 의사 결정에 영향을 미치고, 건강하고 지지적인 관계를 지속시킬 쌍방향 커뮤니케이션 과정을 마련해야 한다.

관계가 잘 발전하려면 신뢰가 있어야 한다. 하지만 사방에서 신뢰가 무너졌다는 이야기가 들려온다. 완전히 무너지진 않았다 하더라도 최소한 집중 치료가 필요한 상태다. 불경기와 금융 위기의 광범위한 영향으로 새롭게 판이 짜인 오늘날 세상에서 신뢰를 계속 유지하기란 어렵다. 신뢰는 기업의 이익과 직결되며, 한번 신뢰를 잃으면 막대한 대가를 치러야 한다.

신뢰받는 기업은 제품을 경쟁자보다 더 저렴한 가격에, 더 신속히 시장에 내놓을 수 있다. 자선단체라면 대중을 상대로 자선 활동을 위한 모금을 하기가 더 수월하다. 변화를 불러일으킬 수 있으며 공공 서비스도 더 효과적으로 더 큰 협조 속에서, 심지어 공동 작업을 통해서 제공할 수 있다. 이는 마치 막대한 주식 배당금을 받는 것과 같다.

신뢰를 받지 못하면 당신은 힘겨운 싸움에 직면할 것이다. 더 심한 규제가 앞을 가로막고, 더 많은 시간과 노력이 들고, 무거운 세금이 부과된다.

따라서 어느 모로 보나 신뢰는 곧 돈이다. 나는 신뢰 획득을 기업 전략의 중심으로 삼는 리더가 경쟁 우위를 점할 것이라 확신한다. 현재 리더들은 신뢰의 가치를 전보다 더 의식하고 있는가? 틀림없이 그렇다. 나와 대화를 나눈 리더들은 모두가 신뢰의 가치를 언급했다.

바클레이즈의 마커스 아기우스 회장은 이렇게 말한다. "평판과 신뢰는 경기 회복에 꼭 필요합니다. 신뢰는 기업 대차대조표에 나타나지 않는 숨은 자산입니다."

유나이티드 유틸리티스의 전 CEO 필립 그린은 말한다. "신뢰와 평판을 중요한 과제로 삼지 않고서는 결코 큰 회사를 운영할 수 없습니다. 평판은 대기업에 매우 귀중한 자산 중 하나입니다. 신뢰가 계획의 핵심을 차지하는 소매점, 공익사업체, 금융기관 등에서는 신뢰의 중요성이 더욱 커집니다."

불과 10년 전만 해도 비즈니스 리더들은 대체로 신뢰를 받고 있었다. 하지만 엔론 사태와 같은 기업 재난과 금융 위기가 닥치고, 미디어가 기업 문제를 철저히 파헤쳐 널리 알리고, 대중이 더 풍부한 지식과 권한을 가지며 서로 긴밀히 연결됨에 따라 모든 것이 달라졌다. 대중은 조직에 대한 기대치를 높였다. 이제 그들은 기업에 더 많은 것을 요구하고 더 많이 의심하면서 기업을 신뢰하지 않는다.

평판 인식 차이에 주의하라

브랜드는 품질이나 서비스에 대한 약속이다. 소비자는 브랜드에 실망하면 그 사실을 널리 알린다. 평판 인식 차이가 발생한 기업은, 즉 기업의 약속과 실제 모습 사이에 차이가 생긴 기업은 즉각적 비난과 바이러스처럼 급속히 번지는 광범위한 비판을 받을 리스크를 감수해야 한다.

몇몇 브랜드 전문가는 브랜드가 회사 가치의 3분의 1을 차지한다고 말한다. 브랜드는 곧 주주에 대한 약속(성장을 이루고 수익을 내겠다는)이다. 하지만 소비자가 그 약속을 의심하게 되면 미래 수익은 불신과 리스크에 빠진다. 이는 금융업자의 자금 제공 의지에 영향을 미칠 수 있으며, 상장기업인 경우 주가에도 큰 타격을 줄 수 있다.

이런 무시할 수 없는 이유들을 감안하면, 리더들이 신뢰를 명확한 목표로 설정하고 지속적인 측정, 개선에 힘쓸 수밖에 없으리라는 생각이 들 것이다. 나는 많은 리더들에게서 신뢰의 중요성에 대해 들었다. 하지만 신뢰를 명확한 목표로 설정해둔 리더는 거의 없었다. 소수의 리더만이 신뢰를 측정하고 있었다. 이유가 무엇일까?

대다수 리더는 신뢰와 같은 '막연한' 무형 요소를 어떻게 다루어야 하는지 모른다. 문제는 이 상태가 지속될 경우 그들은 앞으로도 신뢰를 어떻게 이해해야 할지, 신뢰 수준을 어떻게 향상시켜야 할지 모를 것이라는 점이다. 많은 리더에게 신뢰란 규정하기 어렵고 따라서 측정하기도 어려운 개념이다.

내가 처음 이 점에 흥미를 느낀 것은 영국의 유명한 패스트푸드 회사와 함께 일할 때였다. 당시 그들은 제품이 건강에 해롭다는 문제가 제기되어 한창 매스컴의 주목을 받고 있었다. 그들은 건강에 더 좋은 음식을 판매함으로써 이 문제에 대응하고자 했다.

그들은 대중의 눈에 회사가 어떻게 비치는지, 특히 어느 정도 신뢰를 받고 있는지 파악하기 위해 리서치를 의뢰했다. 그 결과 그들의 브랜드에 대한 신뢰 수준은 급격히 떨어지고 있는 것으로 나타났다. 그런데 이상하게도 매출은 계속 상승했다! 어떻게 그런 일이 가능했을까? 그들은 대중이 말하는 신뢰에 담긴 정확한 의미가 무엇인지 제대로 판별하지 못했던 것이다. 대중은 이 회사의 리더들이 건강에 안 좋은 식생활과 비만을 막기 위해 '올바른 일'을 할 것이라 믿었을까? 아니다. 그게 중요한 문제였을까? 아니다. 왜? 대중은 단지 그들이 매장에서 더욱 질 좋은 제품을 제공하리라 믿었으며, 중요한 문제는 바로 그것이었기 때문이다.

신뢰의 세 가지 차원

홍보 및 커뮤니케이션을 전문으로 하는 벨포팅거 그룹의 전략 고문이자 정신분석학자이기도 한 데이비드 케닝은 신뢰에는 최소한 세 가지 차원이 있다고 말한다. "판단에 대한 신뢰, 의지나 동기에 대한 신뢰, 약속 이행이나 능력에 대한 신뢰, 이것이 신뢰의 세 가지 차원입니다."

데이비드의 설명에 따르면, 판단에 대한 신뢰는 다른 사람의 경험, 지혜, 통찰에 대한 인정을 의미한다. "판단에 대한 신뢰가 없다면 우리는 끊임없는 혼란과 의심에 빠지게 될 것입니다. 이 점과 관련하여 중요한 질문은 두 가지입니다. 이 사람 혹은 조직이 내게 솔직한 견해를 밝히고 있는가? 이들은 지금까지 상황을 얼마나 제대로 파악해왔는가?"

두 번째는 의지나 동기에 대한 신뢰로, 첫 번째 차원과는 성격이 다르다. "의지나 동기에 대한 신뢰는 상대방이 우리를 이용해서 개인적 이익을 취하려 들지 않고 우리에게 이로운 일을 해주리라 믿는 것을 뜻합니다. 기업이 이 신뢰를 얻으려면 성실성과 투명성이 필요하며,

고객의 이익과 관점을 진정으로 고려한다는 것을 보여줘야 합니다. 사람들에겐 정부, 고용주, 좋아하는 브랜드에 이 신뢰를 투사하려는, 결코 과소평가해선 안 될 욕구가 있습니다. 그럼으로써 사람들은 상처받기 쉬운 상태가 됩니다. 판단에 대한 신뢰가 깨지면 좌절감, 실망감, 분노를 느낄 수 있습니다. 하지만 의지나 동기에 대한 신뢰가 깨지면 훨씬 더 심각한 감정에 빠집니다. 배신감, 혐오감, 심지어 피해망상까지 느끼죠. 이 신뢰의 상실은 그만큼 치명적입니다."

세 번째 신뢰는 약속 이행이나 능력에 대한 믿음과 관계가 있다. 다시 말해 이 신뢰는 어떤 사람이나 브랜드, 조직이 자신이 말한 바를 그대로 실천하여 믿음을 줄 때 생겨난다. "이 신뢰에 대해서는 뭔가 문제가 생겼을 때도 사람들이 비교적 관대한 모습을 보입니다. 이 점에서, 세 번째 신뢰는 판단에 대한 신뢰보다 어느 정도는 더 튼튼하다고 할 수 있습니다. 평소에 말한 바를 충실히 이행하는 모습을 보여왔다면 때때로 실수를 저질러도 신뢰가 완전히 깨지는 일은 막을 수 있습니다."

리더가 커뮤니케이션에 자신의 성품을 담아야 하는 이유

신뢰는 사람들에게 확신을 불어넣는다. 그리고 이 확신은 리더의 성품과 능력을 바라보는 긍정적 시각에서 생겨난다. 성품이란 곧 리더의 성실성과 동기를 뜻한다. 능력은 리더가 그동안 약속을 얼마나 잘 지켰는가, 어느 정도의 기량을 갖추고 있는가와 관련 있다. 커뮤니케이션 분야에서 쌓아온 40년간의 내 경험에 비추어볼 때, 리더의 기량과 성과, 실적을 알리는 일에는 대부분의 조직이 능숙한 편이다. 리더들은—광고를 통해서든, 홍보나 스폰서 십을 통해서든—제품 혹은 서비스의 가치, 이해관계자들에게 가져다 줄 이익에 대해 이야기하는 데 숙달되어 있다.

반면 그들은 회사가 추구하는 바가 무엇인지, 그들이 세상을 어떤 시 각으로 바라보는지, 어떤 가치관에 의거해서 의사 결정을 내리는지 명 확히 표현하는 데는 상당히 미숙하다. 즉 리더들은 성품과 신뢰가 중요 해진 오늘날 세상에서 '성품'을 알리는 데 그다지 능숙하지 못하다.

이 새로운 세상에서는 진정성이 곧 성배다. 하지만 그렇게 되려면 우선 리더가 가치관과 신념을 명확히 표현함으로써 사람들이 그의 진 정성을 판단할 수 있어야 한다. 모든 이들이 그 가치관이나 세계관에 동의하지는 않겠지만 적어도 리더가 어떤 사람인지 알릴 수는 있으며, 이는 리더에게 큰 도움이 된다. 리더에 대해 알게 된 사람들은 그가 일 정한 방식으로 일관된 행동을 하리라 믿으며, 앞으로 그가 취할 행동 을 예측할 수 있기 때문이다(이 주제에 대해서는 11장에서 더 다루겠다).

따라서 리더는 경제적 관점에서 신뢰를 형성하고 신뢰 구축을 조직 의 목표로 명확히 설정해야 한다. 신뢰도 다른 목표들과 동등하게 다 루어야 한다. 즉 달성을 위해 집중하고, 측정하고, 개선해야 한다는 의미다. 신뢰가 가져다주는 배당금을 수량화해낸다면 신뢰 구축의 필 요성에 힘을 실어줄 설득력 있는 논거가 될 것이다.

하지만 데이비드 케닝은 건전한 신뢰 구축을 위해 주의해야 할 점 이 있다고 말한다. "회사가 이해관계자와 정서적 유대감을 형성하려 노력하다 보면(그 결과 더 큰 충성도와 지지에서 생겨난 상업적 이득을 누리게 되면) 회사와 고객, 직원, 파트너 사이에 보다 개인적이고 사사로운 관계가 구축됩니다.

이해관계자들은 회사(및 회사의 브랜드)가 그들만의 가치관과 윤리를 구현하고 옹호해주리라 믿습니다. 또한 영리 본위의 방식보다는 감정적 방식으로 의사 결정이 내려지길 기대합니다. 그렇게 되지 않으면 사람들은 크게 실망합니다. 그들은 극심한 배신감을 느낄 수 있으며 거기서 비롯된 악평은 회사에 큰 피해를 미칩니다."

리더는 스스로 한 약속을 반드시 지켜야 하며, 신뢰가 깨진 상황에— 실제로 깨진 경우든, 사람들이 그렇게 여기는 경우든 — 대처할 계획을 마련해두어야 한다. 신뢰는 날마다, 온종일 우리에게 영향을 미치며 우리가 맺고 있는 모든 관계를 뒷받침한다. 그리고 관계는 결국 리더의 책임이다.

이는 리더들이 가치관에 기반을 둔 커뮤니케이션을 하는 데 한층 많은 시간을 할애하고 그들이 이끄는 조직이 추구하고 믿는 것에 초점을 맞추어야 한다는 의미다. 리더는 대화를 더욱 장려하는 한편, 투명성을 더 높이겠다는 의지를 보여주어야 한다. 미디어를 통해 대중에게 접근하는 방식은 줄이고 디지털 커뮤니케이션 및 인터넷을 통해 대중과 더욱 직접적인 커뮤니케이션을 해야 한다.

니컬러스 영은 2001년 7월부터 영국 적십자의 CEO를 맡고 있다. 니컬러스는 신뢰가 전보다 한층 중요해졌으며 조직들이 커뮤니케이션 능력을 끌어올릴 필요가 있다고 생각한다.

"지금과 같은 치열한 경쟁 시대에는 모든 이해관계자와의 커뮤니케이션이 더욱 중요해졌습니다. 영국에는 약 20만 개의 자선단체가 있습니다. 그중 상위 500곳은 예전에 비해 커뮤니케이션에 훨씬 능숙해졌습니다. 이제는 우리가 믿는 바, 우리가 하는 일, 우리가 만들어내는 차이, 우리가 미치는 영향, 사람들이 기부한 돈으로 이루고자 하는 것 등을 알리는 활동이 대단히 중요합니다. 단지 특정 프로젝트나 과제를 알리는 커뮤니케이션이 아닌 우리 브랜드를 알리는 커뮤니케이션이 필요하죠. 여기에는 신뢰, 신용, 진정성, 성실성 같은 요소가 담겨 있어야 합니다.

우리는 여러 사람들의 신뢰가 필요합니다. 어려움에 빠진 이들을 구호·구조하려면 그들이 우리를 신뢰해야 합니다. 도움을 필요로 하는 세계 각지의 사람들을 도우려면 기부자들이 우리를 신뢰해야 합니다. 우리가 쓰는 돈은 그들의 관대한 기부에서 나오니까요. 정부와 보건 당국도 우리를 신뢰해야 합니다. 우리는 주민을 돌보는 과업을 통해 정부를 도우니까요. 특히 영국에서는 그러한 신뢰감과 확신이 꼭 필요합니다. 우리의 윤리를 믿고, 우리의 판단을 신뢰하고, 우리가 말한 그대로 해낼 수 있으리라 확신해야 합니다."

관계 속의
가치를 이끌어내는 법

우리의 핵심 관계, 무엇보다 소중하지만 눈에 보이지 않는 이 자산에는 얼마만큼의 가치가 저장되어 있을까? 만약 이 자산을 더욱 체계적으로 관리한다면 더 많은 가치를 이끌어낼 수 있을까? 이미 확인한 바와 같이, 회사 가치의 상당 부분이 핵심 관계의 상태에 따라 좌우된다는 점을 감안하면 관계의 불안정성이 점점 높아진다는 사실은 우리에게 심각한 영향을 미칠 수 있다.

모든 리더의 가장 기본적인 역할은 사명을 성취하는 것이다. 사명이란 일반적으로 기업이 수익을 내서 주주나 투자자에게 가치를 되돌려주고, 이를 지속적으로 해내는 것을 뜻한다. 자선단체의 경우, 리더의 역할 중 하나는 자금을 확보하여 조직이 모든 최종 사용자에게 필요한 서비스를 계속 제공할 수 있게 하는 것이다. 만약 관계가 좋지 않다면 리더는 목표 달성에 어려움을 겪을 것이며, 지속적으로 성공을 거둘 가능성도 낮다. 관계가 심하게 나빠지면 리더가 직책을 잃거나 심지어 그가 이끌던 조직까지 무너질 수 있다.

반면 훌륭한 관계는 진정한 경쟁력을 나타내며 더욱 뛰어난 과업수행으로 이어진다. 이는 더 나은 성과를 낳고, 좋은 성과는 더 나은 평판을 낳고, 좋은 평판은 더 큰 가치를 낳는다. 그렇다면 오늘날 적극적으로 평판과 관계의 상태를 감사(監査)하고 이해관계자들이 제기한 문제를 해결할 방안을 마련한 회사는 얼마나 될까?

나와 대화를 나눈 리더들 대부분은 이해관계자들과 이러한 관계를 형성하는 데 적극적으로 임하고 있었다. 하지만 내 경험에 비추어 좀 더 광범위하게 보면 진정으로 충분한 시간을 할애하여 이해관계자들의 감정과 생각을 완전히 파악하는 조직은 극히 소수였다. 리더가 이해관계자들의 말에 귀를 기울이지 않으면 그들의 우려에 대응할 수 없으며, 이로 인해 변화에 실패하면 평판에도 손실이 생긴다.

상장 기업들이 '관계감사'를 실시한다면 그들이 보유한 무형자산에 대한 인식을 높이고 소중한 통찰을 발견할 수 있다. 또한 이는 주가를 끌어올리고 주주가치를 높이는 데 기여한다. 이와 같은 감사는 전통적인 회계감사보다 훨씬 유용할 수 있다. 관계감사를 할 때는 각각의 핵심 관계에 대해 다음과 같은 질문을 던져야 한다. "관계를 더욱 발전시키려면 무엇이 필요한가?"

이 질문의 답을 구함으로써 경영진은 어떤 조치를 취해야 할지 파악하고, 그 조치에 드는 비용을 산출하여 예상되는 투자 대비 수익과 비교해볼 수 있다. 적절한 조치가 확정되면 경영진은 그들이 어떤 일을 할 것인지, 그것이 왜 중요한지, 회사와 이해관계자들은 어떤 이득을 얻게 되는지 알린다. 바로 이를 통해 신뢰와 신용이 구축된다. 만약 약속을 해놓고 지키지 않는다면 정반대의 결과가 나타난다.

재무감사는 과거의 성과에 대한 것이다. 반면 관계감사는 미래의 성과를 예측하는 역할을 한다.

우선은 여러 관계들 중 어느 것이 핵심 관계인지 파악해야 한다. 당신의 여론 법정에서 가장 큰 비중을 차지하는 사람들은 누구이며, 그 이유는 무엇인가? 핵심 관계를 세심히 조사하는 것은 곧 전략적 과정이며, 이는 더 나은 통찰과 행동, 성과로 이어진다.

리더가 이런 식으로 평판을 관리하면 성공적인 변화의 가능성이 크게 높아진다. 진짜 문제가 무엇인지 더욱 확실히 인식하게 되기 때문이다. 그들은 하루하루 새롭게 탈바꿈하는 조직, 즉 더 잘 듣고, 더 신속히 행동하고, 성과를 향상시키고, 더 나은 관계를 구축하는 조직을 만들어낼 가능성이 크다. 리더가 외부의 것을 내부로 받아들이고, 직원들이 이해관계자의 감정을 진정으로 이해하도록 돕는다면 직원들도 변화의 필요성을 '느끼게' 된다. 영감을 받는 것이다.

나와 대화를 나눈 리더들은 모두 다양한 방식을 통해 외부의 것을 내부로 받아들였다. 그들은 언제나 그들이 들은 것을 토대로 행동을 취하겠다는 마음가짐을 갖고 있었다. 또한 그들은 고객이 들려주는 이야기는 좋은 것이든 나쁜 것이든 모두 반겼다. 고객이 그들에게 뭔가를 할 기회를 주기 때문이다.

여론 법정에 귀 기울이기

스튜어트 로즈는 이렇게 주장한다. "우리는 아주 빠른 속도로 움직이는 세상에서 살고 있습니다. 그러니 리더는 하루 24시간, 항상 촉수를 뻗어 그것이 말 그대로 늘 흔들리도록 해야 합니다.

가령 데이비드 베컴이 어젯밤 로스앤젤레스의 파티장에 흰색 나비넥타이 차림으로 나왔다면 막스 앤드 스펜서의 고객들은 흰색 나비넥타이가 얼른 매장에 준비되길 바랄 것입니다. 이와 마찬가지로, 내부의 리더들은 외부에서 어떤 일이 일어나고 있는지 알아야 합니다. 유익한 이야기가 오가는가? 무엇이 화제가 되는가? 환경 파괴 없는 지속 가능성인가? 탄소발자국인가?

즉 소비자를 계속 주시하며 그들이 무엇을 요구하는지 귀를 기울여야 합니다. 불만의 목소리는 언제나 있게 마련입니다. 우리는 그것을 면밀히 포착하여 회사 안으로 가져왔습니다. 뿐만 아니라 우리는 NGO의 목소리에도 귀를 기울였습니다. 마다가스카르의 바닐라나 미얀마 문제에 관한 압력단체들을 비롯한 모든 단체에 대해서 말이죠. 압력단체는 수백 개가 있습니다. 따라서 계속 그들에게 귀를 기울여야 합니다."

외부에 귀를 기울이고 그것을 조직 내부로 들여오면 새로운 기회가 생긴다. 스튜어트는 이렇게 설명한다. "얼마 전 여성 몇 명이 막스 앤드 스펜서가 더블 D컵 브래지어에 몇 파운드의 추가 요금을 더 매긴다며 항의한 일이 있었습니다. 우리로서는 그럴 수밖에 없었습니다! 더블 D컵 브래지어를 제조하는 데는 비용이 더 들기 때문입니다.

이 여성들은 페이스북을 통해 이 점을 거론했는데 몇 분 만에 만 명가량의 팬이 생겼습니다. 당시 막스 앤드 스펜서는 영국 란제리 시장의 27퍼센트를 점유하고 있었습니다. 저는 이 상황이 문제가 될 수도 있다고 느꼈습니다. 그래서 마케팅 책임자인 스티브 샤프를 불러 D컵 브래지어 가격에서 세금을 빼고 몇 주간 할인을 해야겠다고 이야기했습니다. 그러자 그가 멋진 광고를 제안하더군요."

스튜어트는 잠시 말을 멈추고 그 광고를 찾아서 내게 보여주었다. 전국지에 전면 광고로 게재된 그 광고에는 가슴이 큰 여성의 사진과 함께 "저희가 실수했습니다(We boobed: boob에는 '어리석은 실수를 하다'라는 의미와 '유방'이라는 의미가 모두 담겨 있다—옮긴이)"라는 글이 실려 있었다. 광고문은 이런 내용이었다. "환상적인 품질을 자랑하는 저희 빅사이즈 브라는 작은 사이즈에 비해 더 많은 제조비가 드는 것이 사실입니다. 때문에 저희는 그 점을 가격에 반영하는 것이 옳다고 생각했습니다. 하지만 저희 생각이 틀렸습니다. 5월 9일 토요일을 기점으로 'D컵 속의 폭풍'이 사라집니다! 이제 모든 여성이 뛰어난 품질의 브라가 만들어내는 차이를 경험할 수 있습니다."

스튜어트가 말을 이었다. "모든 신문에 막스 앤드 스펜서는 소비자의 말에 귀를 기울이는 회사라는 반응이 실렸고 우리의 시장 점유율은 불과 5분 만에 상승세를 보였습니다. 뿐만 아니라 이틀 만에 페이스북 팬 수도 3만 명이 되었습니다. 귀를 기울인 보답을 확실히 받은 셈이죠!"

궂은일을 꺼리지 마라

마리 퀴리 암센터의 CEO 톰 휴스 – 핼릿은 리더가 진정으로 외부 세계를 조직 내부로 들여오길 원한다면 직접 밖으로 나가 외부 세계를 경험해야 한다고 믿는다.

"처음에 저는 우리의 간호 및 서비스가 관리되는 방식에 극심한 좌절감을 느꼈습니다. 하지만 저는 간호사도, 의사도, 물리치료사도 아니었습니다. 그러니 제가 무슨 말을 할 수 있겠습니까? 어쩌면 제가 아무것도 모르는 것일 수도 있었습니다. 그래서 저는 1년간 직접 간호 서비스를 지휘했습니다. 덕분에 우리 일을 근본적으로 이해하게 되었죠.

참 잘한 일이었습니다. 우리에게 가장 중요한 것은 고객인데 그동안 고객에게서 멀리 떨어져 너무 직업적인 관점에서만 일을 해왔다는 사실을 깨달을 수 있었으니까요. 우리는 환자가 정말로 원하는 것보다는 간호사가 생각하기에 필요해 보이는 것을 제공하는 데만 치중해왔습니다. 저는 이 점을 완전히 뒤집었습니다. 그날부터 우리는 더 적은 직원으로 전보다 3배 더 많은 간호를 제공했습니다. 환자들이 원하던 간호를 말이죠. 제 경력을 통틀어 가장 자랑스럽게 여기는 일입니다. 모든 리더가 자신이 몸담은 분야에서 궂은일을 체험해볼 수 있는 건 아니지만 그래도 어떻게든 시간을 내서 일의 본질을 간파한다면 분명 큰 도움이 될 것입니다. 밖으로 나가 귀를 기울이세요."

아비바의 회장 셔먼은 자신이 글로벌 회계회사 KPMG의 시니어 파트너가 되었을 때의 이야기를 들려주었다. "저는 늘 직원들에게 고객의 입장이 될 것을 강조했습니다. 직원들이 고객에게 일방적으로 강요하길 원하지 않았거든요. 그때까지 저는 고객 관계에 대해 누누이 이야기하곤 했지만 시니어 파트너 회의에 고객을 초청해서 직접 그의 생각을 들어보는 것만큼 효과적인 일은 없었습니다.

그는 자리에서 일어나 이렇게 말했습니다. '저는 고객 관계 관리에 대한 견해를 들려달라는 요청을 받았습니다. 여러분들은 저를 오페라에 데려가고 친절히 접대해서 호감을 사는 게 고객 관계 관리라고 여기겠지만 그건 완전히 잘못된 생각입니다. 저는 안아주고 싶을 만큼 사랑스럽고 친절한 사람에게 제 회계 관리를 맡기고 싶지 않습니다. 저는 독하고 깐깐한 시어머니 같은 사람이 필요합니다. 제 회사 경영진에게 엄청난 압박을 가하고 뭐가 잘못됐는지 제게 알려줄 그런 사람을 원합니다. 그러니 이제 오페라는 잊어버리십시오.' 이 말을 들은 제 파트너들은 뒤통수를 맞은 듯 그 자리에서 꼼짝도 못했습니다. 리더는 바로 이런 일을 해야 합니다."

유니레버의 폴 폴먼은 고객 경험을 조직 내부로 받아들이면 모든 직원이 회사의 목표를 이해하는 데 도움이 된다고 말한다.

"저는 이집트 카이로 교외에 위치한 어떤 소비자의 집에 들어가 본 적이 있습니다. 그 부인의 집은 정말 가난했습니다. 바닥에는 모래가 깔려 있고, 두세 개의 방과 매트리스 몇 개가 전부였습니다. 그녀는 자신이 어떻게 일을 하는지 설명했습니다. 아침이면 그녀는 석유 드럼통을 세탁기 삼아 빨래를 합니다. 우물에서 세 번 정도 물을 길어와 드럼통을 채운 뒤 밑에 장작을 넣고 불을 때서 물을 데웁니다. 그런 다음 막대기로—그것 외엔 달리 도구가 없거든요—빨래를 젓다가 가루 세제를 조금 들이붓고 옷이 깨끗해지길 기도합니다. 그다음엔 빨래를 헹굴 차례인데 그러려면 다시 우물에 서너 번 다녀와야 합니다. 결국 빨래를 하고 나면 오전이 다 지나가죠. 오후에는 요리를 하면서 똑같은 일을 또 합니다. 이번에는 물을 끓여야 해서 장작이 더 듭니다. 밤에 남편이 귀가하기 전에 어떤 음식이든 준비해놓아야 합니다. 남편은 빨래가 제대로 안 됐거나 음식이 마음에 안 들면 마구 화를 냅니다. 고달픈 생활이죠.

이것이 바로 이 지역 사람들이 살아가는 방식입니다. 만약 우리가 그리 많이 헹굴 필요가 없는, 혹은 옷을 조금이라도 더 깨끗하게 해줄 세제를 만들거나, 음식 맛을 내는 데 도움이 될 향신료를 개발한다면 그녀는 좀 더 많은 시간을 갖게 될 것입니다. 아이와 함께 보내거나 아이의 교육에 투자할 시간, 조그맣게 장사를 해볼 시간, 남편을 위해 쓸 시간을 말이죠. 이게 바로 우리가 할 일입니다. 그리고 이 일에 역동성을 부여하는 가장 좋은 방법은 고객 경험을 통해 우리의 목표에 활기를 불어넣는 것입니다."

민감한 촉수를 개발하는 법

스튜어트 로즈가 말했듯, 리더는 '민감한 촉수'를 개발할 방법을 찾아야 한다. 그렇지만 인터넷을 통해 신선하고 자유롭고 진심 어린 통찰을 얻고 그것을 이용하여 외부 세계의 눈에 비친 조직의 모습에 변화를 줄 수 있는 회사는 극히 드물다. 벨포팅거의 기획 책임자 니컬린 헤이워드는 이렇게 말한다.

"검색 엔진부터 소셜 미디어에 이르기까지, 인터넷은 우리가 손쉽게 이용할 수 있는 도구인 동시에 진정성 있는 통찰과 정보의 보고입니다. 그러한 통찰은 포커스그룹에 참석하여 설문지를 작성하거나, 길모퉁이에 서서 클립보드를 든 조사자의 질문에 답하는 사람들로부터 나오는 것이 아닙니다. 진심 어린 통찰은 허심탄회한 대화와 토론, 소셜 네트워크, 블로그, 구글 검색에서 발견할 수 있습니다. 저는 인터넷을 세계에서 가장 거대하고 정직하며 남의 눈을 의식하지 않는 포커스그룹으로 여깁니다.

수백만 명의 사람들이 온라인에서 주고받는 질문과 이야기를 살펴봄으로써 우리는 대중이 그들만의 시간에, 그들 자신의 말로, 그들 소유의 컴퓨터 앞에 앉아 무엇을 요구하는지 볼 수 있습니다. 그렇게 얻은 정보는 비즈니스나 마케팅 전략의 각 단계에 적용되죠. 리더가 외부의 것을 효과적으로 받아들이는 데는 다양한 방법이 있지만 인터넷의 창의적 활용은 특히 손쉬운 방법에 해당합니다."

▶ 성공하는 리더는 관계가 성공의 엔진임을 알고 모든 핵심 관계의 상태를 유심히 주시한다.

▶ 그들이 이끄는 기업 또한 이 핵심 관계에 초점을 맞춘다.

▶ 핵심 관계를 규정하고 세심히 조사하라. 그들의 의견을 지속적으로 들을 방법을 찾아라. '민감한 촉수'를 개발하여 항상 그들의 생각과 감정을 파악하라.

▶ 외부 비판자들을 활용하라. 트위터와 블로그를 이용하라. 뉴스를 점검하고, 시장을 조사하고, 유행을 읽어낼 인력을 고용하라. 고객의 가정이나 회사를 개인적으로 방문하라.

▶ 이야기, 일화, 리서치를 통해 고객을 조직 내부로 받아들여라. 혹은 고객을 초청해 당신의 기업에 관한 의견을 청취하도록 하라.

▶ 직원들이 이해관계자의 감정을 '느끼도록' 도와라. 이러한 감정 몰입은 자부심, 행동, 향상을 이끌어낸다.

▶ 리더는 자신이 원하는 평판에 걸맞은 생활을 해야 한다.

▶ 당신의 조직과 관련된 모든 외부인이 밝힌 견해를 바탕으로 당신에게 필요한 평판이 무엇인지 정의하라.

▶ 그 정의를 이용하여 조직 내부의 품질을 관리하라.

▶ 평판 인식 차이, 즉 당신이 고객에게 한 약속과 고객 혹은 이해관계자의 실제 경험 사이에 존재하는 차이의 발생에 유의하라.

▶ 신뢰받길 원한다면 그 차이를 좁히거나 아예 없애는 것을 목표로 삼아야 한다.

▶ 외부 사람들에게 당신의 가치관과 신념을 적극적으로 알려라. 당신이 누구인지 모르면 당신을 신뢰할 사람도 없다.

▶ 신뢰를 전략 목표로 삼고 다른 핵심 자산과 마찬가지로 소중하게 측정, 관리하라.

▶ 모든 관계에서의 신뢰 구축을 전략 목표로 삼고 신뢰를 이끌어내기 위해 무엇이 필요한지 파악하라.

chapter 8

몰입하는 대화의 힘

목적지를 정하는 것은 리더의 권한임을 인정하면서도 그곳까지 가는 길을 일일이 지시받기는 싫어한다. 선택 사항을 제시할 기회를 부여받고, 목적지에 이르는 최선의 길을 함께 선택하고 싶어한다. 스스로 경로를 선택할 권한을 부여받고자 한다. 부하들은 이처럼 선택을 할 수 있을 때 진정으로 헌신한다.

▶   적십자의 CEO 니컬러스 영은 처음 이 조직에 들어갔을 때 들었던 조언에 관한 재미있는 이야기를 들려주었다. "당시 이사회 의장이던 레이디 실비아 리머릭이 사무실로 저를 부르더니 이렇게 말하더군요. '아, 이번에 새로 오신 분이죠?' 제가 대답했죠. '네, 영국 지역 운영을 맡았습니다.'

그녀가 말했습니다. '네, 잘됐네요. 제가 한 가지 말씀드리고 싶은

게 있어요. 꼭 기억해두세요. 이곳 적십자에서 일을 제대로 해내려면 최소한 5년은 걸릴 거예요. 일을 신속하게 처리하려면 10년은 노력해야 가능하고요.' 그것은 굉장히 중요한 조언이었습니다. 제가 필요로 하는 변화를 실현하려면 먼저 시간을 들여 사람들과 이야기를 나누며 그들의 지지와 참여를 이끌어내야 한다는 의미였죠. 시간을 들여야 한다는 것입니다."

이 책에 소개된 리더들의 공통점을 하나 꼽자면, 더 나아지고 싶다는 끊임없는 열망을 품고 있다는 것이다. 그들은 쉽게 만족할 줄 모르며 도전적이다. 그 점이 변화를 일으키고, 성과를 끌어올리고, 더 많은 일을 하고 싶다는 지속적인 열망으로 나타난다.

이 근원적인 욕구가 변화 의지나 능력이 없는 직원들로 인해 좌절되면 리더는 매우 좋지 못한 행동을 할 수도 있다. 실망한 리더는 직원들에게 일방적으로 지시만 내리거나 때로는 분노를 드러내기도 한다. 이런 경우 직원들은 지시받은 일을 하겠지만 적극적 의지나 진정한 헌신을 보이지는 않을 것이다. 그 결과 변화에는 더 많은 시간이 걸리고 성과 또한 기껏해야 보통 수준에 불과하다.

협의를 할 시간이 없고 누군가에게 절대적 지휘권을 부여해야 하는 위기 상황에서는 사람들에게 일방적 지시를 내리는 것이 적절한 방식이다. 가령 불이 났을 경우, 정신이 나가지 않는 한 회의를 해서 행동 방침에 대한 합의를 보자고 주장할 사람은 없을 것이다. 그런 상황에서는 해야 할 행동과 가야 할 방향을 신속하게 결정하여 위험으로부터 벗어나게 해주는 리더가 환영받는다. 하지만 조직이 직면하는 대부분의 과제는 그처럼 생사가 걸린 긴급한 사안이 아니다. 조직의 목적에 사람들을 동조시키고 그들의 아이디어를 취할 시간적 여유가 있는 것이다.

GSK의 회장 크리스토퍼 젠트 역시 이 의견에 전적으로 동감을 표한다. "어떤 결정에 대해 사람들을 몰입시키고 전폭적인 지지를 이끌어내려면 격렬한 토론 과정을 거쳐야 합니다. 이 대화에는 생각보다 오랜 시간이 걸릴 수도 있지만 실행은 더 빠르게, 더 성공적으로 할 수 있을 것입니다."

몰입한 직원이란 무엇인가?

니컬러스와 크리스토퍼 모두 사람들을 변화에 참여시키고 몰입시켜야 할 필요성을 강조한다. 모든 직원이 잠재력을 발휘하고 업무 효율을 대폭 개선하려면 리더가 직원들의 지성과 감성을 진정으로 몰입시켜야 한다. 하지만 애석하게도 내가 만난 리더 중에는 몰입의 힘을 제대로 이해하지 못하는 이들이 많았다. 그들은 여전히 어떤 결정을 내린 다음 이렇게 말한다. "직원들에게 뭐라고 말하지?" 그들은 정직하고 선한 의도를 바탕으로 좋은 커뮤니케이션을 하려고 하지만, 메시지를 일방적으로 전달할 경우 직원들과 깊이 있는 관계를 형성할 수 없다는 사실을 미처 깨닫지 못하고 있다.

'몰입한 직원'이란 무엇일까? 마리 퀴리 암센터의 톰 휴스-헬릿은 이렇게 말한다. "조직에, 동료에게, 자신이 맡은 직무에 정서적으로 헌신하는 직원을 뜻한다고 생각합니다. 몰입한 사람들은 일에 열정적으로, 완전히 열중합니다. 그들이 하는 모든 행동은 성과를 높이고 고객에게 더 나은 제품이나 서비스를 전달하는 것을 목표로 합니다. 대개의 경우 몰입한 직원은 일을 즐깁니다. 몰입하지 않은 직원과 비교했을 때 태도에서 뚜렷한 차이가 나타납니다."

'사람은 우리의 유일한 자산' 이라는 신화

"사람은 우리의 유일하고 진정한 자산이다." 나는 리더들에게 이 말을 자주 들었다. 하지만 이는 오해의 소지가 있는 발상이다. 헌신하지 않고 그저 최소한의 일만 하는 사람들은 성과를 저해하는 장애물이다. 나아가 변화를 못마땅해하며 저항하는 사람은 조직에 치명적인 독이 될 수도 있다.

영감에 차 헌신하는 직원만이 자산이라 할 수 있다. 그러한 직원들은 최선을 다하며 일을 즐기고 결국 차이를 만들어낸다. 그들은 진정으로 '몰입한' 직원이다.

2008년 가을, 영국 산업경제부는 직원 몰입에 관한 특별 보고서를 의뢰했다. 각료들은 직원 몰입도가 높아질 경우 국가와 기업, 단체, 직원 개인이 누리게 되는 잠재적 이득을 더 깊이 이해하고자 했다.

특히 그들은 몰입 접근법을 받아들이는 사람들이 늘어날 경우, 그것이 국가 경쟁력과 성과에도 긍정적으로 작용하여 불황으로 인한 경제적 어려움과 점점 치열해지는 글로벌 경쟁을 극복하는 데 보탬이 될 것인지 알고 싶어했다.

〈성공을 위한 몰입: 직원 몰입을 통한 성과 향상〉이라는 제목의 이 보고서는 각료들의 의문에 '그렇다!' 라는 명쾌한 결론을 내렸다.

보고서 작성자들은 이렇게 주장했다. "좋은 정책과 계획이 성공적인 공공 서비스에 꼭 필요한 것과 마찬가지로, 지속 가능한 비즈니스 전략과 현금 가용성은 필수적이다. 하지만 생산 요소 대부분이 점점 표준화되고, 전 세계의 생산 라인이나 슈퍼마켓 선반에 진열된 제품들이 비슷비슷해진 오늘날, 직원들의 몰입은 커다란 영향력을 발휘하는 차이점이다. 직원 몰입은 글로벌 경쟁 시대라는 현실, 중국과 인도 등의 국가에서 매년 수백만 명의 대학 졸업자 및 숙련되고 헌신적인 근로자를 배출하고 있다는 현실에 직면한 우리가 중요한 차이를 만들어낼 수 있는 길이다."

보고서의 내용은 이렇게 이어졌다. "직원들이 어느 정도의 성과를 내느냐에 따라 회사나 단체의 성공이 상당 부분 좌우된다면 '직원들을 긍정적으로 고무하여 성과를 이끌어내는 것'을 비즈니스 전략의 핵심으로 삼아야 한다.

다수의 기업 리더들은 우리에게 '전구가 번쩍 하는 순간', 즉 직원 몰입의 잠재적 중요성을 완전히 이해한 순간에 대해 이야기했다. 테스코의 CEO 테리 리히는 그의 회사가 직원보다 고객에 대해 더 많이 알고 있다는 사실을 깨달았을 때 무언가 중요한 것을 놓치고 있다고 생각했다. 이후 테스코는 직원들이 무엇을 원하는지, 일할 때 그들에게 동기를 부여하는 것이 무엇인지, 그리고 이러한 문제를 더 깊이 이해하려면 어떤 접근법을 취해야 하는지를 파악하는 데 착수했다."

'몰입' 자체를 비즈니스의 전략 목적으로 설정하는 리더들이 점점 많아지고 있다. 그들은 몰입을 측정하고 점검하고 관리한다. 그것을 성공의 핵심 요인으로 간주한다. 왜일까? 직원들이 의욕에 차서 주어진 일 이상을 해내려고 할 때 결과도 크게 달라지기 때문이다. 이 '자유재량에 의한 노력'이 성공과 실패, 즉 차이를 만들어낸다. 온라인 조사에서도 직원 몰입도가 높을수록 재무 실적도 좋다는 증거를 손쉽게 찾을 수 있을 것이다.

몰입하는 직원이 필요하다는 말은 긍정적으로 행동하는 직원이 필요하다는 뜻이다. 우리는 직원들이 더 현명하게 일하고, 더 참신한 아이디어를 내놓고, 더 좋은 서비스를 고객에게 제공하길 원한다. 하지만 자신이 소중히 여겨진다는 기분, 권한과 동기를 부여받았다는 기분을 느끼지 않는 한 직원들은 업무에 각별한 노력을 기울이지 않을 것이다. 따라서 직원들을 변화시키려면 먼저 리더의 행동이 달라져야 한다.

중요한 질문은 이것이다. 사람들에게 영감을 주어 그들이 긍정적인 마음으로 일에 전념하며 기꺼이 자신의 행동을 변화시키도록 하려면 리더는 무엇을 해야 하는가? 이 질문의 답을 찾을 때 직원들을 성공적으로 몰입시킬 수 있다.

'변화'가 아닌 '선택'을

나는 단어의 선택에도 비밀이 숨어 있다고 생각한다. 사람들은 변화보다 선택을 더 좋아한다. 변화라는 부담을 짊어지는 것보다는 몇 가지 길을 정해놓고 그중에서 선택하는 것을 선호한다.

리더의 직무가 전략적 선택이라는 것은 모두가 아는 사실이다. 리더는 목적지를 결정해야 한다. 직원들은 리더가 결정을 내리기 전에 그들의 의견을 고려해주길 바란다. 목적지를 정하는 것은 리더의 권한임을 인정하면서도 그곳까지 가는 길을 일일이 지시받기는 싫어한다. 선택 사항을 제시할 기회를 부여받고, 목적지에 이르는 최선의 길을 함께 결정하고 싶어한다. 스스로 경로를 선택할 권한을 부여받고자 한다. 직원들은 이처럼 선택을 할 수 있을 때 진정으로 헌신한다. 직원들의 헌신을 이끌어내고 싶다면 그들에게 선택권을 주는 대화를 장려해야 한다. 즉 리더가 훌륭한 커뮤니케이션 능력을 발휘하여 대화가 수월하게, 지속적으로 이루어지도록 해야 한다.

내가 인터뷰한 리더들은 커뮤니케이션 능력이 뛰어난 것만으로는 충분치 않다고 했다. 커뮤니케이션은 조직 전체에서 이루어져야 한다. 이는 곧 조직 곳곳의 관리자들이 밖으로 나가 직원들과 대화를 나누고 그들을 논의에 참여시켜 함께 문제의 해법을 찾아내야 한다는 의미다.

BAA의 CEO 콜린 매슈스는 말한다. "직원들과 그들의 직속 상관 사이의 커뮤니케이션은 매우 중요합니다. 커뮤니케이션이 케이크라면 기업 수뇌부에서 내려오는 커뮤니케이션은 케이크 겉에 바르는 크림입니다. 진짜 알맹이는 일선 관리자와 직원 사이에서 이루어지는 의견 교환이죠. 빵은 없이 크림만 너무 많으면 문제가 될 수 있습니다.

리더는 이들 일선 관리자가 수단과 기술을 갖추어 직원들과 양질의 커뮤니케이션을 할 수 있도록 해야 합니다. 리더십이란 리더 혼자 꼭대기에 앉아서 하는 일이 아닙니다. 조직 곳곳에 리더들이 충분히 있어야 합니다."

몰입의 구성 요소

몰입에 관한 정부 보고서에 따르면, 마음가짐, 행동, 성과는 서로 다른 별개의 개념이다. 따라서 해결해야 할 문제가 무엇인지 제대로 판단하려면 리더가 이들 개념 간의 차이를 식별할 줄 알아야 한다.

가령 직원들이 자부심이나 충성심은 느끼지만(마음가짐), 고객에게 회사의 입장을 적극적으로 대변하거나 일을 완수하기 위해 각별한 노력을 기울이지는 않을 수도 있다(행동). 성과에는 생산성과 혁신성의 증대, 혹은 사고율, 갈등, 질병 발생률, 직원 이직률의 감소 등이 포함된다. 마음가짐, 행동, 성과라는 세 가지 요소가 모여 몰입을 구성한다. 몰입은 문화, 동기, 만족감과는 다르다.

보고서는 이렇게 설명한다. "리더가 기계적 접근법으로 직원들을 조종하려 해서는 안 된다. 직원들은 그런 시도를 당장 간파하고 냉소주의와 환멸에 빠질 수 있다. 몰입한 직원은 자발적으로 자신의 재량에 따른 노력을 기울인다. 그들에게 이러한 노력은 있어도 그만, 없어도 그만인 부수물이 아니라 직장 일과에서 결코 빠질 수 없는 필수적 요소다."

보고서는 직원들을 몰입시키려면 다음 네 가지가 반드시 필요하다는 결론을 내린다.

▶ 확고하고 투명하며 명확한 조직 문화를 조성하여 직원들에게 조직의 비전 및 목적과 직무 사이의 관계를 뚜렷이 보여주는 리더십
▶ 직원들의 노력과 기여를 제대로 평가하고, 개인 대 개인으로서 직원

들을 대하고, 직원들을 효율적·효과적으로 조직하여 그들에게 직무를 수행할 준비와 지원이 갖춰졌다는 느낌, 존중받는다는 느낌을 주는 관리자

▶ 소속 부서에서의 의사 결정 및 직무 수행 방식에 관해 자유롭게 의견이나 아이디어를 제시할 수 있다고 느끼며, 문제와 과제를 공유하고 공동의 해법을 이끌어내기 위해 함께 헌신하는 직원들

▶ 조직이 추구하는 가치가 있으며 조직 내의 행동 규범은 충실히 지켜진다는 직원들의 믿음

우리는 이미 위의 네 가지에 대해 들은 바 있다.

리더가 직원들과 커뮤니케이션을 할 때 가장 중시해야 할 점은 모습을 드러내는 것이다! 이메일로 지시를 내리기만 하고 직접 만나서 의견을 나누지 않는 리더들이 너무 많다. 또한 리더는 관리자 및 감독자가 직원들과 좋은 관계를 형성하도록 해야 한다.

몰입을 측정하고 점검하라

에어버스의 CEO 톰 엔더스는 몰입을 회사의 성공을 위한 네 가지 핵심 요소 중 하나로 설정했다. "이곳에서 처음 일을 시작했을 때, 우리가 미래로 나아가려면 어떻게 해야 할지 골똘히 생각했습니다. 유능한 사람들은 물론 큰 자산입니다. 하지만 유능하더라도 동기 부여를 받지 못하면 성공할 수 없습니다. 그래서 저는 몰입을 우리 전략의 중심에 두어야 한다는 점을 깨달았죠.

조직을 이끌어가는 리더는 회사 전체의 사람들과 직접 대화를 해야합니다. 저는 밖으로 나가 사람들을 만나고 일이 어떻게 돌아가고 있는지 이야기 나누는 것을 무척 좋아합니다. 그 과정에서 문제의 조짐, 즉 잘못되어가는 부분에 관한 정보를 포착할 수 있기 때문이죠. 현장을 방문하고, 젊은 사람들과 대화하고, 생산 현장의 사람들과 더 많은 시간을 보내고……. 이는 제 직무의 일부이며 저는 이 일을 굉장히 좋아합니다. 이사회실이나 간부들이 근무하는 층에만 머물러서는 회사가 어떻게 돌아가고 있는지 제대로 이해할 수 없습니다. 밖으로 나가서 사람들을 만나야 합니다. 그러나 저 혼자만 하는 것으로는 충분치 않습니다.

우리 회사에는 약 2500개의 경영 단위가 있습니다. 우리는 이들 단위의 관리자들에게 부하직원들과 함께 앉아서 그들에게 동기 부여를 하는 것은 무엇인지 물어보라고 합니다. 직원들을 대상으로 설문조사를 실시해서 그들의 기분을 파악하고, 몰입도가 낮은 관리자들과 함께 그 이유에 대해 이야기를 나누죠. 우리 관리자들 중 다수는 처음 설문조사를 실시했을 당시 몰입 점수가 나빴습니다. 그들은 정신이 번쩍 드는 알람 소리를 들은 것 같다고 말했습니다. 직원들과 충분한 시간을 보내지 않고 있다는 사실을 몰랐던 겁니다. 그 점을 개선하자 실적이 향상되었죠."

이전 장에서 논의한 바와 같이, 나는 관계감사가—이 경우에는 직원 몰입도 감사가—과거 재무 실적보다 미래의 성공을 예측하는 데 더욱 효과적이라고 믿는다.

오늘날 리더들은 끊임없이 변화하는 환경에 직면해 있다. 끊임없는 변화는 불확실성으로, 불확실성은 확신의 부재로 이어지며 이는 결국 사기를 떨어뜨린다. 긍정적이고 진취적이던 회사가 부정적이고 퇴행적인, 실패하는 회사로 전락한다. 리더는 불확실성 속에서도 지속적으로 사람들에게 동기를 부여해야 한다. 이것이 변화가 리더에게 주는 어려운 과제다.

리더는 누구보다 우선 라인 관리자(line manager: 특정 제품이나 서비스의 생산 혹은 마케팅을 담당하는 관리자 ― 옮긴이) 및 일선 감독자와 커뮤니케이션해야 한다. 시간, 자금, 노력을 충분히 들여 커뮤니케이션함으로써 그들이 현장의 직원들과 얼굴을 맞대고 양질의 대화를 나눌 수 있도록 해야 한다.

브리티시 가스의 상무이사 필 벤틀리가 말했듯, 회사는 벽돌을 쌓듯 하나하나의 대화를 쌓아올리며 성장한다.

갈색 봉투 도시락 시간

페르미라의 데이먼 버피니는 공격적인 목표를 정한 다음, 사람들과 함께 앉아 달성 방법을 논의하는 것이 자신의 방식이라고 말한다. "리더는 방향을 정합니다. 하지만 그 방향으로 나아갈 방법은 함께 상의해야 합니다. 그렇게 함으로써 사람들의 동의와 지원을 얻게 되죠. 사람들을 리더의 비전에 몰입시키는 것은 어떤 회사에서든 기본적으로 꼭 필요한 일입니다. 사람들을 몰입시킬 유일한 길은 그들로 하여금 목표 달성 과정에 자신의 의견이나 시간, 노력 등을 투입하게 하는 것입니다. 그리고 그러한 투입을 이끌어낼 유일한 길은 함께 모여 앉아 의견을 나누는 것입니다."

러브필름의 사이먼 캘버는 리더가 직원들에게 이해할 시간을 주고 일이 어떻게 되어가는지 이야기하지 않는다면 그들의 동의를 얻을 수도 없다고 말한다. "저는 '갈색 봉투 도시락'이라는 방법을 씁니다. 다양한 집단의 사람들과 함께 갈색 종이봉투에 담아온 샌드위치를 먹은 다음 한자리에 모여서 문제를 논의하는 것이죠. 우리는 무엇이 잘되어가는지, 무엇이 잘못되고 있는지, 그들을 돕기 위해 제가 할 수 있는 일은 무엇인지, 그들이 걱정하는 업무상 문제는 무엇인지 이야기합니다.

리더는 이렇듯 열린 대화가 오가는 열린 회합을 해야 합니다. 또한 관리자들로 하여금 그들 휘하의 사람들을 만나 대화를 나누도록 해야 합니다. 우리는 직원들에게 분기별 목표를 정해주고 그것에 따라 평가 및 보상을 결정합니다. 관리자는 3개월마다 직원들을 평가합니다. 그럼으로써 관리자와 직원 간에 반드시 커뮤니케이션이 이루어지도록 하는 것이죠."

유나이티드 유틸리티스의 전 CEO 필립 그린은 대화의 중요성을 강조한다. "직원들은 자신의 생각을 표현하고 싶어합니다. 그들은 자신이 몸담은 조직에 관심을 둡니다. 조직의 판단에 기여하고, 리더에게 자신의 견해를 밝히고 싶어합니다. 그들에겐 그런 기회가 무척 소중합니다. 리더가 직원들과 함께 앉아 이야기를 나누면 좋은 아이디어가 쏟아져 나옵니다. 생산 현장에서 일하는 사람들이 이사회실에 있는 이들보다 상황을 더 잘 이해하고 있는 경우가 많습니다. 이들과 함께함으로써 리더도 회사가 어떻게 돌아가고 있는지 파악하게 됩니다."

니컬러스 영의 말에 따르면, 적십자의 관리자들은 중요한 결정을 내릴 때 직원 및 자원봉사자들과 함께 상의하는 신중한 과정을 거친다. "영리 조직의 리더들이 우리의 방식을 터무니없다고 여기는 것도 이해가 갑니다. 그들에게는 시간도 너무 오래 걸리고 합의에 너무 치중하는 걸로 보이겠죠. 하지만 우리에게는 자원봉사자 및 직원들과 함께 변화를 이루어가는 것이 매우 중요합니다. 그래서 시간을 들여 그들을 만나고, 묻고, 아이디어를 교환합니다.

그들이 어떤 사람들인지, 그들의 문제가 무엇인지 이해하면 영감을 주기도 한결 수월해집니다. 리더가 사람들에게 영감을 주고 격려하고 지지해서 뭔가를 성취하도록 하는 것은 오직 이러한 대화를 통해서만 가능합니다."

대화를 지배하지 마라

영국 코벤트리에 자리 잡은 워릭 대학교의 부총장 나이젤 스리프트 교수는 리더가 대화를 지배하려 들어서는 안 된다고 말한다.

"리더들은 곧잘 강압적인 모습을 보이는 경향이 있습니다. 문제는 남의 말을 방해할 때가 너무 많다는 거예요. 제 아내는 제가 다른 사람의 말에 너무 자주 끼어든다고 이야기합니다. 그래서 저는 여러 사람들과 모여 앉아 대화를 나눌 때 그들이 하고 싶은 말을 다 할 수 있도록 무척 조심합니다. 사람들은 리더에게 말을 할 필요가 있으며 그러길 원하기도 합니다. 그것은 그들의 권리이고 리더는 그 말을 제대로 이해해야 할 의무가 있습니다. 하지만 리더가 대화를 이끌고 자신의 관점을 제안해야 할 때도 있습니다. 그것을 두려워해서는 안 되겠지만 균형을 잘 잡을 필요는 있죠."

고플라이의 전 CEO 바버라 카사니는 직원과 대화를 할 때는 무엇보다도 그들의 문제를 화제로 삼아야 한다고 말한다. "저는 신중하게 일정을 짜서 열다섯 명 정도의 사람들과 함께 이야기를 나누는 시간을 마련했습니다. 그들은 서로 다른 부서에 소속된 직원들이었죠. 저는 주로 그들의 말을 경청하는 편이었습니다. 그러기 위해 그 자리에 간 것이었으니까요. 제가 관심을 두는 문제는 바로 그들이었습니다. 그들의 이야기를 듣고 그들에 대해 배워야 했죠. 저는 수첩에 이런 말을 적어두고 되새기곤 했습니다. '내 문제를 말하기 전에 우선 질문부터 하자!'

이렇게 하면 리더의 목표를 실현하기도 더욱 수월해집니다. 어쩌면 목표를 수정하게 될 수도 있죠. 이런 시간을 갖지 않을 경우 리더는 보이지 않는 장벽에 부딪힐 수도 있습니다. 다른 사람들이 리더의 생각을 이해하고 받아들이지 않으면 저항에 맞닥뜨리게 된다는 것입니다. 솔직히 말해, 직원들에게 견해를 묻지 않는 것은 무례한 일이기도 합니다."

포트넘 앤드 메이슨의 베벌리 아스퍼널은 다양한 집단에 속한 직원들과 정기적으로 교류하고 있다. "제 역할은 질문을 한 뒤 사람들의 대답을 듣거나 그들의 견해를 이끌어내는 것입니다. 리더가 적절한 질문을 적절한 방식으로 던지고 사람들로 하여금 문제를 논의하게 하면 직접 개입하지 않아도 십중팔구 해답이 나옵니다.

다만 가끔씩 대립되는 경우가 있는데 그때는 리더가 '자, 여러분의 이야기를 들어보니 우리는 이쪽 길을 택해야 한다는 생각이 드는군요'라고 하면서 방향을 정해야 합니다. 하지만 이건 아주 드문 일이에요. 리더가 적절한 질문을 한다면 사람들은 거의 항상 올바른 해법을 찾아냅니다.

결코 하지 말아야 할 일은 리더가 다른 사람들에 앞서 먼저 자신의 견해를 밝히는 것입니다. 그러면 사람들은 다른 의견을 제시할 수 없습니다. 지위가 높을수록 대화에 불쑥 끼어들어 자신의 생각을 내세우는 경우가 많은데, 그런 행동은 반드시 피해야 합니다."

데임 바버라 스토킹은 영국 옥스팜의 CEO다. 옥스팜은 세계 기근 해결을 위해 설립된 자선단체로, 1942년 옥스퍼드에서 옥스퍼드기근구제위원회(Oxford Committee for Famine Relief)라는 이름으로 탄생했다. 현재 옥스팜은 가난과 불평등을 몰아낼 해법을 찾기 위해 세계 98개국에서 15개 조직이 활동하는 국제적 연합체다. 또한 영국 옥스팜은 유럽 최대의 중고책 판매점이며, 영국 내에 2만 명의 자원봉사자를 보유하고 있다.

바버라의 말에 따르면, 직원들과 회의를 할 때 리더는 커뮤니케이션에 세 가지 요소가 있음을 기억해야 한다. "리더가 하는 말, 리더가 듣는 말, 들은 말의 해석, 이것이 그 세 가지입니다. 좋은 리더는 대화를 듣고 상대방이 어떤 사람인지, 그가 정말로 전하려는 말이 무엇인지 이해하고자 노력합니다.

우리는 직원들이 얼마나 동기 부여가 되어 있는지 파악하기 위해 정기적으로 설문조사를 실시합니다. 현재 우리의 문제 중 하나는 직원들이 관리자들에게 불만을 느낀다는 점입니다. 그들은 관리자가 자신들의 말에 충분히 귀를 기울이지 않는다고 생각하고 있어요. 그래서 관리자가 팀원들을 만나 커뮤니케이션을 더욱 잘하게 하려면 어떤 조치를 취해야 할까 모색 중입니다. 커뮤니케이션을 잘한다는 것은 말하기뿐만 아니라 듣기도 잘한다는 의미입니다. 연설을 잘하는 것보다는 잘 들을 줄 알아야 합니다. 자원봉사단체에서는 동기가 대단히 중요합니다. 동기는 사람들이 몰입감을 느끼고, 자신의 견해가 의사결정 과정에서 참작되었다고 느낄 때 생겨납니다."

커뮤니케이션이 그렇게 중요하다면 왜 훈련을 시키지 않는가?

이 문제에는 커다란 간극이 존재한다. 나는 리더들이 커뮤니케이션의 중요성을 강조하며 관리자나 감독자의 커뮤니케이션 능력 부족에 우려를 나타내는 모습을 자주 보았다. 리더들은 관리자가 핵심 메시지를 전하지도 않거나, 전한다 해도 메시지에 자기만의 '편견'을 담는 경향이 있다고 푸념했다. 그러한 편견은 설령 크게 해를 미치지는 않더라도 전혀 도움이 안 된다. 조직 상부부터 계단식으로 정보를 하달하는 데 엄청난 노력을 쏟았음에도 불구하고, 리더들은 일선 직원들이 중요한 계획에 대해 전혀 듣지 못했거나 무슨 일을 해야 하는지 정확히 파악하지 못한다는 사실을 거듭 확인했다.

리더들은 라인 관리자가 어느 부분에서 부족했는지 밝히는 데 직원의 피드백을 이용한다는 이야기를 자주 했다. 피드백에서 사기 저하의 징후나 커뮤니케이션 부족으로 인한 불만이 포착되면 리더는 이를 바탕으로 라인 관리자를 평가했으며, 이는 다시 해당 관리자의 대인

관계 능력을 향상시키기 위한 개인 지도로 이어졌다.

관리자들에게 커뮤니케이션 훈련을 시키느냐고 물었을 때 그렇다고 답한 리더는 극히 소수였다. BAA의 콜린 매슈스가 말했듯, 기업 수뇌부에서 하달되는 커뮤니케이션이 물론 중요하긴 하지만 조직의 계획이 본격적으로 실현되는 것은 라인 관리자와 일선 직원들 간의 대화를 통해서다.

따라서 리더에게 중요한 질문은 다음과 같다. 관리자가 직원들과 좋은 관계를 형성하도록 장려하는 최선의 방법은 무엇인가? 관리자가 잘하고 있는지 확인할 방법은 무엇인가? 다행스러운 점은, 별도의 훈련 없이 단지 리더가 대화에 모습을 드러내는 것만으로도 그들에게 큰 영향을 미칠 수 있다는 것이다.

하지만 조직 전체의 리더들이 커뮤니케이션 훈련, 특히 듣기에 관한 훈련을 받는다면 대화는 한층 효과를 발휘할 것이다(이에 대해서는 10장에서 더 자세히 살펴보겠다).

리더가 '외부에서 들여온 것'을 가장 유용하게 활용할 수 있는 것도 바로 이러한 대화를 통해서다. 직원들에게 그들의 행동이 어떤 영향을 미칠지, 그들이 성공을 거두었을 때 조직 외부의 사람들이 어떤 기분을 느낄지 알려줌으로써 리더는 그들의 감정을 몰입시킬 수 있다. 유니레버의 폴 폴먼이 말했듯, 직원들의 열정에 불이 붙는 것은 그들이 이처럼 외부에서 기인한, 감정이 결합된 목적의식을 가질 때다.

조지 버나드 쇼는 다음과 같이 말했다. "커뮤니케이션에서 가장 큰 문제는 서로 커뮤니케이션이 잘되었다고 착각하는 것이다." 커뮤니케이션을 가로막는 장벽 중 하나는 청중에 대한 이해 부족이다. 메시지를 주의 깊게 작성해서 청중에게 전한다 해도 그들이 다른 데 관심을 두고 있다면 커뮤니케이션에 착각이 빚어질 것이다. 청중을 고려하는 것은 성공적인 커뮤니케이션을 위해 무엇보다 우선해야 할 중요한 일이다.

- ▶ '사람이 유일한 자산이다' 라는 발상은 진부하며 위험할 정도로 단순화된 생각이다.

- ▶ 최소한의 일만 하는 직원은 자원을 축내고 모든 일을 둔화시키며, 변화에 노골적으로 저항하는 직원은 조직에 독이 된다.

- ▶ 직원 몰입도를 측정하고, 목표를 향한 사람들의 의욕과 헌신을 지속시킬 방법을 찾는 전략적 수단으로 그 측정 결과를 활용하라.

- ▶ 직원들을 몰입시키는 데 시간을 할애하라. 결국에는 더욱 효과적이고 빠르게 목표를 달성할 수 있을 것이다.

- ▶ 몰입은 대화를 통해 이루어진다.

- ▶ 대화는 직원들로 하여금 큰 목표를 완전히 이해하고 목표 달성에 필요한 과제를 리더와 더불어 계획할 수 있도록 구성되어야 한다.

- ▶ 이러한 대화는 직원들에게 선택권을 부여한다. 선택을 함으로써 직원들은 변화의 희생자가 되었다는 기분을 느끼지 않게 된다.

- ▶ 그들의 선택은 조직의 성패에 중요한 영향을 미친다.

- ▶ 이러한 대화를 등한시하여 중간 관리자들이 커뮤니케이션 훈련을 받지도 않고, 커뮤니케이션 능력을 측정받지도 않는 경우가 너무 많다.

- ▶ 고위 경영진 역시 대화의 질을 확인하거나 대화로부터 피드백을 얻으려는 노력을 기울이지 않는다.

- ▶ 조직 곳곳의 리더들에게 직원들과 정기적으로 대화를 나누도록 요구하려면 당신이 먼저 본보기를 보여야 한다.

- ▶ 팀 간의 커뮤니케이션을 돕는 데 시간을 할애하여 직원들이 자신의 역할이 무엇인지, 최종 목적지에 이르기 위해 다른 사람들은 무엇을 할 것인지 파악하게 하라.

PART 3
사람이
따르는 리더의
언어 습관

chapter 9

청중은
무엇을
원하는가

"택시 승객이 커네리워프로 가자고 하면 그들은 이렇게 말하곤 했습니다. '아니 세상에, 거길 가시려고요? 거기가 얼마나 먼지 아세요?' 그래서 우리는 푸짐한 티파티를 몇 차례 열어 택시 기사들을 초대했습니다. 반응이 아주 좋았지요. 그 뒤로 승객이 커네리워프에 가자고 하면 그들은 이렇게 말했습니다. '커네리워프요? 굉장히 멋진 곳이죠.'"

▶   당신이 전투를 하루 앞둔 군인이라고 잠시 상상해보라. 내일이
    면 당신은 지옥의 입구로 뛰어들어야 한다. 임무는 침투가 불
가능해 보이는 진지 속에 틀어박혀 있는 중무장한 적군을 괴멸시키는
것이다. 진지까지 가는 길은 사방이 훤히 트인 지형이며 곳곳에 방책과
지뢰가 설치되어 있다. 적군의 치명적인 공격을 피할 차폐물은 거의 없
다. 하지만 어떻게든 당신은 적을 격퇴해야 한다. 두려운 상황이다.

무슨 생각이 드는가? 제일 먼저 떠오르는 걱정이 무엇인가? 아마 내일 목숨을 잃으리라는 생각이 들 것이다.

아비바의 회장 셔먼은 말한다. "조지 패튼 장군은 1944년 6월 연합군의 노르망디 상륙작전 개시 바로 전날 제3군 병사들에게 연설을 하던 중 그들이 이러한 두려움을 느끼고 있음을 감지했습니다. 그래서 그는 병사들에게 이렇게 말했죠. '모두가 죽는 것은 아니다. 큰 전투에서 목숨을 잃는 사람은 전체의 2퍼센트에 불과하다.'

그 말을 들은 병사들은 즉시 이렇게 생각했습니다. '좋아, 내가 살아남을 확률은 98퍼센트나 되는구나!' 패튼 장군의 말은 병사들에게 희망을 주고 사기를 높였습니다. 뿐만 아니라 패튼 장군은 병사들과 대화를 할 때 상스러운 말도 서슴지 않았습니다. 그것이 병사들과 소통하고 유대감을 형성하는 길임을 알았던 것이죠. 그는 죽음에 대한 병사들의 공포를 누그러뜨림으로써 그들에게 영감을 주었습니다.

진정으로 커뮤니케이션을 하고 싶다면, 그리고 청중과 유대감을 형성하고 싶다면 그들에게 필요한 말이 무엇인지, 그들이 어떤 문제를 갖고 있는지 이해한 뒤 그 문제를 우선적으로 이야기해야 합니다. 또한 적절한 어조를 취하는 것도 중요합니다. 이 두 가지를 제대로 하지 않으면 청중은 귀를 기울이지 않을 것입니다. 멋진 연설을 하더라도 커뮤니케이션은 되지 않는 것이죠." (패튼의 연설은 인터넷에서 찾아볼 수 있다. 그것은 영감을 주는 놀라운 커뮤니케이션이었다. 1944년 6월 5일, '오버로드 작전(Operation Overlord)'이라는 암호명이 부여된 노르망디 상륙작전 바로 전날 밤에 패튼이 부하들에게 한 연설이다. 2퍼센트가 사망할 것이라는 그의 예측은 거의 정확했다. 1944년 6월 6일, 약 15만 6000명의 연합군 병사가 노르망디에 상륙했는데 전사자는 총 4414명으로 추산된다. 이는 작전 당일 영국해협을 건 넌 병사의 약 2.8퍼센트에 해당하는 수치다.)

셔먼 외에도 다수의 리더가 커뮤니케이션을 하기에 앞서 먼저 청중을 이해하는 게 중요하다고 강조했다. 그들의 대부분은 경력 초기에 연설이나 대화에서 청중과 유대감을 형성하는 데 실패한 뒤 이 중요성을 이해하게 되었다고 했다. 그것은 분명 뼈아픈 경험이었을 것이다. 하지만 그 결과 청중을 고려하는 것이 얼마나 중요한지 깨닫게 되었다.

당신이 무슨 말을 하느냐가 아닌, 청중이 무슨 말을 듣느냐가 중요하다

매번 인터뷰를 시작할 때마다 나는 리더에게 스스로의 커뮤니케이션 능력에 점수를 매겨달라고 부탁했다. 최저 0점부터 최고 10점 사이에서 그들은 평균적으로 자신에게 7~8점을 주었다. 대다수 리더는 현재 자신이 좋은 커뮤니케이션 능력을 갖추고 있지만 그래도 계속해서 더 배우고 발전해야 한다고 생각했다. 아직 커뮤니케이션에 완전히 통달하지는 못했다는 이야기였다.

그날그날의 커뮤니케이션 성과에 따라 점수를 다르게 매기겠다고 한 리더들도 많았다. 어떤 날은 4점짜리 커뮤니케이션을 할 때도 있다고 했다. 그들이 스스로에게 높은 점수를 준 경우에는 한 가지 공통 요소가 있었다.

그것은 바로 '유대감'이었다.

청중과 유대감을 형성했다는 느낌이 들지 않을 때 그들은 가차 없이 형편없는 점수를 매겼다. 기술적으로 흠잡을 데 없는 훌륭한 연설을 했더라도 청중을 몰입시키지 못했다면, 즉 사람들과 정서적 유대감을 쌓지 못했다면 그것은 과제를 완수한 것이 아님을 그들은 알고 있었다.

반면 유대감이 생겼다는 기분이 들 때, 몰입한 청중의 '신바람'을 즐겼을 때는 10점 만점을 주기도 했다.

비즈니스에서 커뮤니케이션의 핵심은 행동을 변화시키는 것이다. 커뮤니케이션은 전략을 행동으로 바꾼다. 만약 정서적 유대감을 형성하지 못하면 사람들의 감정과 사고방식에도 좀처럼 변화가 일어나기 어렵다. 그러면 행동도 결코 달라지지 않을 것이다.

내셔널 트러스트의 데임 피오나 레이놀즈는 이렇게 말한다. "사람들이 리더의 연설을 듣고 훌륭한 연설이었다고 하더라도 객관적으로 보면 훌륭한 연설을 한 것이 아닐 수 있습니다. 사람들의 그러한 반응은 곧 그들이 리더의 연설에 영감을 얻고 감명을 받았다는 뜻입니다. 그런 반응을 야기하려면 청중에 관해 미리 생각하고 준비해야 합니다. 그들에게 어떤 인상을 줄 것인지, 어떻게 공감할 것인지 말이죠."

웨이츠 그룹의 회장이자 CEO인 폴 드렉슬러는 커뮤니케이션의 성공은 리더가 무슨 말을 하느냐가 아니라 청중이 무슨 말을 듣느냐에 달렸다고 지적한다. "커뮤니케이션의 성공을 가늠할 진정한 척도는 '사람들이 진정으로 리더의 말을 이해했는가?', '그들이 리더의 말에서 무엇을 얻었는가?' 입니다. 아이디어를 행동으로 바꾸려면 사람들을 몰입시켜야 합니다. 직원, 고객, 그 밖에 비즈니스에 중요한 모든 사람과 좋은 관계를 형성해서 그들을 몰입시켜야 합니다."

이러한 관계는 리더가 충분한 시간을 들여 청중에 대해 깊이 생각할 때만 생겨난다. 사전 조사 없이 청중과 자동적으로 유대감을 형성할 수 있는 사람은 거의 없다. 페르미라의 데이먼 버피니는 말한다. "훌륭한 커뮤니케이션을 생각하면 저는 언제나 빙산이 떠오릅니다. 누군가의 말을 듣는 것 자체는 단지 빙산의 일각에 불과합니다. 말을 듣고 감명을 받으면 그가 메시지를 전하기 전부터 많은 것을 준비했음을 깨닫게 되죠. 이는 청중에 대해 미리 많은 생각을 했기 때문입니다."

청중이 무엇을 생각하고, 느끼고, 행동하길 바라는가?

데이비드 너스바움은 세계자연보호기금(WWF) 영국 지부의 CEO다. WWF는 세계 최대의 민간 자연보호단체로, 500만 명의 후원자를 보유하고 있다. 이 단체의 사명은 인간이 자연과 조화를 이루며 사는 미래를 만드는 것이다. 사람들의 마음을 움직여 행동하게 하는 것이 WWF의 중심 활동이다.

너스바움의 이야기를 들어보자. "설득력이 있다는 것은 연설 능력이 뛰어나다는 의미가 아닙니다. 그것은 사람들에게서 인망을 얻고 동조를 이끌어낸다는 의미입니다. 그러기 위해서는 먼저 자신에게 다음과 같은 질문들을 던져봐야 합니다. 나는 청중에게 무엇을 알리고 싶은가? 나는 청중이 무엇을 느끼길 바라는가? 나는 청중이 어떤 행동을 하길 바라는가?

중요한 점은 '그들이 듣고 싶어하는 말이 무엇인가?' 뿐만이 아닙니다. '그들은 무슨 말을 들을 마음의 준비를 하고 있는가?' 에 대해서도 생각해야 합니다. 그들의 흥미를 끌고 유대감을 형성하려면 어떤 말을 해야 하는가? 무엇이 그들을 몰입시키고 그들에게 영향을 미칠 수 있는가? 그들이 반드시 들어야 할 중요한 점은 무엇인가? 청중의 견해와 행동에 변화가 일어나지 않는다면 커뮤니케이션이 이루어졌다고 할 수 없습니다. 이 점을 잊지 말아야 합니다."

론 샌들러는 노던록의 회장이자 피닉스 그룹 및 아이언쇼어의 비상임 회장이다. 노던록은 현재 영국 정부 소유의 은행으로, 지난 2007년 은행 파산을 우려한 고객들이 예금을 인출하고자 지점 밖에 줄을 서서 기다린 사건으로 유명하다. 이 사건으로 노던록은 150년 만에 처음으로 예금 인출 사태를 겪은 은행이라는 오명을 남겼다. 론 샌들러는 노던록이 국유화된 2008년 초부터 이 은행의 경영을 맡았다.

자연히 론은 논란이 되는 문제들을 다루는 데 익숙해졌다. 그는 이렇게 말한다. "사람들과 공감할 수 있다는 것은 곧 청중의 요구에 맞게 메시지, 어조, 표현법, 태도 등을 조정할 줄 안다는 의미입니다.

사람들이 알아들을 수 있고 편안하게 느끼는 언어를 사용하여 자신의 생각을 전달해야 합니다. 그러지 못하면 결코 유대감을 형성할 수 없습니다. 사고의 명료함은 내용의 명료함을 낳으며, 이는 명료한 커뮤니케이션의 필수 요소입니다. 하지만 사람들과의 성공적인 관계 형성은 리더가 청중이 편안히 느끼도록 말을 하는지, 그래서 그들로부터 이야기를 이끌어내고 함께 의미 있는 대화를 나눌 수 있는지에 따라 좌우됩니다."

리더스 퀘스트의 필스 위커-미우린은 좋은 리더는 다양한 종류의 사람들과 효과적으로 커뮤니케이션을 할 수 있어야 한다고 말한다. "청중이 누구든 간에, 그러니까 뉴욕이나 중국의 기관투자가든, 케냐의 NGO 혹은 지역 재계 인사든, 영국 정부의 각료든, 미디어든, 휘하 직원이든 당신이 가장 먼저 해야 할 일은 그들을 파악하는 것입니다.

즉 서로 다른 신념 체계와 문화적 뿌리를 지닌 전 세계의 다양한 사람들이 저마다 어떻게 정보를 받아들이고 처리하는지, 어떤 필터를 통해 정보를 걸러내는지, 그들의 근본적인―겉으로 잘 드러나지는 않지만 당신의 말을 듣고 해석하는 방식에 큰 영향을 미칠―사고방식이 무엇인지 이해해야 합니다. 그러려면 자아의식을 잃지 않으면서도 타인에 대한 깊은 관심과 겸손한 세심함을 발휘할 필요가 있습니다."

변화시켜야 할 것은 메시지가 아니라 메시지를 전하는 방식이다

닉 파트리지는 에이즈 및 HIV와 관련하여 다양한 활동을 펼치는 영국의 자선단체 테렌스 히긴스 트러스트의 CEO다.

파트리지는 말한다. "만약 사람들이 리더가 자신들에게 귀를 기울이지 않는다고, 자신들의 관점을 이해하지 못한다고 생각한다면 그 리더는 성공을 거둘 수 없습니다. 결코 그들의 신뢰를 얻을 수 없습니다. 리더는 스스로의 모습, 언어, 보디랭귀지, 어조 등 모든 것을 사려 깊게 생각해야 합니다. 사람들이 필요로 하는 메시지를 전해야 합니다.

HIV와 건강한 성은 감정에 호소하는 성격이 강한 문제입니다. 그래서 저는 이 문제를 다양한 청중에게 이야기할 때 무척 조심스럽습니다. 신앙생활을 하는 성직자들이 청중이라면 에이즈 운동가나 남성 동성연애자를 대상으로 할 때와는 다르게 이야기해야겠죠. 청중에 따라 전혀 다른 메시지를 전한다는 의미가 아닙니다. 청중에게 초점을 맞출 때 중요한 과제는 자신의 가치관에 충실하고 목적을 일관성 있게 지키면서도 윤리, 성, 건강 문제에 대해 서로 다른 견해를 지닌 다양한 집단들의 동조를 이끌어내는 것입니다."

커네리워프의 기적

　　　　피터 레빈은 세계적인 보험회사인 런던 로이즈의 회장이다.

레빈은 다양한 청중의 요구에 맞춘 메시지 작성의 훌륭한 예를 보여준다. 그는 커네리워프(런던의 대규모 금융단지) 개발의 책임자를 처음 맡았을 때, 즉 런던 동부에 대규모 사무실 지구를 개발한다는 것이 '끔찍한 발상'으로 여겨지던 시절의 일을 언급했다.

"처음에는 커네리워프에 5000명의 사람들이 있었어요. 지금은 9만 5000명으로 불어났으니 엄청나게 성공한 거죠. 한마디로 말해, 당시이곳은 완전히 망한 상태였어요. 각종 신문에서 커네리워프는 폐허가 되었고, 건물 복도에서는 바람이 씽씽 불고 있고, 곧 건물 사방에 테이프를 붙여야 할 것이라는 기사가 쏟아져 나왔습니다.

우리가 변화를 일으키려면 무엇보다도 청중을 이해해야만 했습니다. 왜 사람들은 커네리워프를 좋아하지 않을까? 이곳이 사람들의 고려 대상이 되지 않는 이유는 무엇일까?

저는 다른 회사의 CEO들에게 전화를 걸어 직설적으로 물어보곤 했습니다. 그들 중 다수는 커네리워프가 너무 멀어서 도저히 올 엄두가 안 난다고 했습니다. 제가 일단 한번 방문해보는 게 어떠냐고 청하면 그들은 "글쎄요, 음, 미안해요. 지금은 바빠서요"라고 대답했죠. 커네리워프가 어디 있는지는 아느냐고도 물어봤는데, 정확한 위치를 아는 사람들도 거의 없었어요. 어쨌든 저는 그 바보들을 끈질기게 설득해서 마침내 이곳을 방문하게끔 만들었습니다. 그들은 늘 약속 시간보다 30분 일찍 도착했습니다. 일정을 짜는 비서가 이곳까지 오려면 엄청난 시간이 걸릴 거라고 생각했던 것이죠.

커네리워프를 제대로 알리려면 비서를 타깃으로 삼아야 한다는 것을 깨달았습니다. 비서들은 밖으로 돌아다닐 때 주로 어떤 교통수단을 이용할까요? 지하철을 탑니다. 그래서 우리는 광고료를 지불하고 지하철 내에 퀴즈가 담긴 포스터를 부착했습니다. 맞히면 경품을 주겠다고 했죠. '이 역에서 커네리워프까지는 시간이 얼마나 걸릴까요?', '커네리워프에는 상점이 몇 개나 있을까요?', '어떤 레스토랑이 있을까요?' 이런 퀴즈를 낸 뒤, 정답을 보낸 이들에게 상품권을 선물했는데 이것이 제대로 먹혔습니다.

이어서 우리는 택시 기사도 오해를 부추기는 데 한몫하고 있다는 사실을 발견했습니다. 택시 승객이 커네리워프로 가자고 하면 그들은 이렇게 말하곤 했습니다. "아니 세상에, 거길 가시려고요? 거기가 얼마나 먼지 아세요? 거긴 이 세상의 끝이나 마찬가지인 곳이에요." 그래서 우리는 푸짐한 티파티를 몇 차례 열어 택시 기사들을 초대했습니다. 반응이 아주 좋았지요. 그 뒤로 승객이 커네리워프에 가자고 하면 그들은 이렇게 말했습니다. '커네리워프요? 전에 거기 가보신 적 있으세요? 굉장히 멋진 곳이죠.'

적절한 커뮤니케이션을 하고 적절한 방식으로 메시지를 전하기 위해 우리는 청중이 누군지 정확하게 포착하고 그들의 관점을 완전히 이해해야 했습니다.

2년이 지난 뒤, 저는 이발소에 갔다가 옆자리에 앉은 사람이 커네리워프를 칭찬하는 것을 듣고 마침내 우리가 성공했다는 사실을 실감했습니다. 그는 이발사에게 말하길, 모두가 커네리워프는 완전한 실패작이 될 거라고 할 때 자신은 성공할 줄 알았다고 했습니다. 그날 사무실로 돌아온 저는 모두에게 이렇게 외쳤죠. '우리가 해냈어!'"

먼저 생각해둬야 할 질문들

광고업계에는 청중에게 초점을 맞춘다는 것이 무엇을 의미하는지 분명히 보여주는 멋진 표현이 있다. 바로 'WIFM'이라는 문구인데, '그게 내게 무슨 이익이 되지?(What's in it for me?)'의 약자다. 이 문구는 카피라이터들이 제품이나 서비스의 장점을 광고 메시지에 확실히 담아내고자 할 때 끊임없이 던지는 질문이다. 리더는 이 문구를 언제나 유념해야 한다.

커뮤니케이션의 목적이 행동 변화라면 리더는 사람들에게 이야기하기에 앞서 스스로에게 몇 가지 중요한 질문을 해야 한다. 나와 인터뷰한 리더들 중 몇몇은 구체적인 청중을 염두에 두면 도움이 된다고 했다.

> ▶ 그들은 누구인가? 직업은 무엇인가? 어디에 사는가? 그들이 당신에게
>   중요한 이유는 무엇인가?
> ▶ 지금 그들은 당신에 관해 무슨 말을 하고 있으며, 그 이유는 무엇인가?

▶ 그들의 걱정은 무엇이며, 그들을 신나게 하는 일은 무엇인가?

▶ 이 모든 요소는 그들의 행동에 어떤 영향을 미치는가?

▶ 그들에게 이야기한 다른 사람으로는 누가 있으며, 그가 한 말은 무엇인가?

▶ 그들의 행동이 당신에게 도움이 되는 이유, 혹은 도움이 되지 않는 이유는 무엇인가? 그들의 행동은 당신에게 얼마나 큰 손실을 초래하는가?

▶ 당신이 그들에게 바라는 행동은 무엇인가? 그들이 그래야 하는 이유는 무엇인가?

▶ 그들의 동기와 계기는 무엇이며, 당신은 어떻게 그것을 확신하는가?

▶ 그들이 당신의 바람대로 행동했을 때 얻는 진정한 이득은 무엇인가? 그 이득이 그들에게 중요한 이유는 무엇인가?

▶ 그들이 굳이 당신을 주목해야 할 이유는 무엇인가?

청중이 중요하게 여길 만한 메시지를 전하려면 먼저 이러한 질문에 답해봐야 할 것이다. 이 모든 문제를 감안하지 않는다면 당신의 커뮤니케이션은 유대감을 형성할 수도, 청중의 마음가짐이나 행동에 변화를 일으킬 수도 없다.

하지만 이들 질문을 고려했다 하더라도 여전히 충분하지 않을 수 있다. 때로는 말을 하기 전에 우선 상대방의 말부터 들어야 할 때도 있다. 그래야 상대방도 기꺼이 당신의 말에 귀를 기울일 것이다.

▶ 리더십 커뮤니케이션의 핵심은 목표를 달성하는 데 있다. 리더십 커뮤니케이션이란 사람들의 행동을 변화시키기 위한 것이다.

▶ 사람들이 당신의 말에 담긴 의도를 이해하지도 못했고, 전과는 다르게 생각하고 행동해야겠다는 동기를 부여받지도 못했다면 당신은 커뮤니케이션에 실패한 것이다.

▶ 어쩌면 당신은 듣는 사람들의 반응에는 신경 쓰지 않고 일방적으로 말을 한 것일지도 모른다. 커뮤니케이션은 당신의 말이 상대에게 영향을 미쳤을 때에만 성립된다.

▶ 기억하라. 다른 사람들 역시 당신의 청중에게 이야기를 할 것이다. 그들이 어떤 말을 할지 생각해보았는가?

▶ 사람들은 자신만의 필터를 거쳐서 당신의 말을 듣는다. 필터는 문화적인 것일 수도, 정서적인 것일 수도 있다. 혹은 개개인의 인지 능력이나 심지어 오해 때문에 필터가 작용할 수도 있다.

▶ 당신은 먼저 그들의 관심사, 그들의 문제부터 언급해야 한다. 그런 다음에야 당신 자신의 관심사를 알릴 수 있을 것이다.

▶ 리더는 청중의 사고, 감정, 행동에 변화를 일으키려고 해야 한다. 하지만 그러기 위해서는 우선 현재 그들의 생각과 감정이 어떤지부터 알아야 한다.

▶ 청중 앞에 나서기 전에 그들과 유대감을 형성할 최선의 길이 무엇인지 생각해야 한다.

▶ 메시지에는 일관성이 있어야 하지만 적절한 조정도 필요하다. 회계사들이 의미 있게 여길 만한 핵심 메시지를 작성한 뒤 그것을 인적 자원 전문가들에게 맞게 조정해보라. 같은 메시지가 완전히 다르게 변할 것이다.

▶ 성공적인 커뮤니케이션의 핵심은 '유대감', 즉 청중과의 정서적 연결을 확립하는 것이다.

chapter 10

경청은 눈과 귀, 그리고 마음으로 한다

"리더들 대부분이 워낙 똑똑한 사람들이다 보니 요점을 금방 파악해 이야기를 진득이 듣지 못하는 경우가 많습니다. 그래서 자주 말을 가로막거나 아예 끝내버리곤 하죠. 이건 정말 안 좋은 행동입니다. 실제로 듣는 것 못지않게 듣고 있다는 모습을 보이는 것 또한 중요하기 때문입니다."

▶   보통 사람은 1분에 약 150단어를 말한다. 우리는 1분에 650단어를 들어도 잘 이해할 수 있다. 발언자의 메시지가 얼마나 길든, 그의 말을 이해하는 데는 30초도 채 걸리지 않는다. 나머지 30초를 어떻게 사용하느냐는 우리의 선택에 달려 있다.

훌륭한 리더는 그 시간을 현명하게 사용한다. 그것을 어떻게 사용하느냐가 형편없는 리더십과 위대한 리더십을 가르는 차이가 되기 때문이다. 사람들의 말에 귀를 기울이는 리더는 멀티태스킹을 하고 있는 것이다. 그들은 발언자의 말을 듣는 동시에 보디랭귀지까지 유심히 살핀다. 맥락을 고려하고, 발언자의 눈을 들여다보며 겉으로 드러난 말 이면에 있는 의도를 파악하려 한다. 그들은 논리를 넘어 감정의 세계로 들어간다.

가디언 미디어 그룹의 회장 데임 아멜리아 포셋은 이렇게 말한다. "잘 듣는 능력은 가장 강력한 커뮤니케이션 수단 중 하나입니다. 듣는 능력이 뛰어난 리더들은 말에 담긴 속뜻까지 듣습니다. 겉으로 들리는 말뿐만 아니라 그 속에 담긴 의미까지 듣는 것이죠. 중요한 것은 단지 말을 듣고 그 의미를 이해하는 것이 아니라, 사람들에게 당신이 귀를 기울이고 있음을 보여줘야 한다는 점입니다.

구내식당에 갔다가 우연히 누군가 자신의 상사 이야기를 하는 걸 들었습니다. '진짜 웃긴다니까. 난 그 여자하고는 다신 말 안 할 거야. 그 여자는 내가 하는 말에는 전혀 관심이 없어.' 리더가 열심히 귀를 기울이지 않으면 결국 사람들도 굳이 리더에게 말을 하려 들지 않을 것입니다. 그렇게 되면 리더는 업무를 장악할 수 없게 됩니다."

인터뷰에서 데임 아멜리아는 하버드 경영대학원 학장이자 리더십에 관한 다양한 저작을 발표한 니틴 노리아(Nitin Nohria) 교수의 말을 인용했다. "커뮤니케이션은 리더의 직무다." 아멜리아는 이 주제에 대해 더 상세히 설명했다. "커뮤니케이션이 리더의 직무인 이유는 리더십 커뮤니케이션의 핵심이 사람들에게 영감을 주고 그들을 몰입시키는 것이기 때문이죠. 하지만 우선 듣지 않으면 영감도 몰입도 불가능합니다!"

유나이티드 유틸리티스의 전 CEO 필립 그린은 말한다. "사람들의 말을 들을 때는 듣고 있다는 것을 보여주는 것이 매우 중요합니다. 리더들 대부분이 워낙 똑똑한 사람들이다 보니 요점을 금방 파악해 이야기를 진득이 듣지 못하는 경우가 많습니다. 그래서 자주 말을 가로막거나 아예 끝내버리곤 하죠. 이건 정말 안 좋은 행동입니다. 실제로 듣는 것 못지않게 듣고 있다는 모습을 보이는 것 또한 중요하기 때문입니다.

그러려면 엄청난 인내심이 필요합니다. 리더는 존중심을 가지고 가만히 귀를 기울여야 합니다. 사람들은 자신이 하는 일에 관심을 둡니다. 공을 세우는 데 관심이 있고 리더에게 자신의 견해를 이야기하고 싶어합니다. 이는 기억해둘 만한 사실입니다. 그들이 자신의 의견을 발표할 기회를 주어야 합니다. 그렇지 않으면 더 이상 의견을 밝히거나 아이디어를 내지 않을 것입니다. 이건 큰 손실입니다. 대체로 현장에서 일하는 직원들은 이사회실에 있는 사람들보다 실제 상황을 더 잘 파악하고 있으며, 정말 좋은 아이디어는 대부분 그들에게서 나오기 때문이죠."

현대의 리더들은 예전보다 더 많은 교육을 받고, 더 많이 알고, 더 민주적인 방식을 지향하는 직원들을 다루고 있다는 것을 염두에 두어야 한다. 과거의 리더십은 여러모로 지금보다 단순했다. '좋은 성과'란 일방적인 지시 사항일 뿐이었다. 하지만 오늘날 좋은 리더는 사람들로부터 최선의 결과를 이끌어낼 뿐만 아니라 그들 및 기업에 무엇이 중요한지도 안다. 이는 우선 사람들을 존중함으로써 시작된다.

에미리트 항공 및 그룹의 부회장 모리스 플래너건은 말한다. "리더는 존중을 보임으로써 존중을 받습니다. 존중을 보이는 방법 중 하나는 진정으로 귀를 기울이는 것이죠. 리더는 사람들에게 그들의 관점을 받아들여 고려하고 있다는 인상을 줄 때 존중받습니다. 잘 듣는다는 것은 단지 사람들의 말뜻을 이해하는 것뿐만 아니라 이야기를 들을 때 얼굴에 드러나는 표정과도 관계가 깊습니다. 리더는 사람들의 말에 관심을 가지고 있다는 느낌을 줘야 합니다. 이건 거짓으로 꾸며낼 수 있는 것이 아닙니다. 진정으로 관심이 있어야 가능한 일이죠."

글로벌 법률회사 앨런 앤드 오버리의 수석 파트너 데이비드 몰리는 듣기가 중요한 능력이라는 점에 동의하면서도 그것을 효과적으로 해내는 사람은 극소수에 불과하다고 말한다.

"많은 리더들에게 듣기란 곧 자신의 이야기를 시작하기 위해 상대방의 말이 끝나기를 기다리는 일에 불과합니다. 잘못된 생각이죠. 오늘날 리더십에 관한 신화 가운데 하나는 리더가 그저 지시를 내리기만 하면 모든 이들이 지시받은 대로 움직일 것이라는 믿음입니다. 하지만 CEO들과 이야기를 해보면 전혀 그렇지 않다는 사실을 알게 됩니다. 기업에는 고위 리더십 팀이 있고 그들은 명령대로만 움직이길 원치 않습니다. 그들은 참여하고, 몰입하고, 어느 정도의 자율성을 부여받고자 합니다. 리더의 과제는 그들을 설득하고 그들에게 영향을 주어 올바른 방향으로 나아가게 하는 것입니다.

그러기 위한 유일한 길은 그들을 존중하며 진정한 관심을 보이고, 그들의 말에 주의 깊게 귀를 기울이는 것뿐입니다. 리더는 그들의 말에 이해와 반응을 보임으로써 자신이 귀 기울이고 있음을 증명해야 합니다. 사람들로부터 적절한 반응을 이끌어내는 커뮤니케이션, 그것은 사람들을 움직이는 요인이 무엇인지 또 그들의 걱정이 무엇인지 리더가 잘 이해할 때만 가능합니다."

그러므로 리더가 사람들의 말을 도중에 가로막는 것은 치명적인 잘 못이라 할 수 있다.

현대 의학의 아버지로 흔히 소개되는 캐나다 출신 의사 윌리엄 오슬러(Sir William Osler)는 '듣기'라는 문제에 깊은 열의를 보였다. 그는 동료 의사들에게 이렇게 충고했다. "환자들의 말에 귀를 기울이게. 그 것이 곧 진단이니까." 그가 1904년에 한 이 충고는 오늘날에도 여전히 유효하다. 듣기에 관해 조사하는 과정에서 나는 "환자들의 가장 흔한 불만 중 하나는 의사가 그들의 말에 충분히 귀를 기울이지 않는다는 것이다"라는 내용이 담긴 연구를 발견했다. 만약 의사들이 환자들의 말을 유심히 들었더라면 임상 결과도 더욱 향상되었을 것이다.

1980년대에 이루어진 여러 연구 결과에 따르면, 의사들은 평균적으로 환자가 말을 시작한 지 겨우 18초 만에 그들의 말을 자르는 것으로 드러났다. 이후 의사 교육 과정에서는 환자의 말을 경청하는 일이 더욱 비중 있게 다루어졌다. 미국에서 발표된 최근 연구 결과에서는 의사들이 환자의 말을 끊고 질문을 할 때까지 23초가 걸리는 것으로 나타났다. 다년간의 교육에도 불구하고 고작 5초가 향상된 셈이다.

환자의 말을 얼마나 오랫동안 끊지 말고 들어야겠느냐는 질문에 의사들은 3분이라고 답했다. 한편 대다수 환자들은 의사에게 보통 세 가지 정도의 관심사를 털어놓고 싶은데 주어진 시간 동안에는 그중 하나밖에 이야기할 수 없다고 했다. 환자에게 세 가지를 모두 이야기 하도록 했을 때 걸리는 시간은 얼마일까? 그렇다, 딱 3분이었다. 의사들은 환자의 전모를 파악하기 위해 자신이 얼마나 오랫동안 귀를 기울여야 하는지 직관적으로 아는 것 같았다. 하지만 그들이 환자의 말을 그렇게 오래 듣지 못하도록 방해하는 뭔가가 있었다.

효과적인 듣기를
가로막는 것은 무엇인가?

상대방이 말을 이해하기까지 두뇌에 충분한 시간 여유가 있을 때는 말, 질문, 제안 등을 하고 싶은 충동도 억누를 수 없을 만큼 강해진다. 형편없는 리더는 상대방의 말을 가로막고 싶은 충동을 이겨내지 못해서 직원들을 불만과 환멸에 빠뜨린다.

의사들에 대한 가장 흔한 불만은 그들이 충분히 귀를 기울이지 않는다는 것이었다. 관리자나 리더에 대한 불만 역시 마찬가지다. 내가 이제껏 보았던 수많은 직원 설문조사에 따르면, 직원들이 불만을 느끼는 가장 큰 원인은 리더가 그들의 말에 귀 기울이지 않고 그들의 견해를 하찮게 여기기 때문이었다. 훌륭한 리더는 듣기가 얼마나 중요한 일인지 알고 직원들의 말을 가로막고 싶은 충동을 억제한다.

이안 토머스는 플루오르 영국 지사의 상무이사다. 플루오르는 세계 유수의 건설회사다. 그는 이렇게 말한다. "탁월한 리더는 '발신' 모드보다는 '수신' 모드에 주로 있습니다. 듣지 못하는 리더는 결코 사람들을 이끌 수 없습니다."

크리스토퍼 가넷은 올림픽조달청의 이사다. 가넷은 이곳의 이사직을 맡기 전에 GNER(Great North Eastern Railway)의 CEO로 일하기도 했다. 그는 사람들의 말을 적절히 듣지 못하는 것은 리더의 중대한 결점이라고 믿는다. "특히 리더 자리에 오래 있으면서 자신이 알아야 할 것은 이미 모두 들었다고 생각하고 귀를 닫은 사람들이 그렇습니다. 그러한 리더들은 실패로 향하는 내리막을 걷고 있는 셈이죠."

인터뷰에서 대다수 리더들은 어째서 듣기가 리더십을 구성하는 다양한 측면(의사 결정 과정, 관계의 발전과 유지, 문제 해결 등)의 일부가 되는지 설명해주었다. 듣기를 잘하는 리더는 상대방의 말을 듣고, 메시지의 의미를 파악하고, 메시지가 말하는 이에게 얼마나 중요한 것인지 이해하고, 그 사실을 상대방에게 알린다.

옥스팜의 바버라 스토킹은 조직 전체를 확실히 파악하는 일은 오직 듣기를 통해서만 가능하다고 강조한다. "위험한 것은 인내심을 잃어서 더 이상 들을 수 없게 되는 것입니다. 처음에는 귀를 잘 기울이다가도 차츰 사람들의 말을 듣지 않게 되는 리더들을 흔히 볼 수 있습니다. 더 이상 사람들의 생각을 알고 싶어하지 않는 것이죠. 그들은 결국 진짜 문제가 무엇인지 듣지 못하게 되어 잘못된 결정을 내리고 맙니다."

눈, 귀, 마음으로 들어라

듣기는 모든 커뮤니케이션 기술 가운데 가장 자주 사용되는 것인데도 불구하고 이 기술에 숙달된 사람은 드문 것 같다. 사람들은 귀만 사용하지 않는다. 귀를 기울인다는 것은 그저 말소리가 귀에 들어오도록 한다는 의미가 아니다. 그것은 상대방의 말을 이해하고, 공감하고, 자신이 이해하고 있음을 상대에게 보여주는 것이다. 적절한 질문을 던지고, 겉으로 드러난 말 이면에 담긴 메시지를 파악하는 것이다.

WWF의 데이비드 너스바움은 귀와 눈이 결합될 때 가장 잘 들을 수 있다고 말한다. "누군가의 말을 들을 때는 그의 잠재의식이 보내는 메시지를 찾아야 합니다. 메시지 이면의 감정은 어떤지, 사람들이 진정으로 원하는 것은 무엇인지 파악해야 하죠. 듣기를 할 때 가장 큰 잘못은 상대의 말을 도중에 끊어버리는 것입니다. 그러면 상대방은 자신의 말을 당신이 이해하지 않으려 한다고 느끼고 의욕을 잃을 수도 있습니다. 리더들은 얼른 요점으로 들어가려 할 때가 많은데 사람들이 말을 마칠 때까지 가만히 기다릴 줄 알아야 합니다."

차임 커뮤니케이션스의 CEO 크리스 새터스웨이트의 말에 따르면, 사람들이 최선을 다함으로써 조직에 최선의 결과를 가져오도록 도울 방법은 오직 그들에게 귀를 기울이는 것뿐이다. 그러기 위해서는 뛰어난 듣기 능력이 필요하다. "저는 예전에 우리 회사에서 일했던 로던 챔버스란 사람의 이야기를 자주 합니다. 그의 장례식 때 그의 친구 중 하나가 자리에서 일어나 '로던은 누구보다 풍부한 상상력을 발휘해서 다른 사람의 이야기를 들어준 사람'이라고 하더군요. 아주 좋은 생각을 떠올리게 해준 표현이었습니다. 진정으로 사람들의 이야기를 들으려면 성심성의껏 상상력을 발휘해서 귀를 기울여야 합니다. 상상력이 담긴 듣기, 이것이 제가 사람들에게 기대하는 것입니다."

사람들이 들려주는 해답에 귀를 기울여라

많은 리더들은 직원들에게 자신의 관심사를 표현할 기회를 주지 않는 한, 그들은 귀를 막고 꼭 알아야 할 메시지도 들으려 하지 않을 것이라 했다. 먼저 직원들 자신의 생각을 밝힐 수 있게 해야 그들도 리더의 말에 귀 기울일 준비를 할 것이다. 나는 이것을 '듣기 계약'이라 부른다. 직원의 말을 듣는 데 전념하는 리더는 이 암묵적 거래에서 자신의 의무를 이행한 셈이다. 거래 내용은 다음과 같다. "나는 당신의 말에 귀를 기울일 것이다. 그러니 당신도 내 말에 귀를 기울일 의무가 있다."

오데온 앤드 UCI 시네마즈의 CEO 루퍼트 개빈은 말한다. "상대방의 말을 듣지 않으면 상대방도 당신의 말을 듣지 않을 것입니다. 일방적 커뮤니케이션 체계를 갖춘 조직이 너무 많습니다. 그것은 결코 효과를 발휘할 수 없습니다. 듣기란 어려운 과제입니다. 필사적으로 노력하고 무엇보다 오랫동안 연마해야 할 영역이죠. 저는 날마다 거울을 보며 사람들의 말을 충분히 많이 들었는지 자문합니다. 더 들었어야 할까? 이 회의에서는 이렇게 할 수도 있지 않았을까? 저 회의에서는 저렇게 할 수 있지 않았을까? 이렇게 묻는 것이죠."

크리스토퍼 젠트는 리더십이란 곧 팀과 함께 일하는 것이라고 말한다. 이 견해는 다른 사람들이 당신에겐 없는 능력과 특성, 통찰을 지니고 있다는 가정을 바탕으로 한다. "그들의 기여가 소중하고 꼭 필요하다면 리더가 비범한 듣기 능력을 갖춰야 합니다. 적절한 질문을 던져서 사람들의 이야기를 이끌어낼 수 있어야 하죠. 세상의 모든 지혜를 혼자 다 가지고 있는 사람은 없습니다. 따라서 현명하게 귀를 기울이면 더욱 풍부한 정보를 바탕으로 올바른 결정을 내릴 수 있습니다. 사람들에게서 자주 통찰을 얻을 수 있을 것이며, 이는 리더 혼자 생각할 때는 바람직해 보였던 행동이 실은 잘못된 것이었음을 깨닫는 데 도움이 될 것입니다."

크리스토퍼는 어떤 이사의 이야기를 들려주었다. 그는 크리스토퍼를 비롯한 경영진이 내린 결정은 잘못되었다고 주장하며, 그렇게 생각하는 이유를 이사회에 설명할 기회를 달라고 요구했다. "큰돈이 걸린 중대한 문제였는데 그는 제 결정에 동의하지 않았습니다. 저는 이 문제가 그에게 얼마나 중요한 것인지 깨닫고 그가 이사회에 견해를 밝히도록 자리를 마련했습니다. 결국 이사회는 제 결정을 그대로 고수하겠다는 결론을 내렸습니다. 하지만 그때부터 그는 제 계획을 훌륭히 이행했습니다. 저는 경영자로서 경력을 쌓아오는 동안 끔찍한 실수를 저지른 적도 몇 번 있었지만 이 경우에는 제 결정이 옳은 것으로 판명되었습니다. 그런 성과를 거둔 데는 처음에 제게 반대하던 이사의 헌신이 큰 역할을 했습니다. 그는 자신의 관점을 밝힐 기회가 있었기 때문에 헌신했던 것이고, 그의 결심은 우리가 성공을 거두는 데 크게 기여했습니다. 우리가 그의 생각을 존중한다는 사실을 보여준 것이 그의 헌신을 이끌어냈습니다."

리더가 나쁜 소식을
간절히 바라야 하는 이유

페트로팍의 그룹 CEO 아이만 아스파리는 사람들이 리더에게 나쁜 소식을 가져오도록 장려하는 것이 중요하다고 말한다. "나쁜 소식의 흐름을 막아서는 안 됩니다. 그런 행동은 파국을 불러오는 계기가 되기 때문이죠. 사람들이 리더에게 문제를 제기할 수 있는 환경을 조성하고 그것에 귀 기울일 자세가 되어 있어야 합니다. 저는 오랜 경험을 통해, 사람들에게 의견을 개진할 기회를 주면 처음에는 찬성하지 않았던 결정에도 지지를 보내준다는 사실을 배웠습니다."

나쁜 소식을 들을 준비가 되어 있는 리더는 그 문제들 덕분에 커다란 차이를 만들어낼 수도 있다. 내셔널 트러스트의 데임 피오나 레이놀즈는 문제를 흔쾌히 받아들임으로써 조직에 본보기를 보이는 것이 리더가 할 일이라고 말한다. "리더가 최악의 문제들을 표면화할 준비가 되어 있어야 진정한 발전이 이루어집니다. 또한 리더는 조직 전체를 '더욱 잘 듣는 조직'으로 만들어야 합니다. 귀를 기울이면 뭔가를 배울 수 있습니다. 어떤 조직이든 번영을 위해서는 끊임없이 배워야 합니다."

머빈 데이비스에 따르면, 리더는 단지 문제점을 사람들과 터놓고 논의하는 수준을 넘어서 나쁜 소식을 간절히 바랄 정도가 되어야 한다. "리더가 좋은 소식만 기대하면 토론이 활발히 이루어지는 개방적인 문화가 생길 수 없습니다. 리더는 나쁜 소식을 정말로 간절히 기대하는 모습을 보여서 사람들이 두려움 없이 어려운 문제들을 전할 수 있게 해야 합니다."

인터뷰에 응한 리더들은 '비난 없는 문화'의 필요성을 거듭 강조했다. 그렇지 않으면 사람들이 자신의 의견을 거리낌 없이 밝히지 못할 테니 양질의 피드백도 얻을 수 없을 것이다. 리더는 '피드백광'이 되어 나쁜 소식도 열렬히 환영하는 모습을 보여야 한다. 이는 매우 특별한 커뮤니케이션 기술로, 리더가 이것을 활용하려면 나쁜 소식에 대한 개인의 감정과 반응은 접어두어야 한다. 분노나 불만의 기미를 약간만 보여도 직원들이 이야기를 꺼릴 수 있기 때문이다. 리더가 꼭 들어야 할 문제나 의견에 관한 이야기를 말이다.

다낫 장군은 한 사람의 생각, 한 사람의 경험보다는 여러 사람이 머리를 맞대고 서로의 경험을 나누는 편이 언제나 더 나으며, 상반되는 관점을 서로 터놓고 토론하는 것은 견고한 계획을 세우는 데 늘 도움이 된다고 말한다. "사람들이 두려움 없이 이야기를 할 수 있도록 장려하는 것이 리더의 과제입니다. 리더에게 질책을 받을까봐 두려워하게 되면 누구도 선뜻 자신의 의견을 밝히지 않을 것입니다."

엑스트라타의 믹 데이비스는 커뮤니케이션 능력이 부족하면 결코 좋은 리더가 될 수 없다고 말한다. "듣기는 커뮤니케이션에서 가장 중요한 부분입니다. 나쁜 소식에 부정적으로 반응한다면 아무리 귀를 기울인다 한들 소용이 없습니다. 사람들이 어떤 소식을 가져와도 리더가 극단적인 반응을 보이지 않는 분위기가 조성되어야 합니다. 이는 건설적인 환경의 근간이 됩니다. 좋은 리더십의 핵심은 좋은 커뮤니케이션이고, 좋은 커뮤니케이션의 핵심은 신뢰입니다. 신뢰는 리더가 사람들의 말에 귀를 기울일 때, 그리고 지금까지 리더가 옳은 결정을 내려왔음을 사람들이 알고 있을 때 생겨납니다. 사람들이 그동안 리더의 결정이 결국 옳았음을 느끼면 리더는 아무런 거리낌 없이 커뮤니케이션하고 신뢰를 얻을 수 있습니다. 신뢰는 사람들에게 영감을 줍니다.

저는 어떤 결정을 내릴 때 커뮤니케이션을 많이 합니다. 제 견해를 밝히고 여러 사람들의 의견도 들은 뒤 마음을 정하죠. 다른 이들의 의견에 근거해서 생각이나 입장을 바꾸는 것은 이러한 과정의 일환일 뿐 결코 나약함이 아닙니다. 이 과정에 사람들을 참여시키는 것은 매우 중요합니다. 그래야 사람들은 리더가 자신들의 의견에 귀를 기울이고 있다고 느낄 테니까요. 오만함은 금물입니다. 상대방의 말은 듣지 않고 일방적으로 자기 이야기만 하는 것도 금물입니다. 조직의 사명 달성에 직원, 고객, 사회가 참여하지 않으면 결코 계획을 실행할 수 없습니다. 그들을 참여시키려면 먼저 그들에게 중요한 것이 무엇인지 이해해야 합니다."

리더는 다양한 방식으로 들을 수 있다

리더는 메시지를 듣는 다양한 방식을 배워야 한다. 편견이나 치우침은 정보의 질을 떨어뜨린다. 자신의 견해를 강화하는 데 도움이 되는 정보만 선택적으로 듣는 리더들도 있을 것이다. 그들에겐 자신의 선입견에 의문을 제기하는 용기가 필요하다. 또한 다양한 사람들의 말을 폭넓게 듣고 상황을 제대로 파악해야 한다.

알카텔-루슨트의 벤 버와이엔에 따르면, 현대 기술의 장점 중 하나는 리더가 중간 관리자(개인적 관점에 따라 피드백을 걸러낼 수도 있는)의 해석을 거치지 않고 모든 직원의 의견을 직접 들을 수 있다는 점이다. "저는 누군가가 사람들을 소개하면서 '이들이 제 사람들입니다' 라고 하는 게 정말 듣기 싫습니다. 그 사람들은 그의 것이 아닙니다. 그들은 그들 자신의 것이고, 각자의 생활 속에서 늘 생사가 걸린 결정을 내립니다. 우리는 그들을 사무실로 데려와 갑자기 그들이 기업 언어를 쓰고 언제나 완벽하게, 정치적으로 올바르길 바라죠. 말도 안 되는 소리예요! 리더는 직원 한 사람 한 사람을 진지한 개인으로 대하고 그들이 자기 견해를 자유롭게 표현할 수 있도록 해야 합니다."

인터뷰를 하는 동안 벤은 내게 알카텔-루슨트의 회사 인트라넷을 보여주었다. 그는 직접 블로그를 운영하며 정기적으로 업데이트를 하고 있었다. "처음 이걸 시작할 무렵, 회사가 위기에 처해 있었습니다. 저는 블로그를 통해 지금 우리가 해야 할 일을 이야기하고 다른 사람들의 생각은 어떤지 물었습니다. 저는 모든 메시지에 24시간 내로 대답했습니다. 그 결과 회사 내의 모든 이들에게 제가 개방적이고, 언제든 쉽게 다가갈 수 있으며, 직원들의 의견을 소중히 여기는 사람이라는 강력한 메시지가 전해졌습니다.

예를 들어, 저는 오늘 오후에 말레이시아에 갈 예정인데 제 블랙베리를 꼭 챙겨 갈 생각입니다. 모든 이들과 터놓고 이야기를 나누다 보니 이제는 회사에서 일어나는 갖가지 일들을 알게 되었거든요. 전 그렇지 않다고 생각하지만 제 아내는 잠을 잘 때도 우리 두 사람 사이에는 블랙베리가 있다고 불평을 합니다. 뭐, 거의 사실이긴 하지만요."

사브밀러의 그레이엄 매케이는 수많은 사람들로부터 얻는 정보를 꼼꼼히 살펴서 패턴과 단서를 찾아내야 한다고 말한다. 무엇보다 중요한 점은 메시지 이면에 담긴 동기가 무엇인지, 메시지가 패턴 속에 어떻게 들어맞는지 고려하는 것이다. "들어오는 모든 것을 흡수하여 곰곰이 생각해보는 것이 중요합니다. 리더는 모든 종류의 관점을 향해 안테나를 세운 채 평생을 보내야 합니다."

레빈은 많은 고위직 리더들이 터무니없이 바빠서 듣고 읽는 데 쓸 시간이 없다는 점을 지적한다. "듣기는 매우 중요한 일이지만 현실적으로 어려울 때도 있습니다. 갑자기 마법을 부려서 일주일을 9일로 만들 수는 없습니다. 따라서 리더 주위에는 레이더가 되어 지속적으로 정보를 전해줄 좋은 사람들이 있어야 합니다. 제 주위에는 제가 알아야 할 일이 일어났을 때 금방 신호를 보내 알려줄 사람들이 많이 있습니다. 리더는 이런 시스템을 갖추고 있어야 합니다."

들은 다음에는 반드시 응답해야 한다

리더가 단지 듣고 있음을 보여주는 것만으로는 부족하다. 충분한 효과를 거두려면 들은 다음에 반드시 응답을 해야 한다. 문제에 관해 들었다면 해결에 필요한 행동을 해야 한다. 또한 문제를 가져온 직원들에게 결과적으로 어떤 조치가 취해졌는지도 알려야 한다.

이와 같은 맥락에서, 셔먼은 리더가 직원들의 의견에 동의하지 않는 경우에도 왜 그들의 제안을 수용할 수 없는지 그 이유를 설명해야 한다고 말한다. "사람들은 리더의 대답을 들을 자격이 있습니다. 설령 그들이 원하던 대답이 아니라 할지라도 말이죠. 저는 사람들의 이야기를 들을 때 나중에 조치를 취하기 위해 늘 그 내용을 받아 적습니다. 사람들의 말을 받아 적는 것은 제가 그들에게 귀를 기울이고 있다는 강력한 신호가 되기도 하죠. 제가 그 메모를 다시는 사용하지 않는다 해도 그것은 제가 그들의 말에 관심과 흥미를 가지고 있다는 신호를 보냅니다."

JCB의 회장 겸 상무이사 앤서니 뱀포드는 잘못된 견해를 거리낌 없이 말하는 사람들에게 이의를 제기하지 않는 리더들이 너무 많다고 말한다. "저는 의견 불일치가 리더에게 유익한 것이라 믿습니다. 리더는 관리자 및 직원들과 더 자주, 대담하게 정면으로 맞서야 합니다. 그렇지 않으면 형편없는 커뮤니케이션을 하는 셈이며, 이는 심각한 문제의 원인이 되기 쉽습니다. 직원들이 리더가 진정으로 원하는 바를 명확히 이해할 수 없기 때문이죠. 리더는 자신의 소신을 밝히고 그에 따라 행동할 용기가 있어야 하는데 제가 보기엔 그러한 용기를 갖춘 리더가 부족한 것 같습니다."

워릭 대학교의 나이젤 스리프트 교수는 리더가 듣기와 말하기 사이에서 신중히 균형을 잡아야 한다고 말한다. 리더는 대화를 이끌며 사람들이 논의를 통해 올바른 결정을 내리도록 도와야 한다. 이 점은 리더가 절실히 인식해야 할 사실이다. 다만 주의할 점은, 대화를 주도하다 보면 어느샌가 리더가 자기 하고 싶은 말만 하는 상황이 올 수도 있다는 것이다. "경험은 선물인 동시에 저주입니다. 리더는 사람들이 방해받지 않고 이야기할 수 있도록 기회를 줘야 하지만 때로는 리더 자신의 관점을 알리는 것이 중요한 경우도 있습니다."

정곡을 찌르는 질문

사람들의 이야기를 이끌어내고 문제의 핵심을 파악하려면 리더가 어떤 질문을 던져야 할까? 인터뷰에서 이 점을 물었을 때 리더들이 제일 먼저 한 대답은 상황에 따라 질문도 달라져야 한다는 것이었다. 조금 더 집요하게 캐물은 결과, 질문하기에 관한 두 가지 중요한 주제를 이끌어낼 수 있었다.

첫째는 사람들이 문제에 대해 어떤 감정을 느끼는지 관심을 가지는 것이다. 이는 진짜 문제가 무엇인지 단시간에 파악할 수 있는 지름길이다. 일단 문제가 표면화되고 나면 리더는 그 문제에 관심을 보이며 조치를 취하겠다는 약속을 할 수 있다. 사람들이 자신의 감정을 드러내기 전까지는 문제의 해법에 관해 건설적 논의를 하기가 어려울 것이다. 따라서 리더는 우선 사람들이 감정을 드러낼 수 있게 해야 한다.

크리스 새터스웨이트는 말한다. "리더는 논의 중인 문제에 대해 사람들이 어떤 감정을 느끼는지, 그 이유는 무엇인지 늘 질문해야 합니다. 그런 다음에는 만약 그들이 리더라면 어떻게 하겠느냐고 묻습니다. 질문을 받은 직원들은 선뜻 대답하지 못하고 망설이기 쉽습니다. 아직 자신이 떠올린 해답의 타당성에 대해 충분히 생각하지 못했기 때문이죠. 그 장애물을 뛰어넘으려면 이렇게 물으면 됩니다. '여러분의 직감은 뭐라고 합니까?' 그러면 깜짝 놀랄 만큼 멋진 해답을 얻을 것입니다."

론 샌들러도 이에 동의한다. "저는 사람들에게 '저는 이런 느낌이 드는데 여러분은 어떠십니까?' 하고 묻곤 합니다. 그럼으로써 좀 더 정서적인 차원에서 사람들과 관계를 형성하게 되고, 그러면 사람들은 더욱 적극적으로 저와 이야기를 나누려 합니다. 만약 불만을 느끼는 직원들이 있다면, 그리고 그들이 여러 동료 앞에서 그 점을 이야기할 생각이 있다면 리더는 그 불만의 이유에 관한 건전한 대화를 장려할 수 있습니다. 이런 종류의 대화는 회사 내의 비효율적 과정을 분명히 드러냅니다. 또한 문제를 바로잡아 업무 성과를 높이는 데 필요한 것이 무엇인지도 보여줍니다."

두 번째 주제에는 리더로 하여금 '우리는 지금 일을 어떻게 해나가고 있는가?'라는 문제를 금방 파악할 수 있게 해주는 몇 가지 질문이 포함된다.

특히 다음 네 가지 질문이 유용하다.

▶ 우리가 지금 하고(do) 있는 일들 중 앞으로 계속해서 해야 할 것은 무엇인가?

▶ 우리가 그만해야(stop doing) 할 일은 무엇이며, 현재 그것을 하는 이유는 무엇인가?

▶ 우리가 더 잘, 더 많이 해야(do better, do more) 하는 일은 무엇이며, 현재 그러지 못하는 이유는 무엇인가?

▶ 우리가 시작해야(start doing) 하는 일은 무엇이며, 아직 시작하지 않은 이유는 무엇인가?

내가 '4Dos'라 명명한 이들 질문은 경영 컨설턴트의 말처럼 들리지 않으면서도 리더로 하여금 조직의 강점, 약점, 기회, 위험을 발견할 수 있게 해준다는 점에서 의미가 있다. 또한 간단하면서도 지극히 생산적이다. 어떤 식으로 표현해도 질문하기가 손쉽고 사람들을 대화에 참여시켜 회사에 영향을 미칠 중요 행동에 관해 이야기를 나눌 수 있다. 조직의 각 층, 각 부분을 대상으로 이들 질문을 던진다면 조직에 필요한 조치가 무엇인지 금방 눈앞에 드러날 것이다. 이러한 효과를 거둘 수 있는 이유는 이들 질문이 미처 알려지지 않은 장벽을 밝혀내고 영감을 주는 아이디어를 떠올리도록 자극하기 때문이다.

행동의 발판, 귀 기울여 듣기

회의를 마치고 나오면서 괜히 시간 낭비만 했다는 생각이 든 적이 얼마나 되는가? 틀림없이 많을 것이다. 수많은 리더들이 불필요한 회의가 너무 많다며 불만을 토로했다. 그들의 말에 따르면 대다수 회의의 가장 큰 문제는 우선 의제가 명확하지 않고, 회의를 해도 앞으로 취해야 할 행동이 분명히 드러나지 않는다는 점이다. 아이러니하게도 이는 대다수 직원들의 불만이기도 하다. 관리자들이 모습을 드러내고 직원들과 대화를 나눈 뒤에도 그들은 이러한 불만을 제기한다.

"리더에게는 행동 지향적 성향이 있어야 합니다." 나와 인터뷰한 리더들이 강조한 점이다. 사람들에게 귀를 기울여 그들의 감정과 행동 방식을 이해하는 것은 궁극적으로 실제 행동을 끌어내기 위한 것이다. 즉 사람들이 꾸준히 지속해야 할 행동에 관해 이야기하게끔 하고, 바람직한 행동에 초점을 맞추어 더 자주 하도록 하고, 새로운 행동을 시도하여 더 나은 결과를 낳도록, 혹은 생산적이지 않은 행동은 그만두도록 장려하기 위한 것이다.

앞에서 소개한 질문들은 리더가 사람들이 취하는 행동의 이유를 이해하고, 그 행동을 유발하는 신념, 인식, 규칙, 요건을 밝히는 데 도움이 된다. 이를 통해 리더는 더욱 풍부한 정보를 바탕으로 결정을 내릴 수 있다. 여기에 행동 지향적 성향과 지속적이고 건설적인 대화를 결합하면 뛰어난 성과를 거둘 가능성이 극적으로 높아진다.

웨이츠 그룹의 폴 드렉슬러는 듣기를 잘하기란 매우 어려운 일이라고 말한다. 하지만 듣기를 잘할수록 커뮤니케이션도 잘할 수 있다고 강조한다. 귀를 잘 기울일수록 청중의 요구를 이해하기도 손쉬워지기 때문이다. "리더는 피아노 조율사와 비슷한 데가 있습니다. 귀를 기울여 잘 들으면 정말 멋진 소리를 만들어낼 수 있기 때문이죠."

▶ 듣기는 핵심적인 커뮤니케이션 기술이지만, 아마 당신은 아직 이 기술에 능숙하지 않을 것이다.

▶ 듣기라는 간단한 행위가 상대방에게 영감을 줄 수 있다.

▶ 우선은 듣기부터 하라. 그럼으로써 말을 할 권리를 얻는다.

▶ '듣기 계약'을 기억하라. 먼저 당신이 귀를 기울이면 상대방도 당신의 말을 들어야 한다.

▶ 듣지 않으면—심지어 듣지 않는 듯한 모습만 보여도—사람들의 의욕과 몰입이 사라진다.

▶ 우선 사람들의 말을 들은 다음, 마음의 장벽을 허무는 행동으로 응답하거나 그 말에 담긴 좋은 아이디어에 관심을 보이면 호의를 불러일으키는 동시에 당신이 그들의 편임을 입증할 수 있다.

▶ 이야기를 들은 다음에는 반드시 그에 대해 응답하라. 행동으로 반응을 보여야 하며, 상대방의 말을 수용할 수 없는 경우에는 그 이유를 설명해야 한다.

▶ 사람들이 마음을 터놓도록 장려하라. 그들이 후환을 두려워하지 않고 리더에게 나쁜 소식을 전할 수 있는 문화를 조성하라.

▶ 리더는 사람들에게 적절한 질문을 던져야 하며, 그들에 대한 관심과 흥미를 표현하는 법을 배워야 한다.

▶ 사람들이 말을 하도록 장려하는 것도 물론 중요하지만 리더가 대화를 올바른 방향으로 이끌어나갈 필요도 있다. 다만 이때는 대화를 지배하지 않도록 각별한 주의를 기울여야 한다.

▶ 누군가의 말을 들을 때는 겉으로 드러난 말 이면의 감정과 동기, 의도, 맥락, KPI와 재정상의 수치, 분위기까지 들어야 한다.

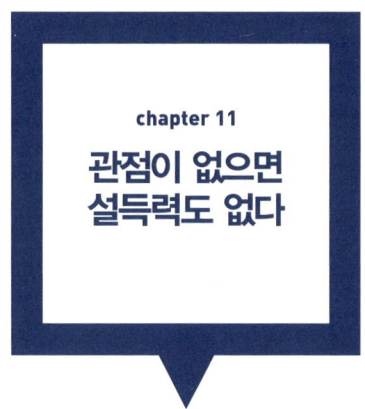

chapter 11

관점이 없으면
설득력도 없다

관점은 리더에게 자유를 준다. 일단 관점이 확립되면 그것을 활용할 다양한 기회가 나타난다. 관점은 신속히 응답해야 할 때 특히 유용하다. 누군가로부터 공격을 받을 때 잽싸게 뽑아서 쏠 수 있는 6연발 권총을 갖고 있는 것이나 마찬가지다. 관점이 있다면 자신을 방어해야 하는 상황에서 무기를 찾아 두리번거리지 않아도 될 것이다.

▶ 리더는 미래를 설계한다. 리더는 현재의 상황에 변화와 도전을 가져온다. 변화할 필요가 없다면 리더십도 필요 없다. 미래를 변화시키려면 리더는 사람들이 그의 관점을 지지하도록 설득해야 한다. 이는 곧 리더가 설득력 있는 관점을 표현할 수 있어야 한다는 의미다.

월트 디즈니의 전 CEO였던 마이클 아이스너는 미국 엔터테인먼트

업계를 수십 년간 이끌어온 인물이다. 그는 이런 말을 한 것으로 널리 알려져 있다. "탁월한 리더들은 항상 확고한 관점이 있다. 집단에 영향을 미치고 경쟁에서 승리하는 것은 언제나 그런 사람들이다."

미국의 컴퓨터 과학자 앨런 케이 역시 이 말에 동의한다. 그는 윈도 방식 그래픽 유저 인터페이스에 선구적 업적을 남긴 것으로 유명하며, 현재는 미국 뷰포인트 연구소 소장으로 재직 중이다. 그는 프레젠테이션을 할 때면 다음과 같은 점을 강조한다. "강력한 관점은 적어도 IQ 80포인트만큼의 가치가 있습니다."

리더들은 좋든 나쁘든 독단적이고 설득하려는 성향이 강하다. 그들은 세상을 바라보는 확고한 소신을 구축하여 주위 사람들을 자신의 사고방식대로 지배하려 한다. 리더가 직원들의 마음가짐에 영향을 미치고 행동을 변화시키는 비결은 상황에 대한 박식하고 용의주도한 식견과, 자신의 생각을 알리는 커뮤니케이션 능력에 있다.

인터뷰에서 가장 인상 깊었던 사실은 모든 리더들은 자신들의 견해를 강력하게 드러낸다는 것이었다. 다른 모든 리더들과 의견이 완전히 다를 때조차 그들은 자신의 견해를 확고히 주장한다. 열정적으로 표현되는 확고한 견해는 흥미로우며 매혹적이기까지 하다. 마음이 담기지 않은 맥 빠진 내용으로는 영감을 줄 수 없다.

사전에는 '관점'이 '사물을 보는 방식, 마음가짐, 어떤 것을 보거나 고려할 때 토대가 되는 입장, 시각'으로 정의되어 있다. 이 정의에서 중요한 부분은 바로 '마음가짐'이란 단어다. 마음가짐은 '신념과 감정과 가치관과 일정한 방식으로 행동하는 기질 등을 포함하는 복합적인 정신적 성향'으로 설명된다.

관점은 이 모든 것을 아울러야 한다. 세상에 대한 리더의 생각과 신념을 표현하고, 그 신념에 따른 일상적 행동방식을 설명하며, 중요한 문제들에 대한 입장을 밝히고, 리더가 필요하다고 여기는 조치와 행동을 취하도록 사람들에게 요구해야 한다.

리더는 분명한 관점이 발휘하는 설득 능력을 대단히 중시한다. 그들의 말에 따르면, 리더는 사람들과의 관계에서 우위를 차지하게 해줄 확고한 관점을 가져야 하며 오늘날에는 관점을 요구하는 문제에 대해 전보다 더욱 깊이 생각해야 한다.

모야 그린은 여성으로서는 최초로 로열메일, 즉 영국 체신공사의 책임자가 된 인물이다.

리더는 사람들이 견해를 밝혀달라고 요청하기 전에 미리 주요 이슈에 관한 견해를 준비해야 한다는 게 그녀의 생각이다. "이 투명한 세상에서 리더가 된다는 건 아주 어려운 일일 수 있습니다. 때때로 미디어는 극히 잔인하고 진실에 무관심하기도 하죠. 미디어를 상대할 때든, 공개석상에서 발언할 때든 리더는 누군가의 요청을 받기 전에 미리 자신의 입장을 충분히 생각해둬야 합니다.

논쟁이 한창 불붙은 뒤에 관점을 체계적으로 발전시키기에는 시간이 턱없이 부족합니다. 사전에 해둬야 합니다. 학창 시절에는 책 한 번 펴보지 않고 시험을 볼 만큼 무모하게 굴기도 하죠. 하지만 리더가 공개적인 자리에서 발언을 하려면 미리 문제를 예측해서 자신의 입장을 뒷받침할 대답을 찾느라 허둥대지 않도록 해야 합니다. 사전에 철저히 준비해야 한다는 이야기죠."

관점을 이용하여
입장을 밝혀라

유나이티드 유틸리티스의 CEO로 일했던 필립 그린은 리더가 각종 이슈에 대해 입장을 표명하는 것이 점점 더 중요해지고 있다고 말한다. 입장을 밝힐 때는 그것을 뒷받침하는 행동도 뒤따라야 한다. 그는 확고한 신념과 적절한 행동 없이는 올바른 관점도 있을 수 없다고 말한다.

"5년 전 저는 기후 변화가 중요한 문제이며 우리가 이에 대해 입장을 밝혀야 한다고 생각했습니다. 저는 유나이티드 유틸리티스가 기후 변화 토론의 최전선에 나서길 바랐죠. 그래서 그 타당성을 숙고하여 명확히 표현했습니다. 하지만 그것만으로는 충분치 않았습니다. 저는 기후 변화를 주제로 한 영국 왕세자의 노동절 캠페인에서 의장직을 맡았습니다. 회사의 계획과 완전히 일맥상통하는 역할이었기 때문이죠. 우리 회사가 해온 모든 일의 중심에는 환경에 대한 관심이 있었고, 실제로 그 영역에서 좋은 성과를 남기기도 했습니다. 리더로서 어떤 이슈에 대해 입장을 취하고자 할 때는 반드시 행동이 뒷받침되어야 합니다."

즉시 효과를 발휘하는
해답이 필요한 이유

내셔널 트러스트의 데임 피오나 레이놀즈는 '사운드 바이트(sound bite)'가 21세기의 주요 특징 중 하나라고 말한다(미디어계에서 사운드 바이트란 어떤 연설이나 인터뷰에서 따온 아주 짧은 어구로, 방송에 삽입하기 위해 연설에서 가장 중요하다고 여겨지는 부분을 잘라낸 것이다. 대개 아무리 길어도 몇 초에 지나지 않는다).

"오늘날 사람들은 즉각적 만족감, 즉시 효과를 발휘하는 해답을 원합니다. 이것이 우리의 커뮤니케이션 방식을 좌우하는 요인입니다. 사실 우리는 삶이 실제로는 이렇게 돌아가지 않는다는 것을 알고 있습니다. 하지만 요즘 세상에서는 긴 연설이나 심도 깊은 토론을 인내심 있게 받아들이는 사람이 드물죠. 따라서 우리는 지금의 이 현상을 감수하는 동시에 저항도 해야 합니다."

노던록의 론 샌들러는 오늘날의 리더십은 수많은 정보가 쏟아지고 여러 가지 일이 순식간에 일어나는 24/7 활동이어서 커뮤니케이션에 담기는 생각을 가다듬을 시간이 부족하다고 한다. "현재의 커뮤니케이션 상황에서는 시간과 공간을 확보하여 커뮤니케이션 이면의 근본적 사고를 견실하게 다지고 올바른 균형을 잡기가 무척 어렵습니다.

저는 그동안 경력을 쌓는 과정에서 몇 가지 역할을 수행해왔는데 그 역할들은 이제 과거 어느 때보다 대중의 눈에 잘 띄게 되었습니다. 이 어항 속 세상에서는 평판이 순식간에 완전히 무너질 수 있습니다. 이런 환경에서는 커뮤니케이션이 즉각적이고 열광적인 분위기를 띠기 쉽죠. 누군가 상처를 받아도 아랑곳없이 자신이 원하는 바를 위해 목소리를 높이는 사람들이 그 어느 때보다 많은 오늘날, 신중하고 분별 있으며 균형 잡힌 판단은 점점 사라지고 흥분에 찬 비판과 극단적 견해가 그 자리를 대신하고 있습니다.

견해가 극단적일수록 단기간에 널리 퍼져나가기도 쉽습니다. 사람들은 더 이상 이야기의 여러 측면을 두루 이해하거나 어떤 사건을 신중한 시각으로 바라보려 들지 않습니다. 이는 곧 리더가 자신만의 확고하고 간단하고 명확한 관점을 갖추고 이를 토대로 자신의 입장을 빠르고 뚜렷하게, 설득력 있게 밝혀야 한다는 의미입니다.

이 치열한 세상의 위험한 점은 리더들이 관점을 알리는 일의 장점을 찾기보다는 단점과 리스크를 피하는 데 급급하다는 것입니다. 그래서 결국 입을 다물게 되죠. 하지만 리더가 자신의 계획이 무엇인지, 동기가 무엇인지 알리는 일은 대단히 중요합니다. 그렇게 하지 않으면 사람들은 당신의 생각에 동참하지도, 영향을 받지도 않을 것입니다.

지금 중요한 것은 아이디어를 처음부터 현명하게 체계화하는 것입니다. 설명해야 할 때가 되기 전에 미리 준비를 하라는 것이죠. 견해를 밝힘으로써 사람들이 당신의 능력을 신뢰하고, 계획을 이해하고, 당신의 말이 진심에서 우러나온 것이라고 느끼도록 해야 합니다. 만약 사람들이 당신을 믿지 않고 당신의 계획을 신뢰하지 않는다면 결코 유능한 리더가 될 수 없습니다."

입장을 밝히지 않을 때 발생하는 부작용

나와 인터뷰한 리더들은 모두 현대의 미디어 환경이 그들에게 가져다준 부담을 절실히 인식하고 있었다. 그들은 자신들이 언제나 방어적인 태도를 취하고 있으며, 우세한 위치를 차지할 방법을 찾고 싶다고 했다. 리더들은 고객, 주주, 이해관계자의 동조를 얻을 접점을 찾아야 한다는 것을 알고 있었다. 또한 앞으로 조직이 하려는 일이 무엇인지, 조직을 지지해야 할 이유가 무엇인지 그들에게 납득시켜야 한다는 점도 알고 있었다.

　리더십의 핵심은 결국 자신이 믿는 바에 따라 입장을 밝히고, 사람들의 마음을 움직여 자신의 목표에 동조시키고, 그들의 생각과 행동을 변화시키는 것이다.

　입장을 밝히지 않으면 명확성과 방향성이 결여되어 사람들이 결정을 내릴 수 없게 된다. 이는 결국 모호함을 높여 조직 내의 팀들을 마비시키는 결과를 낳는다. 사람들은 분명하고 단호한 입장을 취하지 않는 리더를 신뢰하지 못한다. 그리하여 리더가 정말로 원하는 것이 무엇인지 추측하느라 시간을 허비하게 될 것이다.

　감정의 충실함이 없는 입장 표명 역시 사람들에게 혼란을 준다. 리더가 어떤 사안에 대해 머리로는 동의하면서도 정서적으로 헌신하는 모습은 보이지 않는다면 성실성과 진정성이 없고 마음이 딴 데 있다는 인상을 준다. 리더가 헌신하지 않는데, 다른 사람들이 그렇게 할 이유가 있겠는가?

　열정적 신념으로 뒷받침된 논리를 강력히 주장하며 입장을 밝힌다면 누구나 주목할 만한 탁월한 결과가 뒤따를 것이다. 이것이 바로 리더가 마땅히 해야 할 일이다.

좋은 관점이
갖춰야 할 요건

　　　　관점을 개발하는 데 무관심한 리더들이 너무 많다. 하지만 명확한 관점이 있으면 친구를 만들고, 사람들에게 영향을 미치고, 미래 설계 시 더 큰 발언권을 얻을 수 있다. 적절히 사용될 경우 관점은 설득력 있는 기업 포지셔닝 및 이야기를 개발하고, 조직 및 고객에게 중요한 문제가 발생했을 경우 확실한 견해를 표현하는 데 도움이 된다. 또한 관점은 리더로 하여금 조직의 목표를 따르고 옹호하며, 중요한 문제에 대한 입장을 정할 수 있게 해준다.

강력한 관점이란 그때그때 임의로 떠오른 견해를 표현하는 것과는 거리가 멀다. 진정성과 일관성이 있어야 하며 다른 사람들의 견해에 쉽사리 흔들리지 않아야 한다. 듣는 사람들에게─그 내용을 달가워하지 않는 이들에게조차─진실이라는 느낌을 주어야 한다.

관점은 신뢰를 낳는 데 기여한다. 신뢰를 낳는 행동은 신념이나 가치관 없이 거짓으로 꾸며내기엔 너무 복잡하다. 확고한 관점은 리더의 가치관이 어떻게 신뢰할 만한 행동으로 이어지는지 보여준다. 신뢰를 형성하는 비결은 불편한 문제를 모든 사람이 이해하고 토론하고 해결할 수 있도록 공개적으로 털어놓는 데 있다.

관점은 리더의 개성도 보여주어야 한다. 관점에는 리더를 유일무이한 개인으로 특징짓는 감정상, 기질상, 행동상의 특성이 드러나야 한다. 그러한 관점은 더 큰 설득력을 발휘하며 사람들의 지지를 이끌어내는 강력한 수단이 된다.

관점은 리더에게 자유를 준다. 일단 관점이 확립되면 그것을 활용할 다양한 기회가 나타난다. 관점은 사람들에게 신속히 응답해야 할 때 특히 유용하다. 관점이 있다는 것은 누군가로부터 공격을 받을 때 잽싸게 뽑아서 쏠 수 있는 6연발 권총을 갖고 있는 것이나 마찬가지다. 관점이 있다면 자신을 방어해야 하는 상황에서 무기를 찾아 두리번거리지 않아도 될 것이다.

인터뷰를 통해 리더들에게 들은 내용을 한마디로 요약하자면, 관점을 세우는 데는 네 가지 핵심 요소가 필요하다. 첫째, 생각하는 바와 신념을 분명히 할 것. 둘째, 그 신념을 바탕으로 한 자신의 행동방식에 대해 설명할 것. 셋째, 행동의 결과 자신이 얻는(그리고 주는) 이득을 명확히 표현할 것. 넷째, 궁극적으로 자신이 다른 사람들에게 원하는 행동이 무엇인지 정할 것.

글락소스미스클라인의 크리스토퍼 젠트는 리더십이란 입장을 밝히는 것을 뜻할 때가 많다고 말한다. "이는 곧 리더가 중요한 이슈에 관한 확고한 관점을 갖춰야 한다는 의미입니다. 우리는 그 어느 때보다 투명하고 감시의 시선이 점점 엄밀해지는 세상에서 살고 있습니다. 따라서 리더는 분명한 시각이 필요합니다. 그 시각은 가치관과 대의에 근거를 둔 것이어야 합니다. 리더는 자신에게 정말로 중요한 문제들을 명확히 이해해야 합니다.

제가 본 리더들 상당수는 자신이 열정적으로 관심을 가지는 것이나 가치관에 대해 공개적으로 발언하길 불편해하고 꺼렸습니다. 하지만 기업을 이끌고자 한다면, 또 어항 속에서 그저 살아남는 수준을 넘어 성공을 거두고 싶다면 분명한 관점이 꼭 필요하다는 사실을 받아들여야 합니다."

▶ 리더십이란 곧 입장을 밝히는 것을 뜻하는 경우가 많다.

▶ 입장을 밝힌다는 것은 용기 있게 당신의 신념을 표현하고, 사람들을 설득하여 당신의 목표에 동조시키고, 그들의 행동을 변화시킨다는 의미다.

▶ 신념을 거리낌 없이 밝힘으로써 당신에게 도덕적 잣대가 있음을, 직원들의 신뢰를 얻을 자격이 있음을 보여줄 수 있다. 이는 직원들에게 당신을 따라야겠다는 확신을 심어준다.

▶ 집단에 영향을 미치는 것은 언제나 확고한 관점을 가진 인물이며, 그러한 인물이 결국에는 승리한다.

▶ 강력한 관점은 신뢰를 낳는다. 관점은 사람들에게 당신이 어떤 사람인지 보여주며 그들로 하여금 당신에게 동조하도록 한다.

▶ 입장을 밝히지 않으면 명확성이 결여되어 조직 내의 팀들을 마비시킨다.

▶ 관점을 개발하라. 명확한 관점이 있으면 친구를 만들고, 사람들에게 영향을 미치고, 미래 설계 시 더 큰 발언권을 얻는 데 도움이 된다.

▶ 중요한 이슈에 대한 관점을 사전에, 즉 필요한 순간이 닥치기 전에 미리 준비하라.

▶ 관점을 갖추고 나면 리더는 자유를 얻는다. 갖가지 사안에 관점을 적용할 수 있으며 관점을 이용할 다른 기회들도 찾게 될 것이다.

▶ 당신의 신념, 행동방식, 그 행동으로부터 발생하는 이득이 관점에 명확히 드러나 있어야 한다. 언제나 사람들에게 당신의 목표에 대한 지지를 요청해야 한다. 관점은 강력한 힘을 발휘한다.

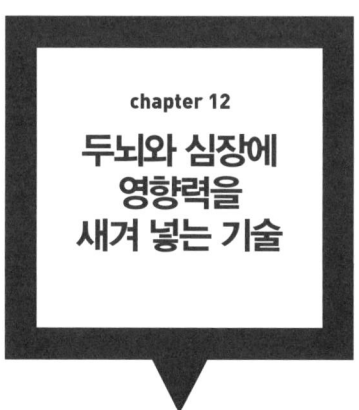

chapter 12

두뇌와 심장에 영향력을 새겨 넣는 기술

"또 다른 아이 어머니를 찾아가서 아이가 우리 공사 현장에서 사고를 당했다는 소식을 전하는 일만큼은 절대로 하고 싶지 않습니다." 이 말을 할 때 그는 누가 봐도 느낄 만큼 격한 감정을 드러냈다. 나는 그 이야기를 조직 내 곳곳에서 하라고 조언했다. 그는 기회가 생길 때마다 사람들에게 그 사건을 이야기하되 아무것도 강조하지 않았다. 나는 그에게 "이야기를 한 뒤엔 다른 말은 하지 말고 자리를 뜨라"고 당부해두었다.

▶ 1973년 7월, 나는 남아프리카공화국 요하네스버그에 자리 잡은 〈더 스타〉 신문사의 뉴스룸으로 안내되어 들어갔다. 그날은 내 첫 출근일이었으며, 나는 새로 산 정장을 입고 열의와 순수함에 빛나고 있었다. 오랫동안 이곳에서 근무한 실장은 나를 자리로 안내해준 뒤 걸걸한 목소리와 단호한 태도로 내가 알아둬야 할 점들을 설명해주었다. 나는 사방이 훤히 트인 사무실에서 50명의 기자들이 일

하는 광경과 그곳에서 들리는 갖가지 소리에 압도되고 말았다. 전화, 타자기, 말소리 등 온통 소음으로 가득했다. 이런 곳에서 다들 어떻게 일을 할 수 있지?

내 상사는 전화기에 대고 고함을 지르며 뭔가를 받아 적는 기자들을 가리키며 이렇게 말했다. "다음 마감을 준비하느라 정보를 수집하는 중이지."

이어서 타자기를 두드리는 기자들을 가리키며 말했다. "이번 마감을 맞추려고 애쓰는 중이군."

다음에는 한가해 보이는 기자들을 가리켰다. 어떤 이는 양손으로 뒤통수를 받친 채 허공을 응시하고 있었고, 어떤 이는 창밖을 물끄러미 내다보고 있었다. 그들은 휴식을 취하는 중이라고 얘기하겠거니 생각했다. 하지만 그는 이렇게 말했다. "저들은 지금 누구보다 열심히 일하고 있네. 이야기를 어떻게 들려주는 게 최선일지 고심하고 있는 중이거든."

그때부터 지금까지 나 역시 이야기를 들려줄 최선의 길을 찾고 있다. 이야기를 들려주는 것은 내 타고난 소질이며 사람들의 이야기를 듣는 것은 내가 습관처럼 늘 하는 일이다. 좋은 이야기를 잘 들려주는 것은 어려운 일이지만 제대로 하면 엄청난 보상이 뒤따른다. 이유가 무엇일까?

이야기는 듣는 사람을 능동적 참여자로 만든다. 이야기를 들을 때 우리는 상상력을 발휘하여 세세한 부분까지 그려낸다. 뿐만 아니라 이야기하는 사람의 말소리를 듣고 이야기를 통해 전해지는 감정을 느낀다. 연구 결과에 따르면, 어떤 생각이 기억 속에 뿌리를 내려 단단히 자리 잡는 것은 오직 머리와 마음을 모두 써서 이야기를 듣고, 적극적으로 그 속에 몰입하고, 상상력을 발휘하여 함께 이야기를 만들어나갈 때뿐이다.

내 이야기에서 뉴스룸의 소음을 들었는가? 내가 경험한 위압감을 느꼈는가? 창밖을 응시하는 기자들의 모습을 보았는가? 그랬다면 당신은 이야기에 몰입하고 상상력을 발휘하여 함께 이야기를 만들어낸 것이다. 이것이 바로 이야기가 강력한 힘을 발휘하는 이유다.

요즘에는 텔레비전, 휴대전화, 이메일, 인터넷, 신문, 라디오 등 생활 속에서 우리의 주의를 산만하게 하는 것들이 아주 많다. 이 사이를 뚫고 들어가 누군가의 관심을 끄는 것은 결코 쉬운 일이 아니다. 하지만 이야기를 이용하면 즉시 사람들에게 다가갈 수 있다.

반면 파워포인트 프레젠테이션의 경우 첫 번째 슬라이드가 등장하는 순간 당신의 마음속 냉소주의자에게 경고를 보내는 경적 소리가 울려퍼진다. 앞으로 전개될 내용에 흥미를 느끼다가도 표와 데이터, 논리를 대하는 순간 경적 소리가 당신의 비판 능력을 작동시키게 된다. 듣는 방식이 달라지는 것이다. 프레젠테이션에 세심한 주의를 기울이고 온 두뇌를 한껏 집중했음에도 때로는 단 하루 만에 내용의 상당 부분을 잊어버리기도 한다. 평가나 비판을 하는 데 정신을 쏟다 보니 내용을 머릿속에 간직할 여력이 부족해지기 때문이다.

좋은 이야기는 스텔스 전투기와 비슷하다. 냉소주의자의 레이더망 아래로 슬며시 파고들어와 마음속에 정확히 메시지를 명중시킨다. 아마 다음 날이 되어도 이야기는 또렷이 기억날 것이다. 이야기의 어떤 부분이 마음을 끌었다면 다른 사람들에게 그것을 전하기도 할 것이다. 이야기의 영향으로 행동에 변화가 생길 수도 있다. 리더들이 이야기를 좋아하는 이유는 여기에 있다.

이야기는 듣는 이들의 마음속에 메시지를 달라붙게 하는 순간접착제다. 이야기는 사람들의 마음을 움직인다. 일단 마음을 움직이고 나면 분명 머리도 따라올 것이다.

이야기는 우리에게 중요한 진실을 알려준다

비즈니스에서 할 이야기와 디너파티에서 할 이야기 사이에는 큰 차이가 있다. 디너파티에서는 사람들을 즐겁게 해줘야 하지만 비즈니스에서는 어떤 결과를 달성해야 한다. 결과를 내려면 훈련, 청중에 대한 이해, 원하는 성과에 대한 명확한 전망, 그리고 두 가지 중요한 특징을 갖춘 좋은 이야기가 필요하다.

훌륭한 이야기는 강렬한 교훈을 전해주거나 누구나 동감하는 중요한 진실을 드러낸다. 이야기를 통해 사람들은 비극이나 업적, 희망과 두려움, 그들이 중시하는 가치나 혐오하는 행동 등을 이해하고 공감한다. 이렇듯 이야기를 들려주는 리더는 진실을 들려주는 역할을 함으로써 듣는 이들에게 의미를 전한다.

앞서 읽은 바와 같이, 나와 인터뷰한 리더들은 내게 많은 이야기를 들려주었다. 그들 중 다수는 '이야기'라는 말을 불편해하며 대신 '일화'라는 말을 쓰고 싶어했지만 어쨌든 다들 이야기를 통해 개념을 설명하거나 요점을 보여주었다. 덕분에 내 인터뷰는 한층 풍성해졌고 나는 지금도 그 모든 이야기를 거의 다 기억하고 있다.

처음에는 어느 리더나 나의 질문에 논리적, 이성적으로 대답했다. 하지만 얼마 지나지 않아 이야기가 흘러나오기 시작했다. 리더들은 이야기를 통해 더 깊은 진심이 담긴 생각들을 들려주었다. 이야기를 할 때는 보디랭귀지도 달라졌다. 그들은 눈을 반짝이며 몸을 내 쪽으로 조금 기울이고 더욱 활기찬 모습을 보였다.

방향 설정에서부터 목표 관리, 가치관 수립 및 강화, 진정성 있는 직원 알리기에 이르기까지, 리더의 직무 가운데 다수는 핵심 메시지만으로는 쉽게 이루기 어려운 것들이다. 이러한 무형적 요소들은 이야기를 통해 더욱 효과적으로 전달된다.

논리는 머리를 움직이고 이야기는 마음을 움직인다

적십자의 니컬러스 영은 이야기를 들려주는 조직은 건강한 조직이라고 말한다. "저는 이야기를 굉장히 좋아합니다. 이야기는 사람들에게 메시지를 전하는 데 믿을 수 없을 만큼 탁월한 효과를 발휘합니다. 통계, 분석, 파워포인트 따위보다 훨씬 강력하죠. 이야기는 제 마음을 움직이고 사람들의 마음을 움직입니다.

저는 세계 곳곳을 다닐 때면 늘 이야기, 특히 사람들을 감동시킬 수 있는 이야기를 찾습니다. 필요하다면 눈물까지 흘리게 할 수 있는 이야기를 말이죠. 자선단체에서는 사람들이 돈을 기부하도록 하는 것이 진정한 인도주의적 활동입니다. 그렇게 하려면 우선 그들의 감정을 움직여야 합니다.

적십자 내부에서도 이야기는 변화의 기폭제로서 놀라운 힘을 발휘합니다. 사람들은 우리가 해낸 영웅적인 일에 관한 이야기를 듣는 것을 굉장히 좋아합니다. 그런 이야기는 우리에게 꼭 필요한 것인지라 자주 하죠. 하지만 무엇보다 효과적인 것은 우리에게 지금 무엇이 부족한지, 무엇을 얼마나 더 잘해야 하는지 알려주는 이야기입니다. 가령 저는 아이티 같은 곳을 다녀온 뒤에는 우리가 이미 이룬 일보다 앞으로 더 해야 할 일이 무엇인지 느끼게 해주는 이야기를 들려줍니다. 그럼으로써 사람들에게 영감을 주고 이 조직에서 더 많은 것을 이끌어낼 수 있으리라 생각합니다."

가디언 미디어 그룹의 데임 아멜리아 포셋은 이야기야말로 인류의 가장 오래된—'그리고 여전히 가장 효과적인'—커뮤니케이션 수단이라고 말한다. 그녀는 좋은 이야기란 진정성 있는 이야기라고 충고한다. "이야기를 거짓으로 꾸며내서는 안 됩니다. 실제 경험에 바탕을 둔 것이어야 합니다. 또한 이야기는 신중하게 사용되어야 합니다. 데이터의 뒷받침 없이 늘 이야기만 이용하는 사람들은 절대 성공하지 못할 것입니다. 이야기는 사람들에게 당신의 가치관이 무엇인지, 당신이 어떤 사람인지 알리고 그들의 행동방식에 영향을 미칠 교훈을 이끌어내는 데 도움이 됩니다."

에미리트 그룹의 모리스 플래너건은 요점을 강화하는 데 이야기를 이용한다. "타당한 논리와 통계자료가 뒷받침된 좋은 이야기는 큰 도움이 됩니다. 논리는 머리를 움직이고 이야기는 마음을 움직이죠."

오데온 앤드 UCI 시네마즈의 루퍼트 개빈은 훌륭한 이야기에는 조직 전체에 스며드는 힘이 있다고 말한다. "훌륭한 이야기엔 신화적인 힘이 있습니다. 그것은 조직 깊숙이 새겨져 사람들에게 영향을 미칠니다. 사람들이 그 이야기에 주의를 기울일수록 그들은 조직의 화신이 되어갑니다. 때때로 이러한 이야기들은 사람들이 다른 회사가 아닌 이 회사에서 일하기로 마음먹는 이유가 되기도 하고, 어려운 상황에서 어떤 행동을 취할 것인지 결정하는 데 도움을 주기도 합니다.

우리가 몸담은 이 영화계에서 이야기는 곧 우리 DNA의 중심을 차지하는 가장 중요한 부분입니다. 우리가 이야기를 할 수 없다면 누가 하겠습니까? 이야기에는 성공과 실패를 좌우할 힘이 있습니다.

리더는 자신이 이끄는 기업을 위한 전략적 비전이 필요합니다. 하지만 그 비전은 이야기로 만들어졌을 때만 영향력을 발휘할 수 있습니다. 그동안 우리가 어디에 있었는지, 이제부터 어디로 갈 것인지, 그 과정에서 어떤 행동을 취할 것인지 들려주는 이야기 말입니다. 리더는 조직 내의 모든 사람이 이야기의 일부가 되도록 설득해야 합니다. 리더가 정한 목적지에 도달했을 때 사람들은 어떤 기분을 느낄 것인가? 이야기는 그들에게 이 점을 설명함으로써 목적지까지 가는 길이 가치 있는 여정이 되리란 느낌을 줘야 합니다."

고플라이의 전 CEO이자 2012 올림픽 조직위원회 회장인 바버라 카사니는 말하길, 이야기는 어디에나 있으니 이야기를 찾으려고 너무 애쓸 필요는 없다고 한다. "몇 가지 이야기만 고집하며 그것을 끊임없이 되풀이하는 리더들이 있습니다. 그런 리더에겐 똑같은 이야기를 반복해서 점점 따분해지고 있다고 조언해줄 사람이 필요합니다. 다행인 것은 이야기를 찾는 게 그리 어렵지 않다는 점입니다. 이야기가 필요하다고 사람들에게 알리면 그들은 여러 가지 이야기를 리더에게 가져올 것입니다. 가장 좋은 것은 직원이 이룬 모범적 성과를 부각시키는 이야기입니다. 그러한 이야기는 모든 이들이 받아들여야 할 바람직한 행동을 강조하는 강력한 신호를 조직 내에 보냅니다."

기업이 활용하기에
적합한 네 가지 유형의
이야기

인터뷰에서 들은 수십 가지의 이야기를 검토하고, 그동안 여러 리더에게서 들은 이야기와 리더들에게 가르쳐준 이야기들을 돌이켜본 결과, 기업이 사용하기에 적합한 이야기에는 기본적으로 네 종류가 있는 것으로 보인다.

- ▶ '나는 누구인가?' 이야기 (진정성)
- ▶ 상황 혹은 미래 이야기 (현재를 변화시키는 미래)
- ▶ 가치관이 바람직하게 작용한 사례 이야기 (사명과 가치관)
- ▶ 고객 이야기 (내부를 변화시키는 외부)

사람들에게 리더가 어떤 사람인지 알리는 내용의 '나는 누구인가?' 이야기는 자조적이고 유머러스한 분위기를 띠는 경우가 많다. 이와 비슷한 것으로는 '유대감' 이야기가 있다. 청중과 공감을 형성하거나 마음의 장벽을 허물기 위한 이 이야기는 리더가 사람들의 생각과 감정에 동질감을 느끼고 있음을 보여준다. '미래' 이야기는 대개 이루어야 할 일에 사람들을 집중시키는 역할을 한다. '가치관이 바람직하게 작용한 사례' 이야기는 올바른 일을 한 직원을 돋보이게 하기 위한 것이다(물론 때로는 '가치관이 잘못 작용한 사례' 이야기를 이용해서 직원들에

게 개선해야 할 점이 무엇인지 보여줄 수도 있다). '고객' 이야기는 고객의
요구를 강조하거나 바람직한 혹은 바람직하지 못한 고객 서비스 사례
를 전하는 역할을 한다.

다음은 각 유형의 이야기가 활용된 사례들이다.

'나는 누구인가?' 이야기

많은 리더들의 말에 따르면, 리더의 인간적 측면을 보여주는 데는 과
거의 실수를 솔직히 밝히는 것이 효과적이다. 레이디 바버라 저지는
그러한 이야기를 하나 들려주었다.

"조언을 구하지 않고 혼자 결정했다가 큰 실수를 저지른 이야기입니
다. 저는 대형 베팅숍 체인 윌리엄 힐(William Hill)이 주식시장에 상장
될 당시 회장직을 맡아달라는 요청을 받았습니다. 저는 미국인입니다.
미국인에게 도박은 그리 건전한 일이 아닙니다. 저는 박봉을 받는 노
동자가 퇴근길에 베팅숍에 들어가 봉급을 몽땅 날리고 나오는 장면을
떠올렸습니다. 제안을 받아들여서는 안 된다고 생각했어요. 도박은 좋
은 일이 아니라고 생각했으니까요. 그래서 회장직을 거절했습니다.

사람들에게 그 이야기를 했더니 다들 제가 미쳤다고 하더군요. 영
국에서는 누구나, 심지어 여왕도 베팅을 한다는 것이었죠. 그런 줄도
모르고 다른 이들의 의견을 들어볼 생각은 전혀 안 했으니 제가 완전
히 실수한 셈이었습니다. 사실 윌리엄 힐의 회장이 되는 건 정말 멋진
일이었을 겁니다. 그때부터 저는 어려운 결정을 내릴 때마다 몇몇 사
람들과 상의해서 제 생각이 적절한지 확인합니다.

좋은 이야기에는 교훈이 담겨 있습니다. 리더가 자신의 실수를 밝

히면 사람들의 공감을 얻는 데 도움이 됩니다. 사람들은 리더에게서 동질감을 느끼고 거기서 신뢰가 생겨납니다."

옥스팜의 바버라 스토킹은 이야기가 대중과 정서적 관계를 형성하는 데도 기여한다고 말한다.

"어제 저는 웨일스를 방문했다가 그곳 청소년 센터에 들렀습니다. 사회적으로 충분한 혜택을 받지 못해 불우한 환경에 처한 16세부터 25세 사이의 청소년들을 위해 일하는 곳이죠. 저는 옥스팜이 이 센터를 찾은 이유와 우리가 하는 일에 대해 설명했습니다. 그리고 우리가 아이티에서 콜레라 때문에 겪었던 일들을 들려주었죠.

당시 우리는 구덩이를 파서 변소를 만들려고 애쓰고 있었는데 그곳 사람들은 절대로 변소를 사용하지 않았어요. 그들은 집에 가서 비닐 봉지에 볼일을 봤습니다. 흔히 '날아다니는 화장실'이라고 하죠. 그 사실을 발견한 우리는 자연분해성 봉지를 만들었습니다. 큰 구덩이에 파묻을 수도 있고 환경친화적이기도 하죠. 지금 그 봉지는 '쉬-응가 봉지'라고 불리고 있어요.

제 이야기를 들은 청소년들은 무지 더럽다고 하면서도 재미있어 했습니다. 갑자기 방문한 '최고경영자'와 아이들 사이의 벽을 허문 좋은 이야기였죠. 삶의 현실이 담긴 이야기를 하면 사람들과 한층 가까운 관계가 될 수 있습니다."

미래 이야기

JCB의 앤서니 뱀포드는 최근 중국에 출장을 갔다가 엄청난 통찰과 동기를 얻었다고 한다.

"중국에 머무는 동안 그들의 5개년 개발계획에 대해 들었습니다. 저는 다양한 지역을 방문하면서 5개년 개발계획이 정부의 최상층부터 아주 작은 마을에 이르기까지 구석구석 스며들어 있음을 발견했습니다. 제가 본 바에 따르면, 계획의 90퍼센트 이상이 실현되고 있었습니다. 놀라운 것은, 그들이 5개년 개발계획에 맞추어 그대로 실행을 한다는 점입니다. 지금 중국은 야심차고 거대한 계획을 준비하고 있습니다. 그리고 그 계획의 상당 부분은 사회 기반 시설과 관계가 있습니다. 도로를 비롯한 사회 기반 시설들을 건설하려면 당연히 많은 중장비가 필요하죠. 이런 변화와 기회를 우리는 어떻게 이용할 것인가? 중요한 질문은 이것입니다."

앤서니는 이 이야기를 회사 내부에 널리 전했다. 그리고 직원들이 이 이야기를 통해 중대한 기회에 계속 집중하도록 활기를 불어넣고 있다.

가치관 이야기

GNER의 전 CEO 크리스토퍼 가넷은 직원들이 좀 더 진취적인 자세를(특히 고객을 대할 때) 갖게 하려고 애쓰던 시절의 일을 회상했다.

"고가 전선이 선로 위로 떨어져 열차가 정지하는 문제가 자주 발생했습니다. 한번은 이 문제로 열차가 버릭어폰트위드에서 꼼짝 못하게 된 적이 있었습니다. 그 바람에 열차 내에 먹을 것이 바닥나고 말았죠. 차장은 택시를 타고 버릭으로 가서 피시 앤드 칩스를 눈에 보이는 대로 전부 샀습니다. 그는 돌아와서 승객들에게 먹을 것을 나눠줬습니다. 회사 내에서는 왜 그런 행동을 했는지 따져 물어야 한다는 반응이 나왔습니다. 하지만 저는 그의 대응을 지지했음은 물론, 가는 곳마다 그 차장의 모범적인 대응 사례를 소개했습니다. 어려운 시험이 닥쳤을 때 우리 가치관이 어떻게 작용해야 하는지 보여주는 훌륭한 사례로서 말이죠.

이 이야기 덕분에 사람들은 진취성을 보일 때 어떤 일을 해낼 수 있는지 이해하기 시작했고, 그 결과 그들의 마음가짐에도 커다란 변화가 일어났습니다. 가장 중요한 점은, 그들이 그렇게 하면 제가 지지를 보낸다는 사실이 알려진 것이었습니다."

고객 이야기

7장에서 우리는 유니레버의 폴 폴먼이 이집트의 한 가정을 방문했던 이야기를 이용하여 회사가 고객을 위해 할 일을 설명한 사례를 살펴보았다.

브리티시 가스의 필 벤틀리도 비슷한 이야기를 들려주었다. 리즈의 전후 주택개발 단지에 거주하던 크램튼 부인에 관한 이야기였다.

"영국의 일부 지역은 주택 보유량이 턱없이 부족합니다. 세계대전이 끝난 뒤 콘크리트로 지은 집들이 많이 들어섰습니다. 벽돌을 전혀 사용하지 않고 단열 처리도 안 된 집들이었죠. 우리는 그런 집에 살고 있는 어떤 나이 든 여성의 이야기를 듣게 되었습니다. 그녀는 가스가 없어서 밤새 충전해서 쓰는 전기 저장식 히터에 의존해야 하는 상황이었습니다. 낮 동안엔 그 히터에서 나오는 열로 난방을 했는데 3시만 되면 전기가 다 떨어져서 장갑을 끼고 코트를 걸치고 앉아 있다가 5시쯤엔 잠자리에 들어야 했습니다. 너무 추워서 말이죠.

우리는 그 집을 찾아가 단열 효과가 뛰어난 새 창을 달고 아주 효율적으로 난방이 되는 특별한 펌프를 설치해주었습니다. 나중에 다시 찾아갔더니 이번에는 너무 덥다며 불평을 하더군요. 그런데도 난방비는 절반 이하로 줄어들었습니다."

필은 회사에서 이 이야기를 자주 한다. 회사가 어떻게 사람들의 삶의 질을 높일 수 있는지 보여주는 훌륭한 사례이기 때문이다. "대통령에게 인간을 달에 보내는 일을 돕고 있다고 말한 청소부처럼, 고객의 삶을 향상시키기 위해 이곳에서 일하는 것임을 모든 직원이 깨달았으면 합니다. 예를 들어 우리 지역사회에서 실시되는 에너지 절약 계획의 중요성을 이야기하며 우리가 한 해 1억 파운드의 비용을 어떻게 지출하는지 설명해봐야 사람들의 마음에 별로 와닿지 않을 것입니다. 하지만 크램튼 부인의 이야기를 듣고도 아무 감흥이 없다면 그 사람은 브리티시 가스에서 일해서는 안 됩니다."

오데온 앤드 UCI 시네마즈의 루퍼트 개빈은 그들이 몸담은 업계에서 소비자 신뢰지수가 얼마나 중요한지 설명하기 위해 주전자에 관한 이야기를 들려준다고 한다.

"영화관 체인인 우리는 불경기 속에서 분투 중인 다른 수많은 조직들과는 조금 다른 환경에 처해 있습니다. 우리는 꿈을 팝니다. 너무 비싸지 않은 금액에 살 수 있는 꿈을요. 모두가 소비를 줄이고 내핍생활을 하는 지금 시대에 무엇보다 중요한 것은 신뢰입니다.

제가 딕슨스에서 일하던 당시 그 회사는 세계 최대 규모의 주전자 판매 업체였습니다. 우리는 주전자 매출을 끌어올릴 방법을 알아내고자 했죠. 주전자는 크게 비싸지도 않고, 쉽게 망가지지도 않고, 유행이나 기술적 변화에도 별 영향을 받지 않습니다. 그럼에도 시기에 따라 매출이 달라지는 현상이 나타났습니다. 어떤 주에는 8000개가 판매되기도 하고 또 어떤 때는 판매량이 줄기도 했죠. 우리는 주전자 구매를 야기하는 요인을 찾기 위해 엄청난 시간을 들였습니다. 주전자 구매와 주택 구매 사이의 상관관계를 찾으려 하는 등 매출 변화의 이유를 파악하는 데 도움이 될 만한 것이면 무엇이든 살펴보았습니다.

그러던 중 마침내 한 가지 아주 중요한 요인을 발견했습니다. 그것은 바로 소비자 신뢰지수였습니다. 주전자를 비롯한 여러 제품의 매출 변화를 결정하는 요인은 이것이었습니다. 신뢰지수는 임금이나 가처분소득과는 전혀 달랐습니다. 사람들이 느끼는 기분과 밀접한 관련이 있었죠. 우리는 이것이 영국에서 가장 효과적이고 명확한 지수 중 하나임을 깨달았습니다.

사람들의 기분이 좋은가? 미래를 낙관적으로 느끼고 있는가? 사람들은 돈이 있더라도 앞으로 상황이 안 좋아질 것이라 걱정하면 비싼 물건은 사지 않을 것입니다. 대신 돈이 적게 드는 사치품을 택하겠죠. 이것이 바로 불경기에도 영화 시장이 활발히 돌아가는 이유입니다. 극장에 가면 돈을 비교적 적게 쓰면서 작은 즐거움을 맛볼 수 있습니다. 그래서 영화도 잘되고, 극장도 잘되는 것이죠. 그리고 이러한 맥락에서 콘돔도 잘 팔리죠."

우리 모두는
타고난 이야기꾼이다

좋은 이야기에는 개성적인 등장인물이 나온다. 갈등과 도전이 있다. 생생한 이미지가 있다. 중요한 전환점이

있다. 좋은 이야기는 '설명하기' 보다는 '보여준다.'

차임 커뮤니케이션스의 크리스 새터스웨이트는 이야기하기에 능숙하지 않은 사람도 '문제, 해결, 이익' 이라는 간단한 공식만 따르면 얼마든지 이야기를 잘 할 수 있다고 조언한다.

그의 말에 따르면 모든 이야기에는 이 기본 공식이 내포되어 있다. "문제? 공주가 아무도 올라갈 수 없는 탑 안에 갇혀 있습니다. 그녀는 밤마다 노래를 부르며 외로움을 달랩니다. 해결? 그녀의 매혹적인 노랫소리에 감동한 용감한 왕자가 갖가지 고난을 이겨내고 탑에 올라가 그녀를 구출합니다. 이익? 모든 어려움을 극복한 그들은 함께 말을 타고 행복한 미래를 향해 떠납니다."

크레이그 테겔은 나와 함께 일할 당시 어도비 시스템 유럽 지사의 상무이사였다. 현재 그는 일본 어도비의 사장 겸 대표이사다. 그는 예전부터 늘 여러 집단으로 구성된 많은 사람들과의 커뮤니케이션에 관심을 보였다. "다국적기업에서 일하다 보면 기업 메시지에 자신만의 목소리를 담아 진정성 있게 전달하기가 어려울 수 있습니다."

내가 처음 그를 만났을 때 크레이그는 300명의 고객을 상대로 한 중요한 프레젠테이션을 앞두고 있었다. 그는 진정으로 신뢰할 만한 프레젠테이션을 해서 그들을 몰입시키고 변화를 불러일으켜야 했다. 그는 슬라이드, 동영상 클립, 신중하게 작성된 대본 등 각종 커뮤니케이션 자료를 갖추고 있었지만 그럼에도 여전히 걱정을 떨치지 못했다. 뭔가가 부족하다고 느꼈던 것이다. 나는 그에게 이야기 4개만 하라고 권했다. 슬라이드나 대본 같은 것은 그만두고 그가 즐겨 들려주는 이야기 4개만 하는 편이 좋겠다고 했다. 4개의 이야기를 프레젠테이션의 중심축으로 삼고 그것을 기반으로 필요한 내용을 전하자는 것이었다. 그는 온갖 자료가 빽빽이 담긴 수많은 슬라이드들을 차마 포기하지 못하고 계속 주저했다. 하지만 완곡하게 몇 차례 더 권하자 결국 그도 동의했다.

우리는 우선 연설을 통해 사람들에게 어떤 생각을 심어줄 것인지부터 신속히 정했다. 이는 고객들에게 들려주기에 적합한 이야기 4개를 찾는 데도 도움이 되었다. 그의 경험으로부터 이야기를 찾는 데는 30분도 채 걸리지 않았다. 우리는 몇 분 만에 그 이야기들을 하나로 결합했고, 몇 차례 시연을 해보았다. 나의 조언에 따라 이야기 전달 방식을 약간 개선하긴 했지만 그는 이야기를 하는 데 타고난 재능이 있었다(우리 모두는 타고난 이야기꾼이다. 그 능력은 우리 DNA 속에 잠재된 것이다). 그런 뒤 나는 그에게 집에 가서 거울을 보며 연습을 더 하라고 조언했다. 24시간도 지나기 전에 그는 준비를 마쳤다.

크레이그는 그래프 같은 것은 전부 치워버리고 마이크 하나만 든 채 사람들 앞에 섰다. 그의 이야기는 훌륭했다. 그 이야기들은 모두 그의 경험에서 나온 것이었고, 그의 가치관이 반영되어 있었으며, 필요한 점을 정확히 짚어냈고, 왜 고객들이 그의 회사와 새로운 관계를 형성해야 하는지 정서적이고 설득력 있는 방식으로 보여주었다. 이야기를 끝낸 그는 의기양양한 모습이었다. 청중의 반응은 열광적이었다.

청중 가운데 한 명은 이렇게 말했다. "당신은 정말로 뭔가를 아는 사람입니다. 믿음이 가고, 명확하고, 게다가 그 정신 사나운 슬라이드가 없어서 좋았습니다. 사람들은 당신이 하는 말에 열심히 귀를 기울였습니다!"

크레이그는 그제야 안도의 한숨을 내쉬었다. 고객들은 그의 이야기에 몰입했고 그의 자신감은 배가되었다. 이제 그는 이야기가 가져오는 비즈니스상의 실질적 이득을 적극 지지한다. "이야기를 적절히 이용하면 새로운 잠재고객과 새로운 가능성이 나타납니다. 프레젠테이션이 끝나면 고객들은 제게 다가와 이렇게 말합니다. '방금 하신 말씀에 저도 공감합니다. 우리가 겪고 있는 어려움을 잘 이해하시는 것 같군요. 어도비가 우리를 위해 해줄 수 있는 일에 관해 함께 이야기를 나누고 싶습니다.' 이야기는 회사 내에서나 밖에서나 효과를 발휘합니다. 무엇보다 좋은 점은 제 이야기를 듣고 더 많은 고객들이 우리를 찾는다는 것입니다. 또한 제가 이야기를 통해 얻는 것들이 회사가 필요로 하는 바와 완전히 일치한다는 점도 무척 만족스럽습니다."

이 사례에서 중요한 점은 이야기를 잘하려면 연습을 해야 한다는 것이다. 자신이 그 이야기를 정말로 좋아하지 않으면 이야기를 잘할 수도 없다. 물론 청중의 분위기에 따라 이야기를 하는 것이 좋을지, 아니면 분석 자료가 더 효과적일지 판단을 내릴 필요도 있다(분석 자료가 더 효과적일 때도 있다). 이야기가 아무리 훌륭해도 제대로 전하지 못하면 아무런 호응도 얻지 못할 수 있다. 혼자서 적어도 열 번은 해봐야 다른 사람들에게도 편안하게 이야기를 전할 수 있을 것이다.

적절한 이야기를 선택하라

이야기는 비즈니스 리더에게 '강렬한 정서적 호소력'을 부여해주며, 이는 진정한 의미의 경쟁 우위로 이어진다. 이것이 바로 내가 이야기를 수집하고, 그 구조와 등장인물과 특색을 음미하는 이유다. 이야기는 사람들의 상상력을 이끌어내며, 다양한 순간에 다양한 요구에 부응할 수 있다. 나는 이야기의 이런 점에 늘 감탄한다.

그렇다면 어떤 이야기를 골라야 할까? 기본 원칙은, 행동을 변화시키고 성과를 거둘 수 있는 이야기를 하라는 것이다. 우선은 목적을 규정하는 것이 첫 단계다. 기업에서 사용되는 이야기는 어떤 행동을 유발하기 위한 것이다. 따라서 이야기의 의도가 명확해야 한다. 기억하라. 중요한 것은 메시지 자체가 아니라 그것을 전달받는 사람들이 무엇을 느끼고 생각하느냐이다. 누구에게 영향을 주어야 하는지, 그들이 어떻게 행동하길 바라는지 스스로에게 질문하라. 특히 '그들이 어떤 이득을 얻는가?'라는 문제에 각별히 주의를 기울여라. 예컨대 사람들이 당신의 바람대로 행동하면 어떤 이득을 얻는지, 행동 변화가 당신뿐만 아니라 그들에게도 이로운 것임을 납득시키려면 무엇이 필요한지에 대해 충분히 생각해야 한다는 것이다. 마지막으로, 사람들이 이야기에서 무엇을 배우고 느끼길 바라는지 확실히 정하되 그것 자체를 메시지로 삼지는 말아야 한다.

사람들이 스스로 그러한 결론에 도달하게끔 하라.

앨런 앤드 오버리의 데이비드 몰리는 사람들이 스스로 답을 찾아낼 때 메시지가 마음에 더 깊이 새겨진다고 말한다. "스스로 해답을 깨닫는 과정 속에는 사람들의 기억을 돕는 특별한 뭔가가 있습니다. 당신의 이야기를 듣고 사람들이 스스로 결론을 내리면 당신이 무미건조한 요점을 나열할 때보다 훨씬 효과가 큽니다."

만약 조직이 변화를 받아들여야 한다고 생각한다면 '미래 이야기'를 찾아라. 리더가 구상하는 미래의 어느 날을 생생하게 전한다면 모든 이들이 그 미래로 가고자 할 것이다. 직원들이 남다른 가치관을 갖기를 원할 수도 있다. 그렇다면 원칙에 입각한 의사 결정과 관련된 훌륭한 이야기를 찾아라. 하지만 주의할 점이 있다. 이러한 이야기를 하려면 리더가 진정으로 그와 같은 미래를, 혹은 원칙에 입각한 의사 결정을 열망해야 한다. 그렇지 않으면 리더와 이야기 사이에 존재하는 치명적인 간극만 드러날 뿐이다. 이야기를 할 때는 반드시 진정성이 있어야 한다.

간단한 이야기 하나가 수많은 규칙보다 더 효과적이다

가끔 단 한 가지의 간단하고 중대한 요점을 이해시키지 못해서 수많은 사소한 문제들을 일일이 알려야 할 때가 있다. 이 사실에는 커다란 진실이 담겨 있다.

몇 년 전 나는 어떤 주택 건설회사의 안전 책임자를 맡고 있는 스티브라는 사람으로부터 상담 요청을 받았다. 그는 보건 및 안전에 대한 열의가 넘쳤지만 그의 직원들은 스티브를 툭하면 화내고 지배하려 드는 적대적인 사람으로 여겼다. 그들은 스티브가 왜 그러는지, 왜 아주 사소한 부분까지도 일일이 확인하라고 들볶아대는지 이해하지 못했다. 스티브는 직원들이 '관심을 기울이지 않는다'며 씩씩거렸다. 소리를 지르면 그저 대답이나 할 뿐, 적극적으로 문제의 해법을 찾거나 일을 꼼꼼하게 마무리하지 않는다는 것이었다.

우리는 그의 신념과 가치관을 깊이 파고든 끝에 그가 그처럼 행동하는 진정한 원인이 무엇인지 발견했다. 스티브가 들려준 이야기에 따르면, 전에 다른 회사에서 일하던 시절에 그가 관리하던 공사 현장에 어떤 소년이 들어왔다가 길을 잃은 적이 있었다고 한다. 모두가 퇴근한 시간에 울타리에 난 구멍을 겨우 빠져나오던 소년은 기초 공사를 위해 파놓은 깊은 구덩이에 빠져 크게 다치고 말았다. 고통 속에서 많은 피를 흘린 소년은 결국 밤사이에 구덩이 속에서 홀로 숨을 거두었다.

스티브는 소년의 어머니에게 이 끔찍한 소식을 전해야 하는 고통스러운 책임을 맡았다. 게다가 자신의 작업반에 속한 일꾼 하나가 울타리에 뚫린 구멍을 안전하게 고쳐놓지 않았다는 사실을 알게 된 스티브는 더욱 괴로워했다. 구덩이도 작업반의 다른 사람이 제대로 관리했어야 했지만 그러지 않았다. 이것 하나하나는 대수롭지 않은 태만함이었지만 그 사소한 실수가 합쳐져 치명적인 결과를 낳았다.

이 사건으로 스티브는 보건 및 안전과 관련해서는 아무리 작은 일도 결코 소홀히 해서는 안 된다는 신조를 갖게 되었다. "또 다른 아이 어머니를 찾아가서 아이가 우리 공사 현장에서 사고를 당했다는 소식을 전하는 일만큼은 절대로 하고 싶지 않습니다." 이 말을 할 때 그는 누가 봐도 느낄 만큼 격한 감정을 드러냈다.

나는 스티브에게 그 이야기를 조직 내 곳곳에서 하라고 조언했다. "이야기를 한 뒤엔 다른 말은 하지 말고 자리를 뜨라"고 당부해두었다. 그는 기회가 생길 때마다 사람들에게 그 사건을 이야기하되 아무것도 강조하지 않았다. 그의 이야기는 회사에 깊고도 긍정적인 영향을 미쳤다.

　스티브와 함께 일하는 노동자들은 사소한 안전 관행에 주의를 기울여야 하는 이유를 깨닫고 진심 어린 반응을 보였다. 그의 이야기는 규칙이나 규제로는 결코 줄 수 없는 감동을 주었다. 진정성이 있고, 확고한 관점을 바탕으로 했으며, 조직에 더할 나위 없이 적합한 이야기였기 때문에 사람들의 행동을 변화시키고 안전 기준을 끌어올렸다. 노동자들은 그가 있든 없든 전보다 한층 기꺼운 마음으로 규정을 준수하며 일했다.

　처음에 스티브는 적극적인 보건 및 안전 전략을 추구하며 합리적으로 행동했다. 하지만 합리적인 행동만 취한 결과 직원들의 반응은 냉담했고, 그는 불만에 빠졌다. 스티브의 이야기는 사람들에게 그의 열정을 전함으로써 모든 이해관계자(특히 스티브 자신)에게 유익한 결과를 낳았다. 이제 그는 자신의 성실함으로 무엇을 이룰 수 있는지 알게 되었다.

　일단 이야기의 힘을 이해했다면 적절한 이야기를 찾는 것은 단지 보고 듣기만 하면 되는 문제다. 이야기에는 당신 주위의 영웅들에게 용기를 불어넣는 잠재력이 있다. '목적의식을 갖고 귀를 기울인다면' 어디서나 이야기를 찾을 수 있을 것이다. 고객, 직원, 주주 등의 이해관계자에 대해 생각하라. 전략 이야기, 제품이 소비자에게 제공하는 이익에 관한 이야기, 브랜드 이야기, 전통과 품질 및 이미지에 관한 이야기를 찾아라.

　이러한 이야기를 갖춘다면 조직이 필요로 하는 행동을 요구하고, 가능케 하고, 고취하고, 장려할 수 있다. 이야기를 이용하여 당신 주위의 일상 속 영웅들을 찬양하라. 그러면 그 보답으로 그들이 당신을 영웅으로 만들 수도 있다.

이야기만 이용하고 논리는 몰아내야 한다는 것은 아니다. 언제 이야기가 필요하고 언제 그렇지 않은지 감지하여 분석이 더 효과적일 때는 분석을 이용하라. 진심으로 좋아하지 않거나 어설픈 이야기는 하지 말아야 한다. 하지만 당신이 진심으로 옳다고 믿는 이야기는 적절히 활용될 경우 청중의 마음에 이르는 길이 된다. 사람들이 에너지와 열정을 바탕으로 행동을 취하도록 하려면 바로 그곳, 그들의 마음 속으로 들어가야 한다.

▶ 이야기는 마음속에 메시지를 붙이는 순간접착제다.

▶ 훌륭한 이야기에는 발이 달려 있어서 멀리까지 간다. 이야기는 당신 혹은
당신의 조직을 특징지을 수 있다.

▶ 이야기를 활용하라. 이야기를 들을 때 사람들은 상상의 세계에 빠져 듣는
데 열중한다.

▶ 좋은 이야기는 냉소적 레이더를 피해 듣는 이의 마음을 움직인다.

▶ 있는 그대로의 사실을 바탕으로 마음을 터놓을 때 이야기는 사람들을 감동
시키는 힘을 발휘한다.

▶ 훌륭한 이야기는 우리에게 고객 경험(바람직한 것이든 그렇지 못한 것이든)을 들
려주거나, 조직의 가치관을 지킨 직원을 영웅으로 만들거나, 시스템 문제로
최선을 다하지 못하는 근로자들의 불만을 드러내거나, 미래를 생생하게 그
려내거나, 듣는 이들에게 리더의 다양한 면모를 보여준다.

▶ 청중들로 하여금 이야기의 메시지나 교훈을 스스로 결론 내리도록 하라. 그
럼으로써 이야기는 그들의 기억 속에 더욱 선명히 남을 것이다.

▶ 훌륭한 이야기에는 사람들이 공감하는 진실이 담겨 있으며, 진정성을 띤다.

▶ 모든 이야기는 문제-해결-이익(혹은 불이익)의 공식을 따른다는 것을 잊지마라.

▶ 당신이 정말로 좋아하는 이야기만 하라. 그리고 반드시 연습하라.

▶ 반복이 열쇠다. 같은 이야기를 열 번은 해야 사람들이 비로소 '이해하기'
시작할 것이다.

chapter 13
말보다 강력한
부정적 신호

만약 당신이 누군가와 이야기를 하면서 "그거 정말 좋은 아이디어 네요. 그런데……"라고 한다면 앞서 말한 칭찬은 무효가 되고 상대 방의 귀에는 '그런데' 뒤의 말만 들어올 것이다. '그런데'를 쓰지 말고 이렇게 말해보라. "그거 정말 좋은 아이디어네요. 이런 점을 덧붙일 수도 있을 것 같아요." 이 말은 매우 다른 성격의 메시지를 보낸다.

▶   리더는 언제나 사람들의 시선을 받는다. 당신은 말을 할 때
        영어를 쓸 수도 있고, 프랑스어나 스페인어, 중국어를 쓸 수
도 있다. 하지만 보디랭귀지에는 당신이 하는 모든 말을 압도하는 힘
이 있다. 하나하나의 몸짓과 표정은 당신의 메시지를 강화하거나 완
전히 약화시킬 수 있는 강력한 신호를 보낸다.

당신이 행하는 모든 것은 본보기가 되며, 사람들에게 당신의 생각

과 감정을 알린다. 당신이 내리는 결정, 준비한 정책, 한 일 혹은 하지 않은 일, 조치를 취하지 못한 문제……. 이 모든 것은 말보다 분명하게 당신을 알린다. 리더는 자신이 말보다 강력한 신호를 보낸다는 사실을 인정해야 한다. 진정으로 노련한 리더는 이 점을 오히려 유리한 방향으로 이용할 줄 안다.

포트넘 앤드 메이슨의 베벌리 아스피널은 리더가 된다는 것은 무대에 서는 것과 같다고 말한다. "리더라는 위치에 있으면 늘 사람들의 주목을 받습니다. 사람들의 시선을 피해 숨을 수는 없죠. 일거수일투족이 감시를 받게 됩니다. 리더란 본래 그런 것이고 또 마땅히 그래야 합니다."

즉 리더는 하루 24시간 언제나 리더답게 보이고 행동하고 말해야 하며, 리더 스스로가 이 사실을 인식하고 있어야 한다.

골드만삭스 인터내셔널의 리처드 노드에 따르면, 리더십 커뮤니케이션은 리더의 모든 말과 행동, 처신, 보디랭귀지를 아우르는 광범위한 개념으로 정의될 수 있다.

"좋은 리더들은 언제 말을 하고 언제 입을 다물지, 어떻게 관망하고 어떻게 움직일지 본능적으로 압니다. 사람들은 언제나 리더를 바라보며 기대를 걸고, 그 결과 리더는 늘 어항 속에서 지내게 되었습니다. 인터넷이 등장하고 24/7 감시가 가능해진 오늘날, 이 어항은 과거 어느 때보다 투명해졌습니다."

리더스 퀘스트의 필스 위커-미우린에 따르면, 우리는 날마다 사람들을 대할 때 자신도 모르는 사이에 본능적으로 그 사람의 겉모습, 표정과 태도, 미소 혹은 찡그림, 보디랭귀지 등을 살피고 그것에 근거하여 반응한다. "리더십은 단지 리더가 하는 말, 즉 말로 하는 커뮤니케이션만을 뜻하지는 않습니다. 말을 어떻게 하느냐, 더 중요하게는 어떤 행동을 하고 자신의 사람됨을 어떻게 보여주느냐도 모두 리더십의 일부입니다. 리더가 진심으로 믿지 않는 것을 이야기하면 다른 사람들에게도 그 점이 뚜렷이 보입니다(아무도 그런 말을 하지 않더라도!). 때문에 자기 자신이 아닌 다른 사람의 흉내를 내서는 좋은 리더가 될 수 없습니다. 겉으로 전부 드러나니까요. 리더는 진정한 자신의 모습을 감춰서는 안 됩니다. 자신이 어떤 사람인지 파악한 뒤 있는 그대로의 자신을 마음 편히 받아들이고 그것을 토대로 사람들을 이끌어야 합니다. 리더는 자신이 언제나 스포트라이트를 받는 존재임을 인식해야 합니다."

리더가 자신의 표정이나 보디랭귀지를 의식하지 않을 때 직원들에게 다음과 같은 부정적 메시지를 전하게 된다.

> ▶ 직원들에 대한 확신이나 신뢰가 부족하다는 느낌
> ▶ 리더가 직원들의 감정을 받아들이는 정도
> ▶ 부적절한 행동의 암묵적 용인
> ▶ 어떤 문제에 대한 리더 자신의 부정적 감정
> ▶ 정해진 행동 방침에 대한 리더 자신의 헌신이 부족하다는 사실

이는 어느 리더든 의식적으로는 결코 조직 내에 전하려 하지 않을 강력한 부정적 메시지다.

모든 것은 얼굴에 쓰여 있다

얼굴과 눈은 커뮤니케이션을 할 때 감정이 표출되는 주요 원천이다. 눈은 여러 보디랭귀지 가운데 가장 먼저 상대방의 주목을 받는 부분이다. 눈으로는 시선을 맞추거나 피하거나, 관심이 있거나 없음을 보일 수 있다. 표정으로는 분노, 짜증, 불만 등을 드러낼 수 있다. 당신은 감정을 감출 수도, 긍정적·부정적 감정을 보여줄 수도 있다.

바버라 카사니의 말에 따르면, 리더는 자신의 태도에 따라 팀원들이 의욕을 잃을 수도 있음을 알아야 한다. "리더가 회사 내에서 어떤 표정을 보이느냐에 따라 직원들의 사기가 꺾일 수도 있다는 사실을 알아야 합니다. 거짓으로라도 미소를 짓는다면 사람들은 그들이 위기에 빠졌다는 생각을 하지 않을 것입니다. 리더들에게 이 점을 지적하면 다들 깜짝 놀랍니다. 자신이 맥 빠진 얼굴을 하고 있는 줄 미처 몰랐기 때문이죠. 좋은 커뮤니케이션의 첫 번째 단계는 바로 자기 인식입니다.

저는 제가 뭔가를 골똘히 생각할 때 화난 것 같은 표정을 짓는다는 걸 알게 되었어요. 다른 사람들에겐 무섭게 보일 수도 있죠. 이 점을 알고 있다는 게 제게는 큰 도움이 됩니다. 덕분에 다른 사람들에게 좋지 못한 신호를 보내지 않을 수 있으니까요. 아주 부정적인 결과를 낳을지도 모르는 신호들 말이죠."

그렇다면 리더들은 무엇에 중점을 두어야 할까? 시선을 맞추고 미소를 짓는 것은 얼굴에서 보내는 강력한 신호로서 놀라운 효과를 낸다. 시선 맞추기는 커뮤니케이션을 촉진하고 관심과 친밀함을 전한다. 신뢰를 쌓는 데도 도움이 된다. 미소를 지으면 당신이 쉽게 다가갈 수 있는 따뜻하고 호감 가는 사람이라는 인상을 준다. 사람들을 편안하게 해주고 당신의 말에 더욱 귀를 기울이도록 만든다.

몸짓은 말에 생기를 불어넣는 역할을 한다. 몸짓이 없으면 따분하고 뻣뻣하다는 느낌을 줄 수도 있다. 말을 하는 방식 또한 신호를 보낸다. 말을 재미없게 하는 사람은 어조, 음량, 억양에 아무런 변화가 없는 단조로운 목소리만 쓴다.

사람들은 리더의 보디랭귀지도 지켜본다

존 힙스는 런던에 본사를 둔 국제적 법률 회사 에버셰즈의 회장이다. 그는 마고 모렐(Margot Morrell)과 스테파니 카파렐(Stephanie Capparell)이 쓴 《새클턴의 길 – 위대한 남극 탐험가에게서 배우는 리더십 교훈(Shackleton's Way - Leadership Lessons from the Great Antarctic Explorer)》이라는 리더십 서적을 적극 추천했다.

《새클턴의 길》은 남극을 여러 차례 탐험한 뒤 1922년에 사망한 영국 탐험가 어니스트 새클턴(Sir Ernest Shackleton)에 관한 책이다. 그는 남극 대륙 탐험에 나서서 그때까지 누구도 가보지 못한 최남단 지점까지 나아간 공로를 인정받아 기사 작위를 받았다. 하지만 그의 이름이 더욱 널리 알려진 것은 1914년부터 1917년 사이에 이루어진 처참한 탐험 덕분이었다. 그의 배 '인듀어런스(Endurance)' 호가 탐험을 시작하기도 전에 유빙 속에서 파손되는 바람에 전 대원들은 오도

가도 못하는 처지가 되고 말았다. 그는 2년간의 사투 끝에 27명의 대원 전원을 이끌고 무사히 귀환했으며, 그 기간에 보여준 그의 리더십은 이후 지속적인 탐구의 대상이 되었다.

존 힙스는 말한다. "이 책에서 가장 인상 깊었던 내용은 비언어적 커뮤니케이션을 다룬 부분이었습니다. 전망이 암울하기만 한 상황에서도 섀클턴은 특유의 쾌활하고 긍정적인 기질을 발휘하여 대원들을 결집시킴으로써 그들이 처한 곤경이 분노, 좌절, 불쾌감의 형태로 표출되지 않도록 했습니다. 갑판 없는 작은 보트에 타고 식량도 물도 충분치 않은 상태로 바다에서 며칠씩 보내다가 온몸이 꽁꽁 얼어붙는 일도 흔히 있었습니다. 하지만 대원들은 느긋하게 등대 주위를 도는 사람처럼 키 손잡이를 겨드랑이에 낀 채 즐겁게 휘파람을 부는 그들의 리더를 보며 용기를 얻곤 했습니다. 그의 정신력과 낙관성은 아무리 심각한 상황에서도 결코 약해지지 않았습니다.

저는 이 부분을 읽고 깊은 감명을 받았습니다. 제가 리더로서 섀클턴의 수준에 한참 못 미치던 시절이 떠올랐거든요. 물론 섀클턴이 겪었던 위험과는 전혀 다른 상황이긴 했지만요. 리즈 지역 사무소의 소송 팀을 맡고 나서 어느 날 아침에 젊은 변호사가 제 방으로 들어오더니 부서 직원들이 지금 회사에 뭔가 심각한 일이 생긴 게 아니냐며 걱정한다는 말을 하더군요. 무슨 소린가 했더니 그날 아침에 제가 다른데 완전히 정신이 팔려서 평상시와는 다르게 미소를 짓지도 않고, 아침 인사도 하지 않은 채 제 사무실로 들어오는 바람에 다들 그렇게 생각한 것이었습니다. 그들은 제가 끔찍한 소식을 전할 거라고 예상하고 있었습니다.

그때까지 저는 제 처신이나 태도가 얼마나 큰 영향을 미칠 수 있는지, 특히 제가 새롭게 맡은 리더 역할에서 그것이 얼마나 중요한 것인지 전혀 생각해보지 않았습니다. 리더는 사람들에게 하는 말뿐만 아니라 그들에게 보이는 모습이 얼마나 중요한지도 이해해야 합니다."

리더는 자신을 향한 여러 가지 기대를 빠짐없이 기억하고 있어야 한다. 이 기대에는 겉모습이나 행동이 사람들에게 늘 긍정적인 인상을 주어야 한다는 점도 포함된다.

우리가 느끼는 기분은 서 있는 자세나 걷는 모습을 통해 나타난다. 비언어적 커뮤니케이션은 우리 내면의 감정을 세상에 드러낸다. 따라서 알리고 싶지 않은 메시지가 신체를 통해 전달되는 것을 막으려면 감정을 적절히 제어하는 것이 중요하다.

바클레이즈 글로벌 소매금융의 앤터니 젠킨스는 신참 리더들에게 이제부터는 늘 사람들의 주시를 받을 것이라고 조언한다. "제가 얼굴을 찌푸린 채 손은 주머니에 넣고 구부정한 자세로 사무실 안을 서성거리면 우려의 목소리가 온 건물 안에 들불처럼 번질 것입니다. 사람들은 왜 제가 그렇게 화가 났냐며 서로 물어보겠죠. 경우에 따라서는 리더가 어떤 문제로 인해 화가 났음을 사람들에게 알리는 편이 좋을 때도 있습니다. 리더가 뭔가에 기분이 상했다는 것을 그들에게 이해시켜야 하는 경우도 있으니까요. 하지만 리더는 언제나 자신이 다른 이들의 눈에 어떻게 비치는지 예민하게 고려해야 합니다. 감정을 멋대로 분출하기보다는 잘 다스려서 적절한 방식으로 발산하는 것이 중요합니다."

고개를 어떻게 들고 있는지, 손은 어디에 뒀는지, 팔짱은 꼈는지……. 이 모든 것들이 신호를 보낸다. 자세도 중요하다. 누군가와 대화를 할 때 그쪽으로 몸을 기울이면 관심이 있다는 신호를 보내는 것이다. 하지만 너무 바짝 다가서면 상대의 공간을 침범하게 될 수도 있다.

나는 개인적으로 리더가 양손을 깍지 끼어 뒷머리에 대고 겨드랑이를 드러낸 채 의자에 기대어 있는 모습을 아주 싫어한다. 옷에 밴 겨드랑이 땀이 보일 수도 있을뿐더러 오만함, 우월감, 무례함이라는 신호도 보내기 때문이다.

리더는 외모에도 신경을 써야 한다. 그들의 옷차림, 청결, 몸단장 등도 모두 신호를 보낸다.

리더 직책을 맡길 사람을 면접할 때 어떤 점을 보느냐고 묻자, 스튜어트 로즈는 신발이 깨끗한지, 손톱을 깎았는지, 머리는 감았는지, 또 머리에 가르마는 탔는지 본다고 대답했다.

그는 이렇게 말한다. "겉모습은 중요합니다. 무슨 말을 하는지, 어떻게 말을 하는지도 물론 중요합니다. 하지만 누군가가 저와 대화를 나누면서 제 눈을 똑바로 보지 못한다면 저는 그 사람을 채용하지 않을 것입니다. 그것도 사람들과 상호작용하고, 커뮤니케이션하고, 신뢰를 얻는 데 필요한 부분이기 때문이죠. 비즈니스는 구체적인 수치 산출을 중시하지만 좋은 성과는 결국 숫자보다 막연한 대인관계 능력에서 나옵니다. 따라서 리더는 자기 자신을 정확히 인식하고 자신이 하는 모든 행동이 곧 커뮤니케이션임을 유념해야 합니다."

나와 대화를 나눈 리더들 다수는 모습을 드러낼 필요성에 대해 강조했다. 리더가 사람들 앞에 모습을 드러내는 것은 그 자체가 강력한 신호가 된다.

에티하드 항공의 제임스 호건은 리더가 모습을 드러내는 것은 유대감을 형성하는 데 도움이 된다고 말한다. "저는 날마다 사무실 밖으로 나가 구내를 돌아다닙니다. 상황실에도 가고, 마케팅 부서 쪽으로도 가고, 점심도 구내식당에서 먹습니다. 사람들 앞에 모습을 드러내는 것은 정말 중요한 일입니다. 이는 제가 늘 가까이에 있으며 누구나 편하게 다가올 수 있다는 신호를 보냅니다."

아비바의 셔먼은 리더는 모습을 드러내야 할 뿐만 아니라 자신의 신념이 담긴 가시적 신호를 사람들에게 보내야 한다고 말한다. "저는 제 사무실에서 나갈 때 꼭 전등을 끕니다. 이건 아주 사소한 일이지만 리더가 무엇을 믿는지, 무엇에 헌신하는지 알리는 강력한 신호를 보냅니다. 예컨대 저는 누군가와 대화를 할 때 절대 얼굴을 찌푸리지 않습니다. 언제나 즐겁게 보이려 노력하죠."

그는 글로벌 회계회사 KPMG의 영국 지역 시니어 파트너가 되었을 때의 이야기를 들려주었다. 당시 셔먼은 매주 금요일이면 런던에서 그들이 사용 중인 모든 건물을 방문해서 층마다 일일이 돌아다녔다고 한다. "처음에는 관리팀에서 엄청난 논란이 일어났어요. 직원들에게 방해가 된다는 것이었죠. 저는 그들에게 이곳은 양계장이 아니라고 했어요. 저는 그저 여기저기 돌아다니며 사람들과 잡담을 나누고 싶었을 뿐입니다. 얼마 후 어느 금요일에 방문을 거른 적이 있었는데 사람들이 전화를 걸어 무슨 일 있느냐고 묻더군요. 제 모습이 보이지 않아서 신경이 쓰였던 것이죠. 저는 그냥 이렇게 말했습니다. '아니, 나 사무실에 있어. 지금 한가해.'"

옥스팜의 바버라 스토킹은 영국의 국민건강보험에서 근무할 당시, 그녀의 주도하에 두 개의 지역 사무소를 하나로 통합했던 일을 들려주었다. 두 사무소의 직원 수는 총 800명이었는데, 그중 국민건강보험에 남을 인원은 150명에 불과했고 나머지는 민간 부문에 편입되거나 정리해고될 예정이었다.

문제는 그녀도 상부의 승인이나 지시를 기다리느라 앞으로 직장과 장래가 어떻게 될지 몰라 걱정하는 사람들에게 아무 소식도 전해주지 못한다는 것이었다.

"저는 아무런 할 말이 없을 때도 그들 앞에 모습을 보이고 함께 대화를 나눴습니다. 몇 주 동안 계속 그곳에 가서 제대로 대답도 못하면서 비난의 말을 듣는 것은 결코 쉽지 않은 일이었습니다. 만약 제가 나타나지 않으면 사방에서 이런저런 뜬소문이나 뒷말이 나올 것이고, 사람들도 설령 할 말이 없더라도 제가 나타나는 것을 더 좋아하리라 생각했습니다. 그러면 적어도 그들에게 제 성실함은 보여줄 수 있을 테니까요."

바라는 게 있다면
먼저 본보기를 보여라

내셔널 트러스트의 데임 피오나 레이놀즈는 이렇게 말한다. "리더라는 직책은 사람들의 주목을 가장 많이 받는 자리입니다. 특히 리더가 변화를 도입하고 주도하려 할 경우에는 더욱 그렇죠. 작은 예를 하나 들자면, 내셔널 트러스트가 런던에서 윌트셔 주 스윈던으로 사무실을 이전하기로 했을 때도 그랬습니다. 당시 이 결정을 반기는 직원은 거의 없었습니다. CEO를 맡을 당시 저는 런던에 거주 중이었고 사람들은 제게 어떻게 할 것인지 물었습니다. 그때 만약 제가 여러분은 스윈던으로 가고 저는 런던에 머물겠다고 했으면 큰 문제가 됐을 것입니다. 사람들에게 바라는 행동이 있다면 리더가 먼저 본보기를 보여야 합니다. 자신은 할 준비가 안 된 일을 다른 사람들에게 요구할 수는 없습니다."

머빈 데이비스의 말에 따르면, 리더가 하는 모든 행동은 사람들에게 리더의 생각을 알리는 역할을 한다. "직원 중 누군가가 죽었을 때 리더가 어떤 반응을 보이는가? 쓰나미 희생자들을 지원하기 위해 어떤 조치를 취하는가? 이러한 상황에서 리더의 행동은 강력한 메시지를 보냅니다. 리더의 눈과 귀가 적절히 작동하고 있다면 어떤 행동을 해야 할지 파악할 수 있을 것이며 그 행동은 커뮤니케이션의 강력한 일부가 될 것입니다."

스튜어트 로즈의 견해에 따르면, 기업을 이끄는 리더가 된다는 것은 곧 그 기업이 추구하는 모든 일에 모범을 보여야 한다는 의미다. "가령 저는 경비행기를 조종하는 취미가 있습니다. 작은 단발기인데 회사에서 제가 이 취미생활을 하는 것이 옳은 일인지를 두고 논쟁이 벌어졌습니다. 비행기가 공해를 유발한다는 것이었죠. 이 논쟁은 제 생활에 큰 부담이 되었습니다. 제 취미가 걸린 문제였으니까요. 하지만 리더는 이런 문제에도 세심한 주의를 기울여야 합니다. 그래서 결국 저는 어느 정도의 탄소 상쇄 활동을 실시하기로 했죠. 리더는 자신이 한 말과 비교했을 때 위선적으로 보이는 일은 하지 말아야 합니다. 그건 아주 위험한 짓입니다."

행간에 담긴 의미

히스로 공항을 운영하는 기관인 BAA의 CEO 콜린 매슈스는 리더가 뭔가를 바란다고 말을 해놓고 부주의하게 그 말의 내용과 상반되는 메시지를 보내는 것은 매우 위험하다고 강조한다. "가령 리더가 전화 회의를 열면서 활발한 토론을 하자고 말해놓고 일방적으로 설교만 늘어놓았다고 합시다. 그러면 리더가 문제 제기를 반기지 않는다는, 말보다 더 강력한 메시지가 사람들에게 전해져 토론을 완전히 망치게 될 것입니다. 결국 애초 리더가 원했던 것과 정반대의 결과에 이르는 셈이죠."

콜린이 언급한 것은 메타 메시지(meta-message)라는 커뮤니케이션 현상이다. 메타 메시지란 우리가 커뮤니케이션을 할 때 자신도 모르게 전하는 무언의 암시적 메시지를 뜻한다. 메타 메시지에 담긴 의미는 매우 강력해서 겉으로 드러난 메시지의 의미를 압도하고, 사람들로 하여금 발언자의 말을 전혀 다른 의미로 해석하게 만든다. 예를 들면, 많은 사람들이 "대단히 죄송하지만……"이라며 말을 시작한 뒤 곧이어 심한 비판을 함으로써 실은 전혀 죄송한 마음이 없음을 암시한다. 우리는 흔히 이 표현을 사용하지만 상대방이 기민한 사람이라면 그 표현이 실제 마음과는 다르다는 사실을 금방 알아챌 것이다.

메타 메시지는 직장에서 신뢰와 솔직함을 무너뜨릴 수 있다. 예를 들어, '그런데'라는 말은 강력한 메타 메시지다. 만약 당신이 누군가와 이야기를 하면서 "그거 정말 좋은 아이디어네요. 그런데……"라고 한다면 앞서 말한 칭찬은 무효가 되고 상대방의 귀에는 '그런데' 뒤의 말만 들어올 것이다. 사실상 당신은 그 아이디어가 별로 좋지 않다고 생각한다는 신호를 보낸 셈이다. '그런데'를 쓰지 말고 이렇게 말해보라. "그거 정말 좋은 아이디어네요. 이런 점을 덧붙일 수도 있을 것 같아요." 이 말은 매우 다른 성격의 메시지를 보낸다.

상징적인 행동은 오래도록 지속되는 메시지를 보낸다

때로는 리더가 직원들을 무사안일주의에서 벗어나게 하기 위해, 혹은 그들이 해야 할 일이 무엇인지 상기시키기 위해 어떤 조치를 취해야 하는 경우도 있다.

셔먼은 리더십 팀과 협력해서 KPMG의 문화에 변화를 주도하고 관료주의를 축소하여 팀원들에게 더 큰 권한을 부여하고자 노력하던 시절의 이야기를 들려주었다. "회사에 큰 이익을 가져다주던 파트너 한 명이 저를 찾아오더니 우리가 제시하는 팀워크와 권한 부여 개념이 잘못되었다고 하더군요. 그는 자기 팀원들은 그가 지시한 일만 해야 하며 그렇지 않을 경우 해고한다고 했습니다. 저는 그에게 변화를 받아들이든가 그게 싫으면 회사를 떠나라고 했습니다. 그는 떠나는 쪽을 택했습니다. 하지만 그 일을 계기로 새로운 변화를 받아들일 준비가 안 되어 있는 사람은 떠나도 좋다는 메시지가 은연중에 회사 내로 전해졌습니다. 이 신호는 우리 리더십 팀의 의지가 얼마나 진지한지 보여줌으로써 회사에 놀라운 영향을 미쳤습니다. 그때부터 사람들은 진정으로 우리의 메시지를 받아들이게 되었습니다."

나는 리더들을 지도할 때면, 리더십 커뮤니케이션의 다섯 가지 핵심 영역에서 스스로 어느 정도 수준에 이르렀다고 생각하는지 0점부터 10점 사이에서 점수를 매겨달라는 부탁을 자주 한다. 나는 리더들에게 더 나은 업무 처리 방식을 찾는 것에 관해 얼마나 자주 이야기하는지, 미래를 얼마나 효과적으로 표현하는지, 사람들에게 요구하는 행동을 얼마나 솔선수범하고 있는지, 사람들에게 얼마나 자주 감사를 표하는지 묻는다. 그런 다음 그들의 직속 부하직원에게 같은 기준에 따라 그들을 평가하도록 해도 될지 묻는다. 양자의 평가 결과는 대체로 비슷하게 나타난다. 리더들의 자기 인식이 그만큼 뛰어나다는 의미다. 다만 한 영역에서만큼은 양자의 평가 결과가 큰 차이를 보일 때가 많은데 그것은 바로 '리더가 직원들에게 얼마나 자주 감사를 표하는가?' 영역이다.

나와 대화를 나눈 리더 대부분은 자신들이 성공을 축하하고 사람들의 노고에 감사하는 데는 충분한 시간을 쏟지 않았을 것이라고 인정했다. 확실히 그들의 직속 부하직원들은 이 점에 대해 리더 자신이 평가한 것보다 훨씬 낮은 점수를 매긴다.

바버라 카사니의 말처럼, 리더가 원하는 그대로 행동하며 좋은 성과를 내는 사람들은 충분한 주목을 받을 수 있게 해야 한다. 그녀는 말한다. "인정이 돈보다 더 중요할 수도 있습니다." 훌륭한 업적을 인정하고 분명한 감사의 신호를 보내는 것. 직원들이 무엇보다 반기지만 리더들이 가장 소홀히 하는 일이다.

커프스 테스트

러브필름의 사이먼 캘버는 남성 리더 중에 자신의 비언어적 커뮤니케이션에 직원들이 정말 영향을 받는지 궁금한 사람이 있다면 프렌치 더블 커프(French double cuff) 테스트를 해보라고 권한다.

"어떤 조직에서든 날마다 엄청난 양의 비언어적 커뮤니케이션이 이루어집니다. 만약 어떤 남성 리더가 한 달 동안 기존에 입던 셔츠 대신 미국인들이 프렌치 더블 커프라 부르는 셔츠만 입고 커프스단추도 사용하면서 다른 팀원들의 옷차림이 어떻게 달라지는지 관찰한다면 분명 깜짝 놀라게 될 것입니다. 한번은 제 동료가 자기 팀원들은 일이 어떻게 돌아가는지 별로 관심이 없다고 불평하기에 이 방법을 써보라고 조언했습니다. 그는 많은 팀원들이 그의 옷차림을 똑같이 따라했다며 놀라워했습니다. 하지만 그건 그렇게 놀랄 일이 아닙니다. 사람들은 리더가 정해놓은 기준과 행동을 따르기 위해 노력하게 마련입니다. 그래서 무심결에 리더의 행동을 모방하죠.

만약 리더가 팀원들의 행동을 이해할 수 없다면 먼저 자기 자신부터 세심히 살펴봐야 할 것입니다."

리더가 하는 모든 일은 본보기가 되고 리더는 항상 사람들의 주목을 받고 있다. 따라서 리더의 행동 역시 평가의 대상이 되게 마련이다. 사람들은 적절한 행동방식이 무엇인지, 어떤 업무 처리 방식이 긍정적으로 받아들여질지, 리더에게 진정으로 중요한 것은 무엇인지 나름의 결론을 내리고 그에 따라 자신이 취할 행동을 구체화할 것이다.

어항 속에서 살아간다는 것은, 그리고 싶은 기분이 들지 않을 때조차 늘 진실하게 행동하며 올바른 일을 해야 한다는 것을 뜻한다.

- ▶ 행동은 말보다 강한 메시지를 전한다.
- ▶ 리더들은 그들이 어항 속에 있으며 언제나 주시받고 있다는 사실을 잊을 때가 많다.
- ▶ 낙담한 표정, 걱정 가득한 기색으로 직원들에게 말 한마디 건네지 않고 사무실 안을 서성대는 모습, 누군가 말을 할 때 내보이는 찌푸린 얼굴……. 이 모든 것은 직원들에게 강력한 신호를 보내고 그들은 신호에 담긴 의미를 곰곰이 생각하게 된다.
- ▶ 표정과 보디랭귀지는 말의 효과를 강화할 수도 있고 약화시킬 수도 있다. 이 점을 염두에 두고 당신에게 유리한 방향으로 활용하라.
- ▶ 리더가 된다는 것은 리더처럼 보이고, 행동하고, 걷고, 말하는 것을 뜻한다.
- ▶ 당신이 따르는 행동 기준, 따르지 않는 행동 기준, 당신이 하는 질문, 당신의 행동방식, 이 모든 것 또한 커뮤니케이션 행위에 해당한다.
- ▶ 말과 행동의 불일치는 사람들의 정신을 좀먹는 해로운 태도다.
- ▶ 사람들에게 바라는 행동이 있다면 당신이 먼저 본보기를 보여라.
- ▶ 자신의 일을 확실히 사랑하고 하나하나의 행동과 표현을 통해 그 사실을 보여주는 리더는 주변 사람들까지 그렇게 만든다.
- ▶ 훌륭한 리더는 흔히 미소를 짓거나 활기차게 걷거나 곧은 자세로 똑바로 서는 등의 행동을 통해 적극성과 낙관성을 전한다.
- ▶ 보디랭귀지를 이용하여 메시지를 강화하려면 감정을 적절한 방식으로 발산하는 법을 배워야 한다.
- ▶ 사람들 앞에 모습을 드러내고 시간을 내어 그들과 대화를 나누는 것은 당신의 성실성을 보여주는 강력한 신호다.
- ▶ 메타 메시지의 파괴력에 주의하라.

chapter 14

준비 없는 '한 말씀'은 자살 행위

"무엇보다 우선 죄송하다는 말씀을 드립니다. 생계에 막대한 지장을 일으킨 데 대해 사과의 말씀을 드립니다. 이 사태가 마무리되기를 저보다 더 간절히 바라는 사람은 없을 것입니다. 저도 제 예전 생활을 되찾고 싶습니다." — 딥워터 호라이즌 원유 유출에 대한 BP CEO 토니 헤이워드의 사과 발언

▶   대중 앞에서 발언을 할 때마다, 특히 미디어를 상대할 때마다 리더의 평판은 아슬아슬한 위기에 처한다. 공개적인 발언에 주의를 기울이지 않았다가 평판이 완전히 무너진 리더들이 많다. 나와 대화를 나눈 리더들은 다들 미디어 인터뷰의 위험성을 거론하면서도 그것이 리더의 중요한 직무임을 인정했다.

그들의 말에 따르면, 리더는 지위가 높아질수록 커뮤니케이션해야

하는 청중의 수도 많아지고 훈련을 통해 적절한 기술을 갖춰야 할 필요성도 커진다. 리더는 그러한 기술을 갖춰야 함은 물론, 대중 앞에 모습을 드러내기 전에 충분한 시간을 들여 예행연습을 하는 법도 배워야 한다.

다음과 같은 시나리오를 상상해보라. 어떤 리더가 엄청난 성공을 누리고 있다. 주가는 급등하고 있으며 새롭고 혁신적인 그의 제품을 찾는 수요도 엄청나다. 그는 이제 곧 유력 인사들 앞에서 중요한 연설을 할 예정이다. 미디어도 참석했다. 그는 자신감에 충만하지만 그것이 지나친 나머지 자만에 빠지고 만다. 농담을 좀 하거나 이런저런 문제에 대해 즉흥적으로 견해를 밝혀도 무방하리라고 생각한다.

나는 그동안 이런 시나리오를 숱하게 목격했다. 경솔한 한마디 말이 돌이킬 수 없는 파국으로 이어지는 것은 바로 이러한 순간이다.

제럴드 래트너 역시 이런 일을 겪은 리더 중 하나다. 래트너는 영국의 보석 회사 래트너스 그룹의 CEO였다. 이 회사가 판매하는 보석들은 가격이 저렴해서 큰 인기를 끌었다. 1991년. 관리자 협회(Institute of Directors)에서 연설을 하던 그는 래트너스 그룹의 제품이 "쓰레기"이며 몇몇 귀고리는 "막스 앤드 스펜서의 새우 샌드위치보다 싸지만 아마 그것보다도 빨리 상할 것"이라고 했다. 그의 발언은 미디어에 널리 보도되었다. 이후 그룹의 가치는 5억 파운드가량 급락하여 회사가 거의 무너질 지경에 이르렀다. 그는 그 자리를 사적인 모임으로 여기고 농담 삼아 한 말이었다고 변명했다. 하지만 그의 발언은 심각하게 받아들여졌고 그의 회사와 그 자신의 평판에 막대한 피해를 입혔다.

토니 헤이워드는 얼마 전까지 세계적인 석유 및 에너지 회사 BP의

CEO였다. 지난 2010년, 그의 회사는 딥워터 호라이즌 원유 유출로 인한 문제에 휩싸였다. 회사의 원유 시추 시설 중 한 곳에 폭발이 일어나 11명이 죽고 멕시코만에 매일같이 수만 배럴의 원유가 유입되었다. 이로 인해 4400만 갤런의 원유가 바닷속에 침전될 것이라는 예상이 발표될 당시, 토니는 바다의 크기에 비하면 그 정도 유출은 '미미한 양'에 불과하다고 발언하여 많은 이들의 분노를 샀다. 뿐만 아니라 10억 갤런의 유독한 유처리제(油處理劑)의 사용으로 인해 막대한 환경오염이 예상되는데도 그것이 장차 환경에 미칠 영향을 '아주, 아주 무난한 수준'이라고 표현함으로써 사람들의 화를 더욱 돋우었다.

그가 이 재난에 대한 사과의 뜻을 전하기 위해 루이지애나 주 베니스를 방문해서 했던 말은 모든 사람의 기억 속에 남아 있다. 생계에 큰 어려움이 생긴 지역 주민들에게 어떤 말을 하겠느냐는 기자들의 질문에 그는 이렇게 대답했다. "우선 죄송하다는 말씀을 드립니다. 생계에 막대한 지장을 일으킨 데 대해 사과합니다. 이 사태가 마무리되기를 저보다 더 간절히 바라는 사람은 없을 것입니다. 저도 제 예전 생활을 되찾고 싶습니다."

불행히도 토니는 생계가 막막해진 주민들에게 자기도 예전 생활을 되찾고 싶다고 한 이 발언으로 후세에 이름을 전할 것이다. 얼마 지나지 않아 그는 CEO 자리에서 물러났고, 밥 더들리가 그를 대신하게 되었다.

인터뷰에 응한 리더들 중 과반수는 '토니 헤이워드'의 사례를 거론하며, 리더의 모든 말은 철저한 검토의 대상이 된다는 사실을 깨닫지 못한 리더들이 어떤 함정에 빠지게 되는지를 보여주는 예라고 했다.

나와 대화를 나눈 리더들이 한결같이 지적했듯, 평판은 언제나 중요하지만 오늘날에는 순식간에 평판을 망칠 수도 있다. 단 한 번의 부주의로 평생 쌓아온 업적이 물거품으로 돌아갈 수도 있다는 말이다.

플루오르 영국 지사의 상무이사 이안 토머스는 라디오 4(Radio 4)의 〈투데이〉프로그램에서 인터뷰를 했던 이야기를 들려주었다. "라디오 방송 장비를 갖춘 사람이 저희 집으로 왔습니다. 동네에서 제 평판이 좋아질 만한 일이었죠. 그 차 안에서 아시아의 금융 위기, 특히 말레이시아의 위기에 관해서 생방송으로 인터뷰를 했어요. 몇 분 정도 이야기를 하고 마무리를 할 무렵에 진행자가 화제를 바꾸어 이런 질문을 덧붙였습니다. '그럼 인도네시아는 어떤가요?' 저는 아무 망설임 없이 인도네시아는 완전히 경제 마비 상태에 빠져 있다고 대답했습니다. 사무실에 가보니 인도네시아 대사가 전화를 세 통이나 걸었더군요. 무심코 한 말이 하마터면 국제 분쟁을 일으킬 뻔했죠. 다행히도 저는 스스로 자초한 이 위기에서 벗어나 지금은 심지어 인도네시아 - 영국 기업위원회의 회장까지 맡고 있습니다."

적절한 훈련을 받고
적절한 준비를 하라

리더들이 이러한 난제에 대처하려면 적절한 훈련과 더불어 대중 앞에 모습을 드러내는 데 필요한 적절한 준비를 갖춰야 한다. 모습을 드러낸 뒤에는 정직하고 비판적인 피드백을 구해야 한다. 그래야 이 만만치 않은 기술에 점점 더 능숙해질 수 있다.

대중 앞에서 발언할 때 리더는 자기 자신뿐만 아니라 자신이 이끄는 조직까지 대표하는 것이다. 리더가 하는 말은 평판, 주가, 인식에 막대한 긍정적 혹은 부정적 영향을 미칠 수 있다.

차임 커뮤니케이션스의 팀 벨은 고객들에게 수십 년간 이런 조언을 해왔다. "인식은 실질적인 것입니다. 경쟁에서 승리하려면 당신에 대한 호의적인 인식이 꼭 필요합니다. 사람들의 마음을 돌려 당신의 말에 귀 기울이고, 그 말을 이해하고, 당신을 지지하게 만드는 능력, 그것이 성패를 결정할 것입니다."

알카텔-루슨트의 벤 버와이엔은 인식이 이 세상을 지배한다고 말한다. "인식은 시간차가 있는 현실입니다. 그 시간차를 최소한으로 줄이는 것이 제가 할 일이죠. 인식은 사람들의 구매 행위와 일반적 태도를 좌우하는 중요한 요소입니다. 사람들의 인식에 영향을 미치고 싶다면 커뮤니케이션에 능통해야 합니다."

리더의 지위가 높아질수록 미디어를 상대하고, 연설을 하고, 투자자와 대화하고, 정부 각료나 NGO를 상대할 일도 많아진다. 테일러 윔피의 케빈 비스톤은 말한다. "이들을 잘 다루려면 전문적인 훈련이 필요합니다. 이들에게 적절히 대응하면 평판에 긍정적 영향이 발생할 뿐더러 경쟁 우위를 확보하는 데도 도움이 됩니다. 이 영역은 회사 가치를 끌어올리는 결정적 원동력으로 작용합니다. 리더가 꼭 제대로 해내야 할 일이죠."

마이클 잭슨 장군은 무엇보다 미디어 훈련에 중점을 둬야 한다고 강조한다. "리더의 지위가 높아지면 미디어를 상대하고 미디어와 커뮤니케이션하는 일의 중요성도 높아집니다. 군대에서도 미디어 훈련이 아주 진지하게 이루어집니다. 오늘날은 미디어가 24/7 작동하는 시대이며, 이 미디어란 요정은 앞으로도 결코 램프 속으로 돌아가지 않을 것입니다. 따라서 리더는 미디어와 함께 살아가는 법을 배워야 합니다. 나아가 그것을 자신에게 유리한 방향으로 활용할 능력도 갖춰야 하죠. 그러려면 훈련과 연습이 필요합니다."

스튜어트 로즈는 리더가 모든 형태의 미디어에 능숙해져야 한다고 생각한다. "라디오, TV, 사전 녹음이나 녹화, 현장과 스튜디오 어느 쪽이든 능히 대처할 수 있어야 합니다. 이 모든 것은 접근법에 큰 차이가 있습니다. 따라서 고위직에 있는 사람이라면 각각의 방식을 모두 다룰 줄 알아야 합니다. CEO에게만 해당하는 얘기가 아닙니다. 수뇌부 전체가 훈련을 받아야 합니다."

중요하지 않은 말은 한마디도 없다

바버라 카사니는 리더가 일단 조직 밖으로 나가면 그때부터는 전혀 다른 종류의 기술들이 필요하다고 말한다. "애석하게도 많은 훌륭한 리더들이 조직 외부에서 필요한 기술은 전혀 갖추지 못하고 있습니다. 솔직하고 격의 없는 태도는 조직 내에서 좋은 커뮤니케이션을 하는 데는 도움이 되지만 조직 밖으로 나갈 때는 그런 점을 자제하고 완화할 필요가 있습니다.

리더는 단지 자신의 자부심을 만족시키기 위한 발언 기회는 피해야 합니다. 대중 앞에 모습을 드러내기로 했다면 그것이 과연 자신의 개인적 자부심이 아닌 회사의 이익에 도움이 되는 것인지 자문해봐야 합니다. 회사의 목적과는 무관한 이유로 맹목적 칭송을 받는 일은 반드시 피해야 합니다. 리더는 자신이 대중 앞에서 발언하는 이유에 대해 언제나 냉정히 판단해야 합니다. 왜 발언을 해야 하는지, 누구에게 발언할 것인지, 그럼으로써 이루고자 하는 바가 무엇인지를 이해하고 나면 메시지에 더욱 집중하게 될 것이며 낭패를 볼 가능성도 줄어들 것입니다."

존 스티븐스는 전략 정보 및 리스크 완화 서비스를 제공하는 모니터 퀘스트의 회장이다. 그의 말에 따르면, 세간의 이목을 끄는 리더는 말을 할 때 한마디 한마디를 세심히 가늠해야 한다.

"예전에 저는 북아일랜드 공모 사건의 수사를 지휘했습니다. 20년에 걸친 수사 끝에 90명의 사람들이 유죄 판결을 받았죠. 제가 지휘할 당시 이 사건은 많은 주목을 받고 있었습니다. 얼마 지나지 않아 저는 제가 내뱉는 말 한마디 한마디가 북아일랜드 전역에 울려퍼지고 있다는 것을 깨달았습니다. 리더가 너무 뻣뻣하게 보일 필요는 없겠지만 언제나 각별한 주의를 기울여야 하는 것은 분명합니다."

유나이티드 유틸리티스의 전 CEO 필립 그린은 말한다. "좋든 싫든 사람들은 리더가 하는 모든 말에 주의를 기울입니다. 그리고 그 말에는 리더 자신이 인식하는 것 이상의 영향력이 담겨 있죠. 열정적이면서도 신중하고 메시지의 애초 목적에 충실한 발언을 하려면 뛰어난 기술이 있어야 합니다. 기술뿐만 아니라 많은 예행연습이 필요하죠."

자주 되풀이되는 간결한 메시지

미국 작가 마크 트웨인은 출판사로부터 이런 전

보를 받았다고 한다. "이틀 안에 2쪽 분량의 단편 필요." 트웨인은 이렇게 답장했다. "이틀에 2쪽은 불가. 이틀에 30쪽은 가능. 2쪽에는 30일 필요." 간결함과 시간, 글의 품질에 대한 그의 견해는 모든 리더들에게 좋은 조언이 된다.

옥스팜의 바버라 스토킹은 리더가 메시지를 적절히 선별해야 한다고 강조한다. "메시지가 너무 많아서는 안 됩니다. 메시지는 끊임없이 반복해서 전할 필요가 있습니다. 더 중요한 점은, 메시지는 간결하고 쉽게 기억할 수 있어야 한다는 것입니다. 한꺼번에 너무 많은 메시지를 퍼붓지 마세요."

나는 지금도 리더들을 지도할 때면 수년 전에 배운 생생한 교훈을 내가 배울 때와 똑같은 방식으로 그들에게 가르친다. 어떤 수업에서 강사가 테니스공이 가득 든 휴지통을 가져왔다. 그는 테니스공을 하나 꺼내어 내게 던졌다. 나는 쉽사리 공을 받았다. 이어서 그녀는 2개의 공을 연달아 던졌다. 둘 다 받긴 했지만 하마터면 놓칠 뻔했다. 그 다음에는 휴지통에 남아 있던 공 전부를 한꺼번에 던졌고, 나는 하나도 받지 못했다.

하지만 그녀가 전하고자 했던 메세지는 확실히 포착했다. 한꺼번에 너무 많은 메시지를 보내면 사람들은 아무런 메시지도 받지 못할 가능성이 높다는 것이다.

마리 퀴리 암센터의 톰 휴스-핼릿은 조직을 이끈 지 10년이 넘었지만 그동안 그가 조직 내에 전하고자 한 메시지는 세 가지에 불과하다고 말한다. "같은 메시지를 반복하고, 반복하고, 또 반복해야 비로소 사람들이 한 개의 메시지를 이해할 것입니다. 따라서 리더에겐 메시지를 선별하는 안목이 필요합니다. 수년간 요점을 거듭 강조한 끝에 이제 저는 대다수 사람들이 제가 보내는 핵심 메시지를 이해했으리라 확신합니다. 그 메시지란, 이 조직에서 우리가 하는 모든 일은 암 환자에 대한 간호 방식의 개선이라는 목적에 부합해야 한다는 것입니다. 직원들도 익히 아는 바이지만, 저는 어떤 활동을 계획할 때면 언제나 이런 의문을 제기해보라고 그들에게 요구합니다. '이것이 우리의 간호 방식을 개선하는 데 도움이 될 것인가?' 만약 아니라는 답이 나온다면 우리가 무엇 때문에 그 일을 하겠습니까? 리더는 가장 중요한 메시지에 초점을 맞추어 그것을 전하고, 그런 다음에는 다시 그것을 전할 새로운 길을 찾아서 사람들이 메시지를 듣고 이해하도록 해야 합니다."

거스리 장군도 이에 동의한다. "저는 리더십 커뮤니케이션에서 중요한 요소 중 하나가 간결함이라고 생각합니다. 간결한 메시지가 준비되었다면 리더는 자신의 말에 확신을 갖고 끊임없이 그것을 전해야 합니다. 리더는 같은 메시지를 몇 번이고 계속 반복해야 합니다. 위험한 점은 사람들이 진정으로 귀를 기울이기 전에 리더 자신이 메시지에 권태를 느끼는 것입니다. 끈기를 발휘해야 합니다."

다낫 장군은 필요한 것들을 명확히 설명하고 손쉽게 이해시키는 것이 이상적 메시지라고 말한다. "이를 위해서는 지나치다 싶을 정도의 단순화가 필요합니다. 일단 입 밖에 나온 말은 취소할 수 없다는 점을 염두에 두고 단어와 비유의 선택에 신중해야 합니다."

클라이브 우드워드는 럭비 선수 출신 감독으로, 2003년 럭비 월드컵에서 잉글랜드 팀을 우승으로 이끌었다. 현재는 영국올림픽조직위원회에서 스포츠 디렉터로 활동 중이다. 그는 적절한 준비가 메시지 전달의 비결이라고 믿는다. "지금까지의 경험을 돌이켜보면 메시지에 대해 많이 고려할수록 커뮤니케이션도 더 잘됐습니다. 이는 스포츠와도 비슷한 측면이 있습니다. 준비를 잘할수록 서로 커뮤니케이션이 잘되죠. 그리고 어떤 질문을 받게 될지 예상하며 만반의 준비를 해야 합니다."

미디어를 상대할 때 도움이 되는 유용한 조언

미디어 다루기라는 주제에 관해서는 이미 수많은 책이 나와 있으며, 며칠간의 교육 과정을 제공하는 미디어 훈련 회사들도 아주 흔하다. 이 책에서 짤막하게 한 장을 할애한다 해도 내가 이 주제에 대해 큰 기여를 할 수는 없을 것이다. 하지만 인터뷰에 응한 리더들은 미디어를 상대하는 일에 관해 몇 가지 중요한 견해를 들려주었다.

영국산업연맹의 헬렌 알렉산더는 미디어에 모습을 드러내는 것은 메시지를 알릴 좋은 기회이니 꺼리지 말아야 한다고 강조한다. 리더에게 확고한 메시지가 있고 전하고자 하는 내용에 대한 확신과 지식이 있다면 분명 잘해낼 수 있을 것이다. 반면 준비를 충분히 하지 않은 리더는 낭패를 보기 십상이다. "브리티시 라디오 4의 프로그램 '더 바텀라인'에 출연하면 진행자인 에반 데이비스가 반갑게 맞아주면서 자신은 출연자를 바보처럼 보이게 만들 생각이 없다고 단언합니다. 그리고 나서 이렇게 덧붙이죠. '하지만 당신이 바보처럼 보이는 걸 제

가 막아드릴 수는 없습니다.'

즉흥적으로 말을 하는 것은 위험한 일입니다. 전하고 싶은 요점을 명확히 정하고 미리 예행연습을 해야 합니다. 미디어는 커뮤니케이션에 도움이 될 수 있지만 그러려면 미디어가 원하는 것이 무엇인지도 이해해야 합니다."

나 역시 홍보 비즈니스에 몸담고 있는 만큼 미디어를 상대한다는 것이 때로는 도저히 거절할 수 없을 만큼 좋은 기회라는 사실을 잘 알고 있다. TV 방송 시간을 딱 1분만 얻을 수 있어도 매출이 껑충 뛴다. 전국지에 호의적인 기사가 한 번만 실려도 회사에 대한 사람들의 인식을 바꿀 수 있다. 기억해야 할 중요한 점은 이것이다. 미디어는 시청자 혹은 독자들과 관련이 있는 좋은 이야기를 원한다.

이 점에 관해서는 리더와 기자의 이해관계가 일치하는 셈이다. 리더 또한 청중의 흥미를 자극할 만한 어떤 것으로 그들의 마음을 움직여야 한다. 테렌스 히긴스 트러스트의 닉 파트리지는 미디어를 대할 때는 자신이 정말로 이야기를 들려주는 대상이 누구인지 잊지 말아야 한다고 강조한다. 기자와 대화를 나눈다는 착각에 빠져서는 안 된다. 이야기를 듣는 실제 청중은 방송이나 신문을 접하는 시청자 및 독자들이므로 리더 역시 그들에게 초점을 맞추어야 한다.

"예를 들어, 저는 HIV와 에이즈로 고통받는 젊은이들의 부모 및 조부모들에게 메시지를 전하기로 결심했을 때 BBC 라디오 2의 '지미 영 쇼'에 주로 나갔습니다. 제가 타깃으로 삼은 청중 가운데 이 프로그램의 팬이 많았기 때문이죠. 저는 진행자의 질문에 대답할 때마다 이들 청중(감염자들의 어머니와 아버지)에게 적합한 메시지를 담았습니다. 저는 방송을 하는 내내 적절한 청중에게, 적절한 채널을 통해, 적절한 어조로, 적절한 메시지를 전한다는 생각을 잊지 않았습니다."

리더는 자신이 상대할 프로그램이나 출판물의 구성 방식과 수용자층을 파악해야 한다. 기자들을 파악하고 그들이 어떤 접근법을 통해 기사를 작성하는지 알면 도움이 된다. 또한 방어 태세를 취하려 들지 말고, 철저한 준비를 통해 긍정적인 결과를 거둘 수 있도록 해야 한다. 사운드 바이트의 시대인 오늘날에는 마이크 앞에 서기 전에 인용할 가치가 있는 문장을 미리 준비해보는 것도 좋은 방법이다. 주장하고 싶은 세 가지 요점을 구상했다 하더라도 굳이 원고를 작성할 필요는 없다. 비전문가도 알아들을 수 있는 용어로 열정적으로 말하고 기업인들 사이에서만 통하는 전문 용어는 절대 사용하지 않도록 해야 한다.

바버라 카사니는 이렇게 충고한다. "만약 인터뷰 도중에 자신이 너무 재미있어 하고 즐거워한다는 기분이 들면 말을 멈추고 애초에 전하고자 했던 메시지에서 엉뚱한 곳으로 빠지진 않았는지 확인해봐야 합니다. 리더는 재미를 위해서가 아니라 조직을 이롭게 할 메시지를 전하기 위해 인터뷰를 하는 것입니다. 재미를 느끼고 있다면 자기도 모르는 새 위험한 바닷속으로 빠져들고 있는 중일지도 모릅니다."

좋은 프레젠테이션 및 연설의 기본 요소

스튜어트 로즈 경은 긴 프레젠테이션에 고마워할 사람은 단 한 명도 없다고 말한다. "지난 10년간 커뮤니케이션을 하며 배운 한 가지 교훈은 '짧은 게 좋다'는 것입니다. 사람들에게 말하고자 하는 내용에서 꼭 필요한 정수만 남기고 군더더기는 제거해야 합니다. 메시지를 짧고 간결하게 만드는 것이죠. 사람들은 그러한 메시지를 더 반기며 마음속에 깊이 간직합니다."

그레이엄 매케이는 프레젠테이션을 할 때 절대 자신의 똑똑함을 과시하려 들지 말라고 조언한다. "파워포인트는 악마의 발명품입니다. 일관성 없는 산만한 사고를 조장하죠. 훌륭한 커뮤니케이션의 핵심은 명쾌함인데 이 명쾌함을 방해하는 일이 많습니다. 비즈니스 전문 용어, 파워포인트, 그리고 프레젠테이션의 길이가 바로 그것이죠. 추상적이고 개념적인 말은 피해야 합니다. 그런 말로는 사람들의 관심을 끌 수 없으니까요. 메시지를 사람들의 마음속에 새기려면 이야기와 일화가 필요합니다. 사람들은 현실에 기반을 둔 구체적 사례에 공감합니다."

필립 그린과 존 코널리는 연설을 잘하고 싶으면 연설문을 완전히 자기의 것으로 만들어야 한다고 강조한다. 고위직 리더들은 연설문이나 프레젠테이션 대본 작성을 다른 사람에게 맡기는 경우가 많을뿐더러 예행연습도 거의 하지 않는다. 그러면 결국 진정성 없고 따분한 연설이 되기 쉽다. 리더가 직접 연설문을 다듬고 자기 자신의 말로 서론과 결론을 비롯한 중요 부분을 고쳐 쓴다면 더 큰 자신감을 갖고 더 나은 연설을 할 수 있을 것이다.

리더들을 지도할 때면 나는 언제나 자신감을 강조한다. 앞에서 기술적으로는 형편없는 연설이 큰 갈채를 받을 수도 있음을 논한 바 있다. 이는 메시지에 자기 확신과 열정이 담겨 있고, 특히 연설 내용에 청중이 공감할 때 일어나는 일이다. 나는 리더들에게 예행연습을 시킬 때 기술적인 문제를 지적하기보다는 주로 자신감을 불어넣는 데 중점을 둔다. 진정한 자신감은 자신이 잘 알고 좋아하는 이야기를 선택하여 그것을 연설의 중심축으로 삼고, 그 이야기를 바탕으로 주장을 펼칠 때 생겨난다. 청중을 '사실'의 홍수 속에 빠뜨리는 일은 피해야 한다. 열정적으로 믿는 확고한 관점을 가진 리더라면 분명 연설도 잘할 수 있을 것이다.

이상적으로 보자면 원고 없이 연설하는 것이 가장 바람직하다. 셔먼 경과 사이먼 캘버는 청중과 대화를 나누는 듯한 연설을 지지한다.

셔먼은 이렇게 말한다. "청중에게 리더가 뭔가를 진심으로 믿고 있다는 인상을 심어주려면 원고 없이 연설하는 편이 좋습니다. 저는 KPMG의 시니어 파트너로 임명되었을 당시, 여러 파트너들이 모인 자리에서 처음으로 했던 연설을 늘 떠올립니다. 제 앞의 연설자가 연단 뒤에 서서 연설을 하기에 저는 무대 앞으로 나서기로 결심하고 이렇게 말했습니다. '시니어 파트너의 직무에 대해서는 다들 잘 아시는 상태에서 저를 선출하셨으리라 믿습니다. 그럼 앞으로 우리가 해야 할 일에 대해서 말씀드리겠습니다.' 저는 전부터 이 점에 대해 생각해 왔던 터라 우리가 다루어야 할 중요한 문제가 무엇인지 명확히 알고 있었습니다. 그래서 40분에 걸쳐 우리가 직면한 문제들을 이야기했죠. 반응은 놀라웠습니다. 피드백의 80퍼센트는 우리가 해야 할 일에 대해 제가 아주 잘 알고 있으며, 저의 확고한 신념 덕분에 그들도 마음이 움직였다는 것이었습니다. 20퍼센트는 프롬프터도 없이 어떻게 그런 연설을 할 수 있느냐는 것이었죠. 원고 없이 연설을 하면 신념의 힘이 확실하게 전해집니다."

사이먼 캘버는 이렇게 말한다. "연설을 할 때는 식탁 건너편에 앉은 사람들에게 말을 건네듯 해야 합니다. 신념을 갖고 간결하게 말하되 전문 용어를 사용해서는 안 됩니다. 이것이 바로 리더의 개성과 감정을 전하는 길입니다. 또한 평소 대화를 나눌 때와 똑같은 신호(표정, 몸짓 등의 보디랭귀지)를 사용할 줄 알아야 합니다. 연단 뒤에 어색하게 서서 자신 없는 듯한 모습을 보이는 것은 위험합니다."

레이디 바버라 저지는 연설과 프레젠테이션을 하려면 전문적 훈련을 받는 것이 매우 중요하다고 말한다. "리더는 짧은 시간 안에 긍정적 인상을 주어야 하는데 이때 도움이 되는 간단하면서도 효과적인 기법이 몇 가지 있습니다. 이야기를 시작할 때는 언제나 미소를 지어야 한다는 점을 기억하세요. 사람들의 눈을 똑바로 보세요. 언제나 자신만의 소재를 메모하고 잘 숙지해두세요. 글을 쓰기 위한 것이 아니라 말을 하기 위한 소재임을 염두에 두세요. 이런 작은 것들이 큰 차이를 만들어냅니다."

한번은 어떤 고위 간부를 지도한 적이 있었는데 그는 휘하 직원들의 노력과 내 충고에도 불구하고 프레젠테이션만 하면 늘 어색한 모습을 보이곤 했다. 직원들의 피드백에도 이에 대한 지적이 담겨 있었으며, 이 점이 그에 대한 신뢰성을 약화시키고 있었다. 하지만 우리는 잠깐 동안의 질의응답 시간에 그가 보여주는 모습만큼은 높이 평가받는 것을 발견하고 거기서 한 가닥 희망을 찾았다. 이후 몇 차례의 타운홀 미팅(town hall meeting: 본래 의미는 정책 결정권자 또는 선거 입후보자가 지역 주민들을 초대하여 정책 또는 주요 이슈에 대하여 설명하고 의견을 듣는 비공식적 공개회의를 뜻한다—옮긴이)에서 우리는 30분에 달하던 그의 연설 시간을 단 10분으로 줄이고 질의응답에 50분에서 80분간의 시간을 할애했다. 질문에 답변할 때가 되면 그는 한결 활기와 열정이 넘쳤으며 원고 없이도 얼마든지 이야기를 풀어나갔다.

공식적인 연설 시간을 줄이자 자연히 그에 대한 평가가 높아졌다. 경우에 따라 이러한 방식이 큰 효과를 발휘하기도 한다. 필요하다면 질의응답에 더 많은 시간을 배분하고 리더 자신이 질문을 던지는 식으로 이야기를 시작할 수도 있다("제가 여러분이라면 이런 질문을 하겠습니다."). 만약 그것이 '방 안의 코끼리' 같은 질문이라면, 즉 누구나 궁금해하지만 묻기를 꺼리는 질문이라면 활기찬 토론을 불러일으키게 될 것이다.

마지막 조언은 항상 '3의 법칙'을 기억하라는 것이다. 사람들이 기억할 수 있는 요점의 수는 대개 3개까지다. 따라서 세 가지 요점을 중심으로 연설문을 구성하는 것이 바람직하다. 많은 사람들이 기억하는 정치적 주장이나 기업 슬로건은 세 부분으로 이루어진 경우가 많다. 예를 들면 다음과 같다.

▶ 위치, 위치, 위치(집을 살 때는 위치가 가장 중요하다는 의미—옮긴이)

▶ 베니, 비디, 비치(Veni, vidi, vici : 왔노라, 보았노라, 이겼노라)

▶ 기술을 통한 진보(아우디)

▶ 싸게만 팔지 않습니다(백화점 체인 존 루이스). 품질, 가격, 서비스에 문제가 있다는 걸 알면서도 무리해서 싸게 팔지는 않는다. 즉 최고의 품질, 최적의 가격, 최상의 서비스를 약속한다는 의미—옮긴이)

▶ 아주 작은 일까지도(식료품 잡화점 체인 테스코, 고객이 필요로 한다면 아
   무리 작은 일이라도 돕는다는 의미―옮긴이)

▶ 한번 해보는 거야(나이키)

▶ 국민에 의한, 국민을 위한, 국민의 정부

▶ 친구여, 로마인이여, 동포여(셰익스피어의 희곡 《줄리어스 시저》 3막 2장,
   안토니의 연설 중―옮긴이)

▶ 피, 땀, 그리고 눈물(윈스턴 처칠이 총리에 취임할 당시 했던 "나는 피, 수고,
   눈물, 그리고 땀밖에는 달리 드릴 것이 없습니다"라는 말에서 유래―옮긴이)

모두 기억에 남는 효과적인 표현들이다. 연설문의 끝부분에는 정말
로 좋은 문구, 당신이 자리에 앉은 뒤에도 사람들에게 한참 동안 여운
을 남기는 문구를 넣는 것이 바람직하다.

요약하자면, 아마도 연설문에 관한 가장 훌륭한 조언은 프랭클린
루스벨트가 남긴 이 말일 것이다. "진실하고 간결하게 말하라. 끝난
다음에는 곧바로 자리에 앉아라(be sincere, be brief, be seated)."

위기 시의 커뮤니케이션

위기에 빠졌을 때 리더가 처음으로 직면
하는 것은 모순적 상황이다. 즉 리더로서 뭔가를 말하기가 그 어느 때
보다 내키지 않지만, 아무 말도 안 하는 것이 그 어느 때보다 위험한
상황에 직면하게 되는 것이다.

많은 리더들이 위기가 처음 닥쳤을 때 그것에 압도되는 경험을 가
지고 있었다. 미디어는 당신보다 먼저 위기를 알아채고 정보를 요구

하며 아우성칠 것이다. 하지만 당신은 무슨 일이 일어난 것인지 파악하느라 아무런 견해도 밝히지 못할 가능성이 높다. 결국 문제를 뒤쫓으며 늘 수세적인 자세만 취하게 될 것이다.

이런 상황에 대처하려면 미리 계획을 세워서 모든 가능성을 고려하고 각각의 시나리오에서 취할 행동을 사전에 생각해두어야 한다. 많은 경우 위기란 충분히 예측할 수도 있었던 문제가 점점 커져 감당할 수 없는 수준에 이른 것에 불과하다. 분명 어떤 위기는 미처 예기치 못했던 상황에서 갑작스럽게 들이닥치기도 한다. 하지만 위기 전, 위기 중, 위기 후에 효과적인 커뮤니케이션이 이루어진다면 위기의 결과가 크게 달라질 수 있다.

모니터 퀘스트의 스티븐스는 경쟁에서 이기려면 위기에 미리 대비할 필요가 있다고 말한다. "위기 관리 및 리스크 관리는 이 투명하고 빠르게 돌아가는 세상에서 리더가 고려해야 할 가장 중요한 문제들입니다. 리더는 위기가 닥쳤을 때 어떻게 할 것인지, 상황이 악화될 때 어떤 행동을 취할 것인지 전략적 계획을 세워놓아야 합니다. 어떤 분야에 몸담고 있든 위기는 반드시 찾아오기 때문이죠. 행동 방침을 정하고 사소만 부분까지 미리 생각해둬야 합니다.

예컨대 경찰국장 시절 저는 런던경찰국이 폭파될 경우에 대비하여 집에 여벌의 제복을 준비해두었습니다. 그래야 만약의 사태가 발생했을 때도 제복을 갖춰 입고 텔레비전 카메라 앞에 서서 "진정하십시오. 저희는 상황을 통제하고 있으며 곧 필요한 조치를 취할 것입니다"라고 말할 수 있겠죠. 세세한 부분까지 주의를 기울이는 것은 매우 중요한 일입니다. 또한 전에 이런 일을 경험해본 적이 있어서 리더가 위기를 넘기도록 침착하게 도울 수 있는 사람들을 주위에 둘 필요도 있습니다."

위기 시 커뮤니케이션의 황금률

설령 훌륭한 계획이 갖춰져 있다 해도 위기의 초기 단계에서 반드시 지켜야 할 간단한 원칙이 있다. 리더는 사람들에게 자신이 정확히 알고 있는 것만 이야기해야 한다. 또한 위기가 닥치면 사람들이 감정적으로 행동하리라는 것을 알아야 한다. 큰 재난에 직면하거나 생계를 위협받는 상황에 처한 사람들은 특히 그렇다. 감정에 치우친 사람들은 사실에 입각한 주장이나 합리적인 추론에 잘 반응하지 않는다는 것이 이런 상황에서의 황금률이다.

나는 토니 헤이워드가 저지른 중대한 실수 중 하나가 이것이라고 생각한다. 설령 원유 유출의 규모와 영향에 대한 그의 견해가 정확한 것이었다 하더라도 사람들의 정서적 반응에 대한 판단에는 치명적인 오류가 있었다. 그의 말대로, 유출된 원유는 바다의 크기에 비하면 극히 미미한 양일지도 모른다. 하지만 기름에 찌든 해변을 바라보는 주민들에게 그 말은 충격적일 만큼 무신경한 발언이었다. 이어서 그가 다른 사람들의 어려움에 앞서 자신의 어려움을 강조하며 예전의 삶을 되찾고 싶다고 했을 때 그의 운명은 결정된 셈이었다. 그는 결코 용서받지 못했다.

그는 문제의 책임이 자신에게 있음을 인정해야 했다. 리더는 카메라와 마이크 앞에 나서서 사건에 대해 설명하고 책임을 져야 한다. 리더는 문제와 관련된 모든 이들에게 우려를 표하고, 문제를 해결하기 위해 그들이 어떤 노력을 기울이고 있는지 밝혀야 하며, 문제가 해결될 경우 발생할 이득에 대해 이야기해야 한다. 마지막으로, 리더는 근본 원인을 바로잡아 앞으로는 같은 실수가 재발하지 않을 것이라는 약속을 해야 한다.

'사실'은 어디에서도 언급되지 않았다는 점을 눈치챘을 것이다. 그렇다. 필요한 것은 정서적 공감이다. 리더는 문제로 인해 영향을 받은 이들이 어떤 심정일지, 그들이 듣고 싶어하는 말이 무엇일지 헤아릴 수 있어야 한다. 이때 매뉴얼은 도움이 되지 않는다. 각종 절차가 수록된 두꺼운 매뉴얼을 뒤적거리며 길을 찾으려 한다면 그 어느 때보다 빠르게 움직여야 할 상황에서 모든 것이 느려질 것이다. 훌륭한 회사들은 직원들이 두근거림을 느끼며 진땀을 흘릴 만큼 현실적인 위기 모의 훈련을 실시한다. 그럼으로써 실제 위기가 닥쳤을 때 굳이 생각을 할 필요도 없이 곧바로 반응할 수 있다. 위기 시의 대응법이 몸에 배어 있어서 매뉴얼을 들춰볼 필요도 없다.

머빈 데이비스는 몇 밀리초 만에 뉴스가 다른 대륙까지 전해지는 시대가 되면서 위기 관리의 본질에도 변화가 일어났다고 말한다. 이제 모든 리더는 조직의 활동 방식을 철저히 검토하고 최악의 상황을 그려보지 않으면 안 된다. 또한 그들이 통제할 수 있는 범위를 넘어서는 문제들에 대해서도 고려해야 한다.

"저는 연설을 할 때면 사람들에게 제가 10년 전에 이런 말을 하면 어땠을지 상상해보라고 합니다. 스코틀랜드 왕립은행은 파산할 것이고, 뉴올리언스는 사라질 것이며, 제트기가 세계무역센터에 충돌할 것이고, 극동지방에서는 닭의 체내에 있던 바이러스가 인간에게 병을 일으켜 세계적인 공포를 불러일으킬 것이며, 일본에서는 엄청난 화산 폭발로 대대적인 파괴가 일어날 것이라고 말이죠.

제가 10년 전에 그런 연설을 했다면 정신 나갔다는 소리를 들었을 것입니다. 하지만 사업을 하다 보면 끊임없는 변화와 불확실성에 대비해야 한다는 점을 배우죠. 불확실하고 일어날 것 같지 않은 일에 대비를 잘할수록 대응도 잘할 것입니다. 중요한 점은 그 같은 일이 일어났을 때 어떻게 상황을 규정하고 커뮤니케이션을 하느냐입니다."

위기가 닥쳤을 때는 당신의 가치관을 길잡이로 삼아라

위기 시에는 리더가 자신의 마음속 가장 기본적인 부분으로 되돌아가는 것이 무엇보다 중요하다. 리더스 퀘스트의 필스 위커-미우린은 리더의 가치관이 가장 중요해지는 순간이 위기가 닥쳤을 때라고 말한다. "이런 시기에는 리더가 자신의 가치관에 입각하여 적절한 조치를 결정해야 합니다. 또한 반드시 해결되어야 할 인간의 기본적 욕구에 대해 인식할 필요가 있습니다."

경험에 비추어보았을 때, 위기가 완전한 파국으로 이어지는 것을 막는 유일한 길은 위기 발생 직후에 적절한 조치를 취하여 그 여파를 줄이는 것뿐이다. 기업을 파멸시키는 것은 위기 자체가 아니라 그 위기가 몰고 오는 후유증이다. 실수는 우리 일상 속에서 언제든 일어날 수 있다. 이는 누구나 이해하는 사실이다. 물론 태만함 때문에 빚어진 실수라면 덜 관대하겠지만 그래도 사람들은 당신이 실수를 인정하고 문제를 바로잡기 위해 힘닿는 데까지 애쓰며 재발 방지를 위해 노력하는 모습을 보고 싶어할 것이다. 또한 당신이 그 실수로 말미암아 상처받고 생활에 지장이 생긴 이들을 공정히 대해주길 바랄 것이다.

　행동이 뒤따르지 않는 커뮤니케이션은 그럴듯한 말만 늘어놓는다는 의심을 낳아 장기적으로는 더 큰 피해를 초래할 수 있다. 변호사들은 법정에서 패소하여 엄청난 비용을 소모하지 않으려면 발언을 자제해야 한다고 주장할 것이다. 하지만 법적 책임을 피하려다가 여론 법정에서 패한다면 그 손해는 훨씬 더 깊고 오래갈 것이다. '경영 면허'를 상실하면 사업도 미래도 사라진다.

　훌륭한 리더들은 위기가 왔을 때 전적으로 책임을 지고 조직을 보호한다. 글락소스미스클라인의 크리스토퍼 젠트의 말에 따르면, 모든 리더는 조직이 위기 대처 능력을 갖추도록 준비시켜야 한다. 뿐만 아니라 위기 시에 그들이 스포트라이트를 받게 되리라는 점도 알고 있어야 한다.

　"CEO 후보자 중에 이런 부분에 영 자신 없어 하던 사람이 있었습니다. 이 점을 속으로 크게 걱정하고 있다는 것이 제 눈에 보일 정도였죠. 그는 결국 CEO가 되지 못했습니다. 결연히 일어나 위기에 정면으로 맞서고 미디어를 상대하는 것은 리더의 역할에서 큰 비중을 차지합니다. 리더가 되려면 이런 일을 기꺼이 받아들여야 합니다. 리더는 전면에 나서서 계획을 수립하고 모습을 드러내어 상황을 제어해야 합니다. 모든 종류의 미디어 채널과 커뮤니케이션 라인을 정비하고, 자신만의 신중하고 특화된 커뮤니케이션 채널을 갖추어야 하며, 24시간 내에 우위를 점할 수 있어야 합니다. 그러지 못하면 결국 사냥감의 뒤만 쫓게 될 테고 이는 끔찍한 재앙을 불러올 수 있습니다."

전속력으로 달리는 마라톤처럼 대응하라

대개의 경우 위기는 마라톤과 비슷하지만 그것을 단거리 경주로 착각하는 CEO들이 많다. 위기는 마라톤이다. 하지만 평범한 마라톤이 아닌 전속력으로 달려야 하는 마라톤이다.

소셜 웹사이트, 트위터, 휴대전화 카메라 등으로 말미암아 이제 위기에 처한 회사는 번개 같은 속도로 대응책을 내놓아야 한다는 압박을 받는다. 위기가 이미 시작되었는데도 여전히 커뮤니케이션 채널이 준비되어 있지 않다면 결코 위기를 감당할 수 없을 것이다. 리더는 위기 시에 사용할 모든 채널을 충분히 고려해야 하며, 다양한 현대적 커뮤니케이션 채널들 또한 그 생각 속에 포함되어야 한다.

크리스마스를 앞두고 폭설 속에서 유로터널로 진입하려던 유로스타가 발이 묶여 2000명의 승객이 오도 가도 못하게 된 적이 있었다. 올림픽조달청의 크리스토퍼 가넷은 이 사건을 검토한 독립조사위원회의 두 리더 중 한 명이었다. 이 사고를 놓고 많은 비난이 일었는데, 그중에는 위기 상황에서 사람들에게 정보를 전달하지 못했다는 지적도 있었다. 혼란과 정보 부족을 질타하는 신랄한 비난이 유로스타와 유로터널을 향해 쏟아졌다. 크리스토퍼는 운행에 큰 지장이 발생할 경우에 대비하여 다용도 게시판을 설치하는 등 터미널의 정보 설비를 개선하도록 요구했다.

"보고서를 작성하면서 우리가 검토한 사항 중 하나는 '인터넷의 존재를 감안할 때 그들은 어느 정도의 속도로 대응해야 했는가?' 라는 문제였죠. 이 사건 이후 브리티시 항공은 유로스타의 사례를 면밀히 분석하여 즉각적으로 소식이 퍼져나가는 인터넷과 블로그에 관한 교훈을 얻으려 했습니다. 오늘날 위기가 닥쳤을 때는 전보다 훨씬 빠른 속도로 조직의 이야기와 최신 정보를 알려야 합니다. 그러지 못하면 조직의 역량이 부족하다는 평가를 받게 될 것입니다. 위기에 관련된 다른 사람들이 신속한 커뮤니케이션을 할 수 있기 때문이죠."

또한 크리스토퍼는 리더가 조직의 대변인으로서 대중 앞에 모습을 드러내는 역할까지 하다 보면 필요한 정보를 미처 입수하지 못해 곤란할 때도 있다고 말한다. 그런 경우에는 언제까지 정보를 준비할 것인지 알림으로써 미디어의 기대를 관리하는 것이 바람직하다. "미디어의 마감 시간에 휘둘릴 필요는 없습니다. 자기 페이스를 지켜야 한다는 점을 잊지 말아야 합니다. 때로는 잠을 충분히 자는 것도 중요합니다. 그렇지 않으면 판단력이 흐려지거나 조급하고 과민해져서 인터뷰에서 나쁜 인상을 남길 수 있습니다. 한번 그런 모습을 보이면 미디어는 그것을 사람들에게 끊임없이 되풀이해 보여줄 것입니다."

두 차례의 심각한 열차 사고가 일어났을 당시 커뮤니케이션을 해야 했던 크리스토퍼는 뉴스가 온통 어떤 사건에 관한 이야기로 떠들썩할 때도 그것을 보지 않는 사람들이 놀라울 만큼 많다고 말한다. "신문과 텔레비전 헤드라인이라는 필터를 통해 상황을 다루지 않도록 주의해야 합니다. 신문이나 TV 및 라디오 방송국은 서로에게서 정보를 얻고 상대방의 헤드라인을 토대로 보도합니다. 따라서 리더는 미디어의 프리즘에 영향을 받아 의사 결정이 편향되거나 미디어보다 훨씬 중요한 조직의 생존을 좌우할 집단의 목소리를 잘 듣지 못하는 일이 없도록 각별히 조심해야 합니다."

리더는 위기를 초래한 사건으로 인해 충격을 받은 사람들과 계속 연락을 취하며 그들의 말과 감정을 파악해야 한다. 이 단계에서는 조직에 정말로 중요한 사람들의 진심을 이해하기 위해 시장 조사, 웹 분석, 영향력 있는 인물들의 네트워크 등을 활용하는 것이 매우 중요하다.

웹, 트위터, 소셜 미디어에 관하여

인터뷰에 응한 리더들은 현대적 커뮤니케이션 기술에 대해 저마다 다른 견해를 보였다. 어떤 이들은 현대적 채널이 수반하는 급진적 투명성이 리더 역할을 더욱 어렵게 만든 달갑지 않은 부담이라고 여겼다. 그 채널 때문에 조직에 별로 중요하지 않은 청중, 즉 언제나 조직의 관점에 반대할뿐더러 조직에 중요한 주류 이해관계자의 시각을 대표하지도 않는 소수 청중의 비중이 과도하게 높아졌다는 것이다.

반면 브리티시 가스의 필 벤틀리 같은 리더들은 새로운 미디어 채널을 핵심 이해관계자 집단, 특히 고객과 더 깊은 관계를 구축하는 수단으로 받아들였다. 하지만 이러한 견해 차이와는 별개로, 새로운 미디어를 적극적으로 이용할 필요성만큼은 인터뷰에 응한 리더 모두가 인정했다. 그들은 설령 리더 자신은 이들 미디어를 이해하지 못한다 해도 분명 그것을 활용할 필요는 있다고 말했다. 이는 선택의 여지가 없는 일이었다.

오데온 앤드 UCI 시네마즈의 루퍼트 개빈은 그의 회사가 소셜 네트워크에서 한층 적극적인 활동을 펼치기로 했다고 말한다. "소셜 네트워크 활동은 신중히 관리해야 합니다. 그렇지 않을 경우 중대한 문제를 일으킬 수도 있죠. 우리는 전보다 더 많은 직원들에게 회사를 대신하여 발언하고 견해를 표명할 권한을 부여했습니다. 이 활동은 일일이 통제하기가 불가능합니다. 그래서 우리는 가치관의 틀을 더욱 명확하게 다듬었습니다. 온라인상에서 회사를 대표하고 질문이나 문제에 즉각적으로 대응해야 하는 직원들이 회사의 기풍을 지키며 일할수 있도록 하기 위해서였죠.

우리 극장 관리자 중 한 명이 토요일 오후에 상사와 상의할 여유도 없이 화난 고객에게 대응해야 하는 상황에서도 이 가치관의 틀은 그가 올바른 결정을 내리는 데 도움이 될 것입니다. 온라인과 다른 점이 있다면 극장에서 화난 고객이 하는 말은 목소리가 닿는 거리에 있는 10여 명의 사람들에게만 들릴 것이라는 점이죠. 소셜 네트워크에서는 우리 직원이 부적절하거나 논란을 일으킬 만한 대응을 할 경우 어쩌면 수천만 명의 비난을 받을 수도 있습니다.

이런 일은 무서운 속도로 확대되어 전국적인 문제가 되기도 하죠. 그렇더라도 오늘날 기업은 온라인상에서 사람들과 더욱 적극적으로 상호작용을 해야 합니다. 따라서 리더는 직원들에게 조직의 가치관을 이해시켜 그들이 부적절한 말은 일절 하지 않도록 해야 합니다. 이는 현시대가 리더에게 가하는 여러 가지 압박 중 하나입니다. 하지만 적절히 대처한다면 단점보다는 장점이 훨씬 더 많습니다."

▶ 대중 앞에서 발언할 때는 늘 적절한 준비를 갖춰라. 즉흥적인 입발림 소리를 해서는 안 된다. 이는 암초가 가득한 위험한 바다로 들어가는 것이나 마찬가지다.

▶ 공개적인 발언을 할 때는 한마디 한마디가 모두 중요하며, 아주 작은 실수가 불리한 결과를 낳을 수도 있다. 단어 하나하나를 신중히 고려하라.

▶ 언제나 질의응답 시간을 마련해두라. 어쩌면 당신은 거기서 더 진가를 발휘할 수도 있다.

▶ 미디어를 상대하려면 특별한 훈련이 필요하다. 모든 형태의 미디어에 익숙해져야 한다.

▶ 당신의 청중은 기자가 아님을 잊지 마라. 누구에게, 무엇 때문에 하는 이야기인지 명확히 알고 있어야 한다.

▶ 불가피한 위기에 대비하라. 위기가 일어나기 전에 필요한 커뮤니케이션 채널을 전부 갖춰놓아야 한다.

▶ 위기 시에는 적절한 조치를 취하고 피해 입은 사람들의 심정을 헤아리는 것이 매우 중요하다. 그렇지 않으면 위기가 파국으로 이어질 수 있다.

▶ 위기 시에 당신이 올바른 궤도를 유지하도록 돕는 것은 기업의 가치관과 제대로 된 방향감각뿐이다.

▶ 현대적 미디어 채널을 받아들여라. 이해하는 데 어려움을 느낀다면 다른 사람에게 맡겨서라도 활용하라.

▶ 끊임없이 완벽을 추구하라. 매번 연설을 마친 뒤에는 신뢰할 만한 조언자에게 냉정한 피드백을 구하라.

▶ 디지털 시대의 투명성을 인정하고 받아들여라. 예전보다 리스크가 높아졌지만 보상 또한 더 커졌다.

▶ 어떻게 해야 할지 모르겠다면 그 일을 잘할 수 있는 누군가를 고용하라.

chapter 15

배우고, 예습하고, 검토하고, 개선하라

"비즈니스 리더에게 커뮤니케이션이란 워낙 중요한 것이어서 적절한 기술을 배우고 적절한 지도를 받지 않는 한 경기에 나가서는 안 됩니다."

▶   오랫동안 고위직 리더들에게 커뮤니케이션을 지도해왔음에도 나는 그들 대다수가 더 나은 커뮤니케이션을 위해 많은 노력을 기울이는 모습을 보며 여전히 감동한다. 이 책에 소개된 리더들은 수십 년간 경험을 쌓아온 노련한 사람들이지만 그들이 자신의 커뮤니케이션 능력에 10점 만점을 주는 경우는 없었다. 그들 모두는 더욱 발전하기 위해 앞으로도 계속 노력해야 한다고 믿었다.

로열메일의 CEO 모야 그린은 리더라면 누구나 커뮤니케이션 능력을 향상시키는 데 시간과 노력을 투자해야 한다고 말한다. "준비하고 연습해야 합니다. 리더는 수많은 사람들 앞에 모습을 드러내야 하며 몇 초 내에 좋은 인상을 남겨야 합니다. 그래야 이사회를 안심시키고, 직원들에게 자부심을 심어주고, 회사의 평판을 높일 수 있죠."

바클레이즈의 앤터니 젠킨스는 자신은 아마도 시간의 80퍼센트는 커뮤니케이션 활동을 하며 보낼 것이라고 말한다. "저는 제 직무를 바클레이즈 글로벌 소매금융의 최고 대변자로 규정합니다. 따라서 그 일을 제대로 해내는 것이 제게는 굉장히 중요합니다. 저는 직원들을 대할 때 상황에 따라 제 스타일을 조정하는 데 상당히 익숙합니다. 하지만 리더는 이보다 더 외부적이거나 내부적인 커뮤니케이션도 해야 하며 신중하게 계획된 대규모 행사에도 참여해야 합니다. 이러한 행사는 직원들과 커뮤니케이션할 때보다 훨씬 격식을 차리는 자리이므로 정해진 대본에 충실할 필요가 있죠. 저는 이 영역에서의 능력을 향상시키기 위해 열심히 노력하고 있습니다. 더 나아지려는 노력을 중단해서는 안 됩니다."

크리스토퍼 젠트는 비즈니스 리더들이 커뮤니케이션 훈련을 소홀히 하는 경향이 있다고 생각한다. "리더는 모든 형태의 커뮤니케이션에 뛰어나야 할 뿐만 아니라, 다른 고위급 직원들도 커뮤니케이션에 관한 적절한 훈련을 받도록 해야 합니다. 또한 조직 전체의 커뮤니케이션 능력도 향상시켜야 하죠. 훌륭한 커뮤니케이션은 성공의 필수 요건입니다."

리더들이 미디어 대응과 연설에 관해 최고 수준의 훈련을 받았다

해도 예행연습을 하지 않으면 좋은 결과를 기대할 수 없다. 문제는 대다수 리더가 너무 바빠서 예행연습을 해도 그만 안 해도 그만인 부수적인 일로 여긴다는 것이다. 하지만 최고의 지위에 있으면서 성공적으로 커뮤니케이션을 해낸 리더들은 결코 운이 좋아서 그렇게 된 것이 아니다.

머빈 데이비스는 그 무엇도 적절한 준비를 대신할 수는 없다고 말한다. "평생을 세계 각지에서 프레젠테이션과 연설을 하며 보냈는데도 상원에서 처음으로 연설을 할 때는 여전히 긴장을 느꼈습니다. 리더는 언제나 낯선 상황에 직면하게 마련입니다. 그러니 시간을 할애하여 상황에 맞게 준비해야 합니다. 저는 사람들에게 이 점을 설명할 때 축구선수의 예를 듭니다. 만약 당신이 프로 축구선수라면 주중에는 날마다 훈련을 하겠죠. 페널티킥 차는 연습도 하고 경기에 필요한 모든 종류의 움직임을 연습할 것입니다. 더 나아지기 위한 연습을 멈춰서는 안 됩니다.

비즈니스 리더에게 커뮤니케이션이란 워낙 중요한 것이어서 적절한 기술을 배우고 적절한 지도를 받지 않는 한 경기에 나갈 수도 없습니다. 이를 위한 시간을 따로 확보해두지 않는 CEO나 리더가 너무 많습니다. 하지만 더욱 발전하려면 현재 위치에 안주하지 말고 커뮤니케이션 능력을 향상시켜야 합니다."

클라이브 우드워드는 자신이 'T-CUP', 즉 '압박을 받는 상태에서 올바르게 생각하기(Thinking Correctly Under Pressure)'라 명명한 개념에 대해 이야기한다. "이것은 스포츠나 비즈니스, 커뮤니케이션, 그 밖에 리더가 하는 모든 일에 적용됩니다. 챔피언을 가장 잘 정의한 개념이

기도 하죠. 챔피언이란 압박이 최고조에 달했을 때 올바르게 생각하는 사람을 뜻합니다.

커뮤니케이션을 하다가 미처 생각지 못했던 문제에 부딪히면 숨이 막힐 수도, 얼어붙을 수도, 이야기를—서툴게 내뱉던 말들을—중단할 수도 있습니다. 일어날 가능성이 있는 모든 상황을 직접 경험해볼 수는 없습니다. 하지만 각각의 시나리오를 미리 생각해두는 것은 가능하죠. 그런 준비가 되어 있다면 질문을 받았을 때 자신의 메시지를 전하고 자신이 원하는 대로 대답할 수 있을 것입니다. 미리 시간을 내어 다양한 상황을 생각해보는 것은 리더에게 꼭 필요한 일입니다."

스티븐스는 경찰을 대표해서, 전국이 주목했던 범죄사건을 수사하기 위해서, 노섬브리아 대학교의 총장으로서 대중 앞에서 수십 년간 커뮤니케이션을 했지만 지금도 여전히 자신의 능력을 향상시키려 노력한다고 말한다.

"미디어와 인터뷰를 할 때마다, 혹은 무대에 모습을 드러낼 때마다 저는 믿을 만한 사람들에게 어떤 점이 부족했는지, 다음번에 더 나아지려면 어떻게 해야 할지 묻습니다. 자신의 커뮤니케이션이 어떠했는지 지속적으로 평가해야 하며 비판을 받아들일 각오도 해야 합니다. 그렇지 않으면 더 나아질 수 없습니다. 대중 앞에서 발언하기 전에는 언제나 충분한 준비를 하고, 발언을 마친 뒤에는 피드백을 구해야 합니다. 대중과의 커뮤니케이션은 그냥 운에 맡기기에는 너무도 중요한 일입니다."

커뮤니케이션 능력은
타고나는 것이 아니다

그동안 내가 만난 리더들 중에 커뮤니케이션의 다양한 측면을 두루 아우르는 균형 잡힌 훈련을 받는 리더는 거의 없었다. 이 책을 집필하며 인터뷰한 리더들 대다수는 확실한 노력 없이 기회가 닿는 대로 커뮤니케이션에 대해 조금씩 터득해가며 가끔씩 미디어 대응이나 연설에 관한 특별 훈련을 통해 능력을 보충하고 있었다. 그들 모두는 훌륭한 성과를 내는 데 커뮤니케이션이 필수적인 역할을 한다는 점을 인정했으며, 휘하에 둘 리더들을 채용하거나 승진시킬 때 '대인관계 능력'을 전보다 더 중요하게 본다고 했다. 하지만 리더십 커뮤니케이션 훈련이 널리 이루어지고 있다는 증거는 어디서도 찾을 수 없었다. 장차 리더가 되려는 이들은 좋은 커뮤니케이션 능력을 타고나야 하는 것처럼 보일 정도였다.

나는 인터뷰를 진행하며 리더의 직무는 더 많은 리더를 만들어내는 것이라는 말을 계속해서 들었다. 미국의 저명한 변호사이자 정치 운동가 랠프 네이더에 따르면, 리더십의 기능은 '더 많은 부하가 아닌, 더 많은 리더를 배출하는 것'이다. 바로 여기서 우리는 난제에 직면한다. 그 모든 초보 리더들에게 동기와 영감을 부여하고 그들을 감성 지능이 뛰어난, 신뢰할 수 있는 커뮤니케이션을 하는 리더로 만들려면 어떻게 해야 할까?

〈더 타임스〉의 MBA 과정에 관한 특집 기사에 따르면 MBA 학생들은 커뮤니케이션 기술에 서투른 경우가 많다고 한다. 커뮤니케이션과 관련하여 그들이 듣는 강의라고 해봤자 프레젠테이션 기술을 조금 익히는 것인데 과연 이것만으로 메시지 전달 훈련을 충분히 받았다고 할 수 있을지는 의문이다. 대학의 학장들도 같은 문제점을 지적했다. 막연하게 여겨지는 다른 여러 경영 능력들이 그렇듯 커뮤니케이션 역시 많은 학교에서 너무나 오랫동안 소홀히 여겨져왔다.

이는 단지 기업의 운명뿐만 아니라 국가의 번영에도 영향을 미치는 문제다.

유럽 유수의 경영 단체인 리더십 및 경영 연구소의 회장 피터 치즈에 따르면, 훌륭한 비즈니스 리더십은 곧 조직의 유효성과 사회경제적 번영을 가져오는 열쇠다. "우리가 직면한 난제는 좋은 리더의 요건을 구성하는 전통적 모델이 변화하고 있다는 점입니다. 이에 따라 리더 양성 방식도 달라져야 합니다. 우리 연구소는 최근 여러 글로벌 기업의 인적 자원 전문가들을 대상으로 설문조사를 실시했습니다. 그들은 미래의 리더가 갖추어야 할 요건으로 무엇보다 먼저 몇 가지 뚜렷한 개인적 특성이 필요하다고 강조했습니다. 그 특성이란 주로 인간관계 및 대인관계 영역에 속하는 것들이었죠. 즉 사람들에게 비전을 제시하고 동기와 영감을 줄 수 있는 리더, 감성 지능이 높고 신뢰할 수 있으며 사람들을 이끌고 커뮤니케이션을 하는 데 타고난 재능이 있는 리더, 의욕과 야심에 찬 리더를 높이 평가했습니다.

인적 자원 전문가들은 사람들을 이해하고 그들에게 영감과 동기를 부여할 수 있는 리더를 원했습니다. 영감 및 동기를 부여하는 능력은 고위직 리더들을 모집할 때 중시하는 특성으로 가장 자주 언급되었습니다.

사람들에게 동기를 부여하는 능력, 감성 지능, 뛰어난 커뮤니케이션 기술 등 바람직한 개인적 특성으로 언급된 것들 중 다수는 배워서 익힐 수 있는 것입니다. 리더십의 요소 중 다수가 배울 수 있는 것이라면, 어떻게 해야 장차 리더나 관리자가 되려고 하는 사람들이 다방면에 걸친 리더십 요소를 두루 갖추게 할 수 있을까요? 조사 결과에 따르면 훈련과 계발이 반드시 필요합니다."

앞서 언급했듯이, 인터뷰에 응한 리더 대다수는 커뮤니케이션을 리더십의 가장 중요한 세 가지 능력 중 하나로 꼽았다. 제일 중요한 능력으로 간주된 것은 전략 능력이었다. 하지만 리더들은 최고의 전략이 있어도 그것을 실행할 사람들에게 영감을 주지 못한다면 아무런 소용이 없다고 경고했다.

훌륭한 리더는 직원들에게 영감과 동기를 부여하고, 도덕적 잣대를 제공하여 방향을 제시하고, 설득력 있는 미래 비전을 전함으로써 조직을 성공으로 이끈다. 이런 연유로 나는 리더들이 조직의 진정한 잠재력을 발현시키고자 한다면 무엇보다 우선 커뮤니케이션 및 대인관계 능력을 훈련해야 한다고 믿는다.

또한 나는 탁월한 커뮤니케이션을 하기 위한 노력이 성과를 향상시키기 위한 노력 못지않게 중요하다고 믿는다. 전자를 이루지 못하면 후자 역시 이룰 수 없다. 용기와 열정, 명료성, 진정성을 갖고 커뮤니케이션하고, 말하는 것만큼 듣기도 잘하는 리더는 팀 혹은 조직의 성과를 크게 향상시킬 수 있다.

그저 그런 커뮤니케이션과 영감을 주는 커뮤니케이션의 차이는 곧 형편없는 성과와 탁월한 성과를 가르는 요인이 될 수 있다. 사람들에게 영감과 동기를 부여하는 능력은 이제 리더가 반드시 갖춰야 할 자질이 되었다.

인터뷰와 조사를 하는 과정에서 나는 이 책에 담긴 모든 교훈을 포괄하는 리더십 커뮤니케이션 모델을 발견하지 못했다. 분명 내가 아는 리더들은 커뮤니케이션의 가치를 이해하고 그것에 시간을 쏟고 있었다. 하지만 그들에겐 커뮤니케이션을 생각하는 데 필요한 스키마(schema)가 없다(스키마란 사물을 손쉽게 인식 혹은 기억하기 위해 조직된 정신적 틀로서, 흔히 도식이나 개요, 모형의 형태로 나타난다).

이 책의 목적은 독자들에게 리더십 커뮤니케이션 모델을 제시하는 것이다. 이 모델을 리더십 커뮤니케이션의 자극제로 활용하길 권한다. 여기에 모든 해답이 들어 있는 것은 아니지만 꼭 생각해봐야 할 문제에 초점을 맞출 수 있게 해줄 것이다.

나는 이 모델이 미래의 리더를 꿈꾸는 이들 못지않게 노련한 리더들에게도 유용하리라 믿는다.

또한 이것이 당신의 마음에 드는 스키마가 되어 아무쪼록 자주 활용되길 기대한다. 그리고 무엇보다 이 책, 이 모델의 도움으로 부디 당신이 리더의 언어에 유창해지길 바란다.

반드시
기억해야 할
요점

나는 인터뷰를 마칠 때마다 리더들에게 이런 질문을 했다. "오늘 들려주신 이야기 중에 이것만큼은 꼭 기억해줬으면 하는 요점을 한 가지만 꼽는다면 무엇이 있을까요?"

이 질문을 한 이유는 자주 언급된 핵심 사항을 정리하여 책 말미에 실으면 유용한 요약문이 되리라는 생각에서였다. 당초 10개 정도의 핵심 사항이 나오리라 예상했지만 실제로 내용을 정리해보니 공통된 답변들이 많이 나와 놀랐다. 그러나 지나고 나서 돌이켜보니, 한편으로는 지극히 당연한 결과라는 생각이 든다.

9퍼센트를 득표하여 5위를 차지한 의견은, 리더는 좋은 커뮤니케이션의 중요성을 인식해야 하며 커뮤니케이션 능력의 향상을 위해 결코 포기하지 말고 부단히 노력해야 한다는 것이다.

리더는 늘 자신의 커뮤니케이션 능력을 개발해야 한다. 조직 내에서 여러 집단의 사람들을 잘 이끌려면 리더는 그들의 말에 더욱 귀를 기울이고, 생산적인 회의를 열고, 그들에게 지도와 조언을 함으로써 더 나은 성과를 이끌어내야 한다. 지위가 높아질수록 미디어를 상대하고, 연설을 하고, 정부 각료 및 규제 담당자와 대화를 하고, 투자자에게 계획을 발표할 일도 많아질 것이다. 이는 전문적 훈련과 부단한 연습을 요한다. 당신이 지침으로 삼아야 할 원칙은, 오직 예행연습을 통해서만 훌륭한 발표자가 될 수 있다는 것이다.

> "나는 조직 내 모든 리더가 갖춰야 할 능력으로서 커뮤니케이션의 힘과 중요성을 굳게 믿는다. 커뮤니케이션 없이는 신뢰를 쌓을 수도, 사람들에게 영감을 줄 수도 없다." – 니컬러스 영

> "리더는 훌륭한 커뮤니케이션 능력을 갖추고 그것을 조직 전반에 걸쳐 발휘하는 것이 얼마나 중요한 일인지 잊지 말아야 한다." – 크리스토퍼 젠트

> "커뮤니케이션은 리더의 직무이며 리더는 커뮤니케이션에 더 능숙해지기 위해 부단히 노력해야 한다." – 앤터니 젠킨스

> "항상 적절히 준비한다면 커뮤니케이션을 잘할 수 있다." – 클라이브 우드워드

12퍼센트를 득표하여 공동 3위를 차지한 의견은, 리더는 조직 내 여기저기에 늘 모습을 드러내고 지속적인 대화를 통해 사람들과 좋은 관계를 형성해야 한다는 것이다.

리더는 사람들 앞에 더 자주 모습을 드러내고 조직 내의 모든 이들에게 필요한 메시지를 전해야 한다. 커뮤니케이션은 리더의 직무다.

따라서 날마다 모습을 드러내고 커뮤니케이션을 하지 않는 리더는 자신의 성과에 대해 의문을 제기해봐야 한다. 또 한 가지 중요한 점은, 메시지를 거듭 반복하고, 반복하고, 또 반복해서 모든 이들이 듣고 이해하도록 해야 한다는 것이다.

"커뮤니케이션하고, 커뮤니케이션하고, 또 커뮤니케이션하라. 리더는 계속해서 커뮤니케이션을 해야 한다. 하지만 커뮤니케이션 자체만으로 효과를 발휘할 수 없다. 좋은 전략도 있어야 한다." – 필 벤틀리

"리더가 사람들을 이끄는 유일한 방법은 그들 앞에 모습을 드러내는 것이다. 모습을 드러낸다는 것은 밖으로 나가 사람들과 교류한다는 의미이며, 그것은 곧 고객, 직원, 그리고 조직에 중요한 모든 이들의 말에 귀를 기울인다는 것이다. 올바른 커뮤니케이션을 하려면 먼저 듣기부터 해야 한다." – 폴 드렉슬러

"최고의 커뮤니케이션이란 메시지가 얼마나 복잡하든 간에 단순한 언어를 몇 번이고 계속해서 되풀이하고 또 되풀이하는 것이다. 위험한 점은 아직 그 메시지를 전혀 듣지 못한 사람들이 있는데 리더가 자신의 메시지에 싫증을 내는 것이다. 리더는 자신의 메시지를 15만 7000번째 반복할 때에도 마치 처음 이야기하는 것처럼 신선하게 들리도록 할 방법을 찾아야 한다." – 아멜리아 포셋

"리더는 모습을 드러내야 한다. 사람들이 CEO를 신뢰하려면 우선 CEO

를 접해봐야 한다." - 존 길더슬리브

"커뮤니케이션은 아무리 많이 해도 부족하다. 나는 매주 주말마다 수첩
을 들여다보며 커뮤니케이션에 충분한 시간을 할애했는지 자문한다.
리더는 자신을 엄격히 평가해야 하며, 만약 제대로 해내지 못했다고 판
단되면 다음 주에는 더욱 잘해야 한다." - 모야 그린

"좋지 않은 시기에도 지속적으로 모습을 드러내라. 모든 커뮤니케이션
가운데 그것이 가장 효과적인 행동이다." - 바버라 스토킹

또 하나의 공동 3위는, 사람들에게 귀를 기울일 때나 메시지를 작
성할 때나 항상 청중에게 초점을 맞추어야 한다는 것이다.

리더들 중 12퍼센트는 청중을 확실히 염두에 두지 않고서는 효과적
인 커뮤니케이션이 불가능하다고 말했다. 이는 곧 리더가 청중의 관
심사와 문제에 주의 깊게 귀를 기울이고, 그들이 동조할 만한 커뮤니
케이션을 해야 한다는 의미다. 다른 이들의 말을 듣는다는 것은 그 자
체가 영감을 주는 행위다.

"좋은 커뮤니케이션의 시작은 듣는 사람들의 입장이 되는 것이다. 거기
서 출발한다면 누구나 한층 더 효과적인 커뮤니케이션을 할 수 있을 것
이다." - 바버라 카사니

"청중을 이해하고 그들에게 어울리는 메시지를 만드는 것, 이것이 무엇

보다 중요하다." - 필립 그린

"당신의 청중이 누구인지 항상 기억하라." - 찰스 거스리

"좋은 커뮤니케이션은 쌍방향 커뮤니케이션이다. 이는 곧 리더와 직원
들 사이에 상호 신뢰와 확신, 존중이 있는 커뮤니케이션을 뜻한다." - 마
이클 잭슨

"솔로몬 왕은 하느님이 원하는 것은 무엇이든 주겠다고 했을 때 이렇게
청했다. '오 하느님, 제게 사람들의 말에 귀 기울일 줄 아는 마음을 주소
서.'" - 크리스 새터스웨이트

20퍼센트의 리더들이 언급하여 2위를 차지한 의견은, 리더의 비전
과 가치관, 사명을 효과적으로 알려야 한다는 것이다.

회사 내의 모든 이들이 리더의 목적 및 그것을 이루는 과정에서 그
들이 수행해야 할 역할을 이해하도록 하려면 군대에서 사용되는 개념
인 '지휘관의 의도'가 ─ 즉 리더가 이루고자 하는 바를 명확하고 정
확하게 표현하는 것이 ─ 매우 중요하다. 이 성공의 비전은 확고한 사
명, 직원들에게 자유를 부여하는 가치관과 결합되어야 한다. 사명과
가치관은 조직 곳곳에 행동과 의사 결정의 틀을 만들어낸다. 사명과
가치관은 이해하기 쉽고, 기억에 남고, 동기를 부여하고, 명료해야 한
다. 그래야 조직 내의 모든 이들이 목표를 추구하는 과정에서 전보다
더 신속하고 창의적으로 행동할 수 있다.

"조직 내의 모든 사람들이 ― 꼭대기부터 밑바닥에 이르기까지 ― 리더가 이루고자 하는 바를 정확히 알고 그 과정에 함께 참여하도록 해야한다." – 모리스 플래너건

"커뮤니케이션과 관련된 가장 중요한 문제는 가치관과 문화의 틀을 무엇보다 우선시하는 것이다. 그럼으로써 조직 내의 모든 사람들이 자신의 능력을 최대한 발휘할 수 있게 된다." – 루퍼트 개빈

"고객에게 귀를 기울여 전략의 초점을 확실히 정했다면 이제부터는 그것을 끊임없이 알리는 것이 가장 중요하다. 이는 다른 무엇으로도 대신할 수 없는 기본 원칙이다." – 톰 휴스-핼릿

"리더의 비전과 가치관은 다른 무엇보다 중요하다. 리더는 그것을 알리는 데 엄청난 시간을 바쳐야 한다." – 닉 파트리지

"그것이 바로 리더의 의도를 체계적으로 나타내고 알리는 일의 중대한 본질이다." – 리처드 다낫

"리더에겐 명확한 비전이 있어야 한다. 하지만 사람들에게 알리지 않는다면 비전이 있어도 아무 소용이 없다." – 론 데니스

45퍼센트의 리더들이 가장 중요한 것으로 거론한 ― 2위보다 두 배이상 자주 언급된 ― 의견은, 우선 자기 자신부터 돌아봐야 진정으로

훌륭한 커뮤니케이션을 할 수 있다는 것이다.

사람들에게 영감을 주어 훌륭한 성과를 이끌어내려면 리더가 자신의 열정을 드러내는 법을 배워야 한다. 리더는 진정성이 있어야 하며 언제나 성실하게 행동해야 한다. 인터뷰에 응한 리더들은 커뮤니케이션에서 중요한 것은 기술적으로 완벽한 연설이 아니라 사람들의 마음을 움직여 행동에 변화를 일으킴으로써 리더가 원하는 결과를 달성하는 것이라고 말한다. 리더가 스스로 확신하기 어렵다면 어떻게 사람들을 설득하여 목적 달성에 동참시킬 수 있겠는가? 열정은 자신이 원하는 바가 무엇인지, 왜 그것이 중요한지, 어떤 방식으로 이루고 싶은지, 자신에게 가장 중요한 가치는 무엇인지 진정으로 이해할 때 생겨난다. 무엇보다도 중요한 것은 원하는 바를 반드시 이룰 수 있으리라는 절대적 신념이다. 열정은 바로 이 신념에서 비롯된다.

"자신이 하는 말을 믿어야 한다. 믿지 않으면 다른 사람들에게 제대로 알릴 수도 없다. 이 점에서 리더는 능숙한 배우가 되어야 한다. 비즈니스 리더라면 이와 같은 신념이 있어야 다른 이들에게도 신념을 전할 수 있다." – 아이만 아스파리

"자신에 대한 믿음과 신념이 무엇보다 중요하다. 리더는 원칙에 대한 신념, 결정에 대한 신념, 계획을 추진하고자 하는 신념을 가지고 있어야 한다." – 믹 데이비스

"결국 중요한 것은 정직, 성실, 가치관, 존중이다. 사람들은 그것을 본

다." - 크리스토퍼 가넷

"효과적인 커뮤니케이션을 하려면 자기 자신의 말을 믿고 성실하게 커뮤니케이션에 임해야 한다. 청중을 이해하고 그들에게 자신의 의도를 있는 그대로 말해야 한다." - 존 힙스

"무엇보다 중요한 점은 성실성이 있어야 한다는 것, 그리고 리더가 취하는 모든 행동에서 그 성실성이 드러나야 한다는 것이다. 리더의 성공은 전적으로 신뢰 구축에 달려 있다. 커뮤니케이션을 뒷받침하는 성실성은 사람들이 당신에 대한 신뢰 여부를 판단하고, 당신을 얼마나 신뢰할 것인지, 당신의 무엇을 신뢰할 것인지를 결정하는 데 도움이 된다."

— 그레이엄 매케이

"가장 중요한 것은 진정성과 성실성, 그리고 말한 바를 실천하는 것이다. 커뮤니케이션 방식에 결점이 많더라도 진정성과 성실성이 있다면 커뮤니케이션을 잘해낼 수 있다." - 폴 폴먼

"정직하고 숨김없는 커뮤니케이션을 하지 않으면 위험에 직면하게 될 것이다." - 스튜어트 로즈

"쇼맨십을 어렵게 느끼는 사람이라면 커뮤니케이션에서는 진정성이 결정적인 힘을 발휘한다는 사실을 유념하라. 진정성은 기지가 번뜩이는 능변보다 훨씬 더 강력하다." - 콜린 매슈스

"열정이 없다면 부디 집으로 돌아가길 바란다. 어차피 아무런 성과도 거두지 못할 테니까." – 프랭크 윌리엄스

"리더의 역할은 영감을 주는 것이며, 영감을 주려면 사람들이 리더의 열정을 느껴야 한다. 커뮤니케이션에서 제일 중요한 점은 바로 이것이다." – 존 코널리

"좋은 커뮤니케이션은 열정적인 커뮤니케이션이다." – 론 샌들러

인터뷰 대상
CEO 61인

그레이엄 매케이 Graham Mackay

세계 2위 규모의 사브밀러(SABMiller plc)의 CEO_ 필립 모리스 인터내셔널 이사.

나이젤 스리프트 교수 Professor Nigel Thrift

워릭 대학교(University of Warwick) 부총장_ 영국 아카데미 연구원_ 옥스퍼드 대학의 객원교수와 브리스틀 대학의 명예 교수_ 왕립 빅토리아 훈장 수여_ 국제 금융과 지리 분야의 권위자.

니컬러스 영 경 Sir Nicholas Young

영국 적십자(Red Cross)의 CEO.

닉 버클스 Nick Buckles

보안 서비스 회사 G4S(Group 4 Securicor의 후신)의 CEO.

닉 파트리지 경 Sir Nick Partridge

에이즈 및 HIV와 관련하여 다양한 활동을 펼치는 자선단체 테렌스 히긴스 트러스트(Terrence Higgins Trust)의 CEO.

다낫 장군 General The Lord Dannatt

런던 타워 관리장관_ 이라크와 아프가니스탄에서 부대를 이끌었고, 영국 육군 소속 고위 장교로서 참모총장 역임.

데이먼 버피니 Damon Buffini
유럽 최고의 인수합병 회사 페르미라(Permira)의 설립 파트너.

데이비드 너스바움 David Nussbaum
500만 명의 후원자를 보유하고 있는 세계자연보호기금(World Wide Fund for Nature, WWF) 영국 지부 CEO.

데이비드 몰리 David Morley
글로벌 법률회사 앨런 앤드 오버리(Allen & Overy LLP)의 수석 파트너_ 금융 전문 변호사.

데임 바버라 스토킹 Dame Barbara Stocking
세계 기근 해결을 위해 설립된 자선단체 영국 옥스팜(Oxfam)의 CEO.

데임 아멜리아 포셋 Dame Amelia Fawcett
가디언 미디어 그룹(Guardian Media Group plc) 회장_ 모건 스탠리의 유럽 사업부 책임자 역임_ 2006년 포춘지 '가장 영향력 있는 여성 50인' 선정_ 2010년 엘리자베스 2세 여왕으로부터 데임 작위 수여.

데임 피오나 레이놀즈 Dame Fiona Reynolds
내셔널 트러스트(National Trust)의 대표_ 국무조정실(Cabinet Office) 여성 대책반(Women's Unit) 책임자 역임_ 잉글랜드 농촌보호협의회(Council for the Protection of Rural England) 책임자 역임.

데임 헬렌 알렉산더 Dame Helen Alexander
런던항무청(Port of London Authority) 및 인사이시브 미디어(Incisive Media)의 회장_ 영국산업연맹(Confederation of British Industry, CBI) 회장 역임_ 사우스햄프턴 대학 최초의 여성 총장_ 옥스퍼드 대학 비즈니스 스쿨의 경영 자문위원회 의장.

레이디 바버라 저지 Lady Barbara Judge
영국원자력공사(UK Atomic Energy Authority)의 전 회장_ 변호사, 사업가, 로비스트_ 미국 증권거래위원회 위원 역임_ 영국 주요 은행의 이사 역임_ 아랍에미리트의 핵에너지 개발에 관한 국제 자문위원회 역임_ 연금보호기금의 회장 역임.

론 데니스 Ron Dennis
맥라렌 그룹(McLaren Group) 및 맥라렌 오토모티브(McLaren Automotive)의 회장.

론 샌들러 Ron Sandler
영국 국유 은행인 노던록(Northern Rock plc), 폐쇄형 생명보험 펀드 통합 회사인 피닉스 그룹(The Phoenix Group), 특수 손해보험 및 재해보험회사 아이언쇼어(Ironshore Inc.)의 비상임 회장.

루퍼트 개빈 Rupert Gavin
극장 체인 오데온 앤드 UCI 시네마즈 그룹(Odeon and UCI Cinemas Group)의 CEO_ 1998~2004년 BBC월드와이드 CEO 역임.

리처드 노드 Richard Gnodde
골드만삭스 인터내셔널(Goldman Sachs International)의 공동 CEO.

마이클 잭슨 장군 General Sir Michael Jackson
PA 컨설팅 그룹(PA Consulting Group)의 수석 고문_ 2003년 이라크 전쟁 발발 한 달 전 참모총장으로 임명_ 2006년 퇴역 후 컨설팅, 강연, 자서전 출간 등의 활동을 하고 있다.

머빈 데이비스 경 Lord Mervyn Davies
코세어 캐피털(Corsair Capital)의 파트너 겸 부회장_ 테스코 비상무이사 역임_ 스탠더드차 회장 역임.

모리스 플래너건 경 Sir Maurice Flanagan
에미리트 그룹(Emirates Group)의 부회장_ 에미리트 항공(Emirates Airline)의 CEO 역임.

모야 그린 Moya Greene
로열메일 그룹(Royal Mail Group)의 최초 여성 CEO_ 캐나다 포스트(Canada Post)의 CEO 역임.

믹 데이비스 Mick Davis

글로벌 광업회사 엑스트라타(Xstrata plc)의 CEO. 빌리톤(Billiton plc)의 재무 담당 이사 역임.

바버라 카사니 Barbara Cassani

저가 항공사 고플라이(Go Fly)의 설립자이자 전 CEO_ 런던 올림픽 조직위원회 회장 역임_ 현재 경영과 관리 분야에서 활발한 강연 활동.

베벌리 아스피널 Beverley Aspinall

포트넘 앤드 메이슨(Fortnum & Mason)의 상무이사.

벤 버와이엔 Ben Verwaayen

글로벌 통신 기업 알카텔-루슨트(Alcatel-Lucent)의 CEO.

사라 호그 남작 부인 Baroness Sarah Hogg

재무보고평의회(Financial Reporting Council)의 의장_ BG그룹의 선임사외이사_ 재무성 외부 감독 책임자_ 존 루이스 파트너십의 이사_ 영국 재정청의 수석 고문_ 영국 총리의 비즈니스 대사 네트워크의 일원.

사이먼 캘버 Simon Calver

아마존닷컴(Amazon.com)의 영국 자회사 러브필름(LOVEFiLM)의 CEO.

스튜어트 로즈 경 Sir Stuart Rose

막스 앤드 스펜서(Marks & Spencer plc) 전 회장_ 아카디아 그룹(Arcadia Group) CEO 역임_ BITC 회장 역임.

아이만 아스파리 Ayman Asfari

페트로팍 인터내셔널(Petrofac International)의 그룹 CEO.

앤서니 뱀포드 경 Sir Anthony Bamford

세계 3위 규모의 건설 장비 회사 JCB의 회장 겸 상무이사_ 영국 보수당과 납세자 연맹의 후원자로 활동.

앤터니 젠킨스 Antony Jenkins

바클레이즈 글로벌 소매금융(Barclays Global Retail Banking)의 CEO.

이안 토머스 Ian Thomas

엔지니어링, 물품 조달, 건설 유지보수, 프로젝트 관리 서비스를 제공하는 건설회사 플루오르(Fluor Ltd)의 상무이사.

제레미 대럭 Jeremy Darroch

영국 최대의 유료 TV 방송사 B스카이B(BSkyB)의 CEO 겸 전무이사.

제임스 호건 James Hogan

에티하드 항공(Etihad Airways)의 CEO. 취임 후 33개의 노선과 35대의 항공기를 추가했고 연간 승객 수를 270만 명에서 720만 명으로 늘리며 이 항공사의 급속한 성장을 이끌었다.

존 길더슬리브 John Gildersleeve

카폰 웨어하우스 그룹(The Carphone Warehouse Group plc)의 부회장_ 의류 소매업체 뉴룩(New Look)의 회장 역임_ 테스코 이사로 20년간 활동_ 유럽 최대의 휴대전화 소매업체인 카폰 웨어하우스 회장 역임.

존 스티븐스 경 Lord John Stevens

전략 정보 및 리스크 완화 서비스를 제공하는 회사 모니터 퀘스트(Monitor Quest)의 회장_ 2000~2005년 런던경찰국(London Metropolitan Police) 국장.

존 코널리 John Connolly

딜로이트(Deloitte)의 수석 파트너 겸 CEO 역임_ 2008년 영국 최고 연봉 회계사로 선정_ 엔론 사태 이후 아서 앤더슨 컨설팅 그룹의 일부를 통합하는 중요한 역할을 함.

존 힙스 John Heaps

국제적 법률 사무소 에버셰즈(Eversheds LLP)의 회장 겸 파트너.

찰스 거스리 장군 General The Lord Guthrie

콜트 디펜스(Colt Defense)와 페트로파블롭스크(Petropavlovsk)의 이사_ 장군이자 크레이기뱅크의 남작_ 1977~2001년 영국 국방참모장_ 1994~1997년 육군참모총장_ 민간 투자은행 NM 로스차일드 앤드 선스의 사외이사 역임.

케빈 비스톤 Kevin Beeston
테일러 윔피(Taylor Wimpey plc) 회장_ CBI의 공공 서비스 위원회 위원장_ 서코(Serco) 회장 역임.

콜린 매슈스 Colin Matthews
영국공항공단(British Airports Authority, BAA)의 CEO.

콜린 셔먼 경 Lord Colin Sharman
세계 6위의 다국적 보험회사 아비바(Aviva plc)의 회장_ 글로벌 회계회사 KPMG의 시니어 파트너.

크리스 새터스웨이트 Chris Satterthwaite
차임 커뮤니케이션스(Chime Communications plc)의 CEO

크레이그 테겔 Craig Tegel
일본 어도비(Adobe)의 사장 겸 대표이사_ 어도비 시스템스 북유럽 지사의 상무이사 역임.

크리스토퍼 가넷 Christopher Garnett
올림픽조달청(Olympic Delivery Authority)의 이사_ GNER(Great North Eastern Railway)의 CEO 역임.

크리스토퍼 젠트 경 Sir Christopher Gent
세계 3위 규모의 글로벌 제약회사 글락소스미스클라인(GlaxoSmithKline plc)의 회장_ 글로벌 휴대전화 회사 보다폰(Vodafone) CEO 역임.

클라이브 우드워드 경 Sir Clive Woodward
영국올림픽조직위원회(British Olympic Association)의 스포츠 디렉터(Director of

Sport)_잉글랜드의 럭비 선수 출신 감독으로 2003 럭비 월드컵에서 잉글랜드 팀을 우승으로 이끌었다.

토니 맨워링 Tony Manwaring
기업 주도형 싱크탱크 투모로즈 컴퍼니(Tomorrow's Company)의 CEO.

톰 엔더스 Tom Enders
글로벌 항공기 제조업체 에어버스(Airbus)의 CEO_ 독일 예비군 소령_ BDLI(독일항공우주산업협회) 회장.

톰 휴스-핼릿 Tom Hughes-Hallett
마리 퀴리 암센터(Marie Curie Cancer Care)의 CEO_ 플레밍 애셋 매니지먼트(Fleming Asset Management)의 이사로서 런던 금융가에서 20년 이상 근무.

폴 드렉슬러 Paul Drechsler
영국 최대의 건설 서비스 업체 웨이츠 그룹(Wates Group)의 회장 겸 CEO_ CBI 에너지 정책위원회 회원_ 영국 최대 사회적 기업 컨설팅 전문업체 BITC(Business in the Community) 리더십 교육위원장.

폴 폴먼 Paul Polman
식품, 음료, 세제, 개인 생활용품을 취급하는 글로벌 기업 유니레버(Unilever)의 글로벌 CEO_ P&G의 영국 선무이사 역임.

프랭크 윌리엄스 경 Sir Frank Williams
윌리엄스 F1(Williams F1)의 설립자_ 1987년 기사 작위.

피터 레빈 경 Lord Peter Levene
런던 로이즈(Lloyd's of London)의 회장_ 1998~1999년 런던 시장_ 런던 도클랜드 경전철의 회장 역임_ 런던의 대규모 금융단지인 커네리워프의 회장 및 CEO 역임.

피터 치즈 Peter Cheese
리더십 및 경영 연구소(Institute of Leadership and Management)의 회장_ 액센추어의 컨

설팅 담당_HR, 인사 관리, 변화 관리, 조직 전략 등의 분야에서 자문 활동_BITC 리더십 교육 담당.

피터 호록스 Peter Horrocks
BBC 월드 서비스(BBC World Service)의 책임자_1992년 BBC 편집장, 2000년부터 수석 프로듀서를 맡아 BBC를 이끌고 있다.

필립 그린 Philip Green
유나이티드 유틸리티스(United Utilities plc) CEO 역임_BITC 환경 리더십 팀 회장.

필 벤틀리 Phil Bentley
브리티시 가스(British Gas)의 상무이사.

필스 위커-미우린 Fields Wicker-Miurin
리더스 퀘스트(Leader's Quest)의 공동 설립자 겸 파트너_BNP 파리바(BNP Paribas), 인도 굴지의 필기용지 제조회사 발라푸르 인터내셔널 그래픽 페이퍼(Ballarpur International Graphic Paper), 영국 정부의 개발금융기관 CDC의 비상임이사_런던 증권거래소의 최고재무책임자(CFO) 역임_국제적 벤처캐피털 회사 베스타 그룹(Vesta Group)의 파트너 겸 업무최고책임자(COO) 역임.

하이디 모트람 Heidi Mottram
노섬브리안 워터 그룹(Northumbrian Water Group plc) 최초의 여성 CEO_영국철도(British Rail) 근무_아리바 트레인스 노던(Arriva Trains Northern)의 광고 책임자 역임_노던 레일(Northern Rail)의 상무이사 역임_2009년 '영감을 주는 리더'로 인정받아 올해의 철도 비즈니스 경영자에 선정.

어떻게 따르게 만들 것인가

초판 1쇄 발행 2012년 5월 10일
초판 2쇄 발행 2014년 10월 28일

지은이 | 케빈 머리
옮긴이 | 장세현
발행인 | 김형보
편집 | 서지우, 박민지
마케팅 | 이상호

발행처 | 도서출판 어크로스
출판신고 | 2010년 8월 30일 제 313-2010-290호
주소 | 서울시 마포구 월드컵로 14길 29 영화빌딩2층
전화 | 070-8724-0876(편집) 070-8724-5877(영업) 팩스 | 02-6085-7676
e-mail | acrossbook@gmail.com

한국어판 출판권 ⓒ도서출판 어크로스 2012

ISBN 978-89-97379-03-3 03320

이 도서의 국립중앙도서관 출판시도서목록(CIP)은 e-CIP홈페이지(http://www.nl.go.kr/ecip)와 국가자료공동목록시스템(http://www.nl.go.kr/kolisnet)에서 이용하실 수 있습니다.
(CIP제어번호 : CIP2012002033)

만든 사람들

편집 | 김형보, 김류미
교정교열 | 오효순
디자인 | 이석운, 최윤선